◎2015 年度浙江省"151 人才工程"培养研究成果

第三人撤销之诉制度研究

韩 艳 著

ZHEJIANG UNIVERSITY PRESS
浙江大学出版社

图书在版编目(CIP)数据

第三人撤销之诉制度研究 / 韩艳著. —杭州:浙江大学
出版社,2017.6
ISBN 978-7-308-17066-6

Ⅰ.①第… Ⅱ.①韩… Ⅲ.①民事诉讼法—研究—中
国 Ⅳ.①D925.104

中国版本图书馆 CIP 数据核字(2017)第 137210 号

第三人撤销之诉制度研究

韩 艳 著

责任编辑	石国华
责任校对	杨利军　於国娟
封面设计	刘依群
出版发行	浙江大学出版社
	(杭州天目山路 148 号　邮政编码 310007)
	(网址:http://www.zjupress.com)
排　　版	杭州星云光电图文制作有限公司
印　　刷	浙江省良渚印刷厂
开　　本	710mm×1000mm　1/16
印　　张	11.5
字　　数	210 千
版 印 次	2017 年 6 月第 1 版　2017 年 6 月第 1 次印刷
书　　号	ISBN 978-7-308-17066-6
定　　价	38.00 元

目　录

绪论　问题的提出

第三人撤销之诉制度并非世界各国普遍确立的诉讼制度，目前，仅有法国和我国台湾地区与澳门特区设立该项制度。[①] 根据 2012 年 8 月 31 日第十一届全国人民代表大会常务委员会第二十八次会议通过的《全国人民代表大会常务委员会关于修改〈中华人民共和国民事诉讼法〉的决定》第 10 条之规定，《中华人民共和国民事诉讼法》（以下简称《民事诉讼法》）第 56 条新增第 3 款，即"前两款规定的第三人，因不能归责于本人的事由未参加诉讼，但有证据证明发生法律效力的判决、裁定、调解书的部分或者全部内容错误，损害其民事权益的，可以自知道或者应当知道其民事权益受到损害之日起六个月内，向作出该判决、裁定、调解书的人民法院提起诉讼。人民法院经审理，诉讼请求成立的，应当改变或者撤销原判决、裁定、调解书；诉讼请求不成立的，驳回诉讼请求"。标志着我国[②]在立法中正式确立了第三人撤销之诉制度（从最新规范的总体框架来看，形成了法典单款粗疏规定与司法解释专章规定相结合的模式）。[③] 由此我国建立起一个涵括事前第三人诉讼制度和事后的案外人执行异议制度、第三人撤销之诉制度、案外人申请再审制度在内的全方位、多路径系统保护第三人合法权益的法律救济体系。

然而，该制度从入法之前乃至入法之后，一直伴随着争议。有论者进行梳

---

①法国是世界上最早在立法中确立第三人撤销之诉制度的国家，著名的 1667 年《民事诉讼程序敕令》（Ordonnance Civile）中就有类似于第三人异议的救济制度，1806 年《法国民事诉讼法典》制定了相对完整的第三人异议之诉制度，第三人撤销之诉制度法律条文直接规定为现行《法国新民事诉讼法》（1975 年法令修订）第十六编"上诉途径"第三副编"非常上诉途径"第一章第 582 条至 592 条。我国台湾地区参照法国相关规定，在 2003 年修改的"民事诉讼法"中明确规定了该制度，具体条文为"民事诉讼法"第 507 条之一至 507 条之五。澳门特区现行《民事诉讼法典》在第五章第三节第 664 条至 669 条中对"基于第三人反对而提起之上诉"作出了相关规定。

②若无特别说明，本书中我国仅指中国大陆。

③2014 年 12 月 18 日由最高人民法院审判委员会第 1636 次会议通过的、2015 年 2 月 4 日起施行的《最高人民法院关于适用〈中华人民共和国民事诉讼法〉的解释》（以下简称《民事诉讼法司法解释》）中，对第三人撤销之诉作了专门规定，具体条文为第 292 条至 303 条。

理归纳,并总结出了争议的两个阶段。第一个阶段,为肯定引入论和否定引入论之争。前者着眼于我国民事诉讼中虚假诉讼和恶意诉讼问题的解决,是从现实出发的立场[①];后者以既判力理论为核心,认为在建立健全既判力制度的前提下并无引入第三人撤销之诉的必要,并且引入该制度只会使既判力制度在我国民事诉讼中的最终建立更加遥遥无期[②]。随着《民事诉讼法》第56条第3款的出台,讨论进入第二个阶段,即否定适用论和肯定适用论之争,这场争论也更加精细和富有成效。由于立法已经为学术讨论提供了规范素材,因此这一阶段的讨论已经由立法论进入解释论范畴。[③] 讨论涉及的领域包括民事诉讼基础理论及制度、第三人撤销之诉程序及制度构建、民事司法实践适用及实务操作等各个方面。在此背景下,需要我们深入思考并积极回应的问题是:第一,设立第三人撤销之诉制度的法理基础是什么?即该制度设立的正当性基础是什么?第二,移植仅法国等少数国家(地区)特有的第三人撤销之诉制度,是否会面临"水土不服"境况?即该制度在我国设立的可行性基础是什么?第三,相较于域外国家或地区的对应性制度,我国的第三人撤销之诉制度性质和功能该如何定位?第四,在我国设立第三人撤销之诉制度,应遵循怎样的程序设计以契合该项制度的应然特性?第五,第三人撤销之诉制度与其功能相近的第三人诉讼制度、案外人执行异议制度以及案外人申请再审制度如何科学区分衔接?什么情况下可另行起诉,什么情况下只能申请再审,什么情况下可提起第三人撤销之诉等?第六,在司法实务中,如何防范和杜绝滥用第三人撤销之诉的行为?

作为一项新创设的制度,其适用难度是可想而知的,由抽象走向具体从而最终形成规范化运作,既需要理论上的探索,更需要判例的积累和总结。为了能给第三人撤销之诉制度提供基础性理论依据以及为该制度的适用提供更为科学的基本框架与路径,本书将对第三人撤销之诉制度进行全面系统的研究。全书围绕需关注和回应的问题展开,共分为七章,基本内容如下:第一章首先从第三人撤销之诉制度的理论基础展开,从诉讼出发点的诉权理论、诉讼终结点的判决效力理论以及诉讼原点的程序保障理论出发,对第三人撤销之诉制度建立的正当性、合理性以及必要性进行解说,理清第三人撤销之诉制度建立的各

---

①主要是立法者的观点,参见:最高人民法院民事诉讼法修改研究小组.《中华人民共和国民事诉讼法》修改条文理解与适用[M].北京:人民法院出版社,2012;江必新.最高人民法院民事诉讼法司法解释专题讲座[M].北京:中国法制出版社,2015.

②持本观点的有:陈刚.第三人撤销判决诉讼的适用范围:兼论虚假诉讼的责任追究途径[N].人民法院报,2012-10-31(007);张卫平.第三人撤销判决制度的分析与评估[J].比较法研究,2012(5);张卫平.中国第三人撤销之诉的制度构成与适用[J].中外法学,2013(1)。

③任重.回归法的立场:第三人撤销之诉的体系思考[J].中外法学,2016(1):140.

种理论基础,为具体制度的构建提供坚实的基础与方向。第二章关注第三人撤销之诉制度的现实基础,清晰地认识到辩论主义以及处分原则等当事人诉讼模式引发的负面效应、现有事前事后救济途径的内在缺陷以及局限性、社会客观现象中呈现的虚假诉讼以及司法实践的困惑等,都召唤着当下第三人撤销之诉制度的建立。第三章探讨第三人撤销之诉制度的性质与功能定位。在对各家观点进行辨析后,提出第三人撤销之诉从性质上而言是一种具有独立之诉属性的特殊救济程序;第三人撤销之诉的特征可以概括为"三性",即启动主体的特定性、诉讼事由的独特性和法律效果的特殊性;从功能定位的角度,就第三人的维度考察,第三人撤销之诉具有程序保障和权益保障之双重功能,就法院的维度而言,第三人撤销之诉具有纠正错误裁判和一次性解决纠纷之双重功能。第四章对第三人撤销之诉制度的主体与客体进行分析界定,在考虑原告适格的正当性基础时,应考虑第三人利益保护、生效裁判稳定、原审当事人利益保护等诸多价值因素;同时我国设置第三人撤销之诉原告适格的条件必须是前诉当事人以外的案外第三人、具有撤销之诉的诉的利益、因不能归责于自己的事由而未获得适当的程序保障。在第三人撤销之诉的客体方面,只能针对已经发生法律效力的判决、裁定、调解书。对一审、二审及再审裁判或调解书均可提起撤销之诉,裁判所涉及的民事权利类型应是财产型权利而非人身型权利,对于非讼案件判决、对未参加登记的权利人对人数不确定代表人诉讼案件的生效裁判以及损害社会公共利益行为的受害人对公益诉讼案件的生效裁判不能成为第三人撤销之诉的客体。生效仲裁裁决应纳入第三人撤销之诉制度的客体范围。第五章对第三人撤销之诉制度的程序进行设计,区分第三人撤销之诉的构成要件和起诉条件,采取"复式审查"方式完成立案工作。对第三人撤销之诉的审理程序、审判组织、审理范围、审理期限进一步明确,对第三人撤销之诉的裁判处理、法律效果以及救济途径进一步细化。第六章理清第三人撤销之诉制度与其他制度的界域:在保护第三人合法权益的法律救济体系内应遵循事前保障机制优先适用原则;执行阶段,应遵循执行救济机制优先适用以及竞合时按照启动程序的先后择一适用原则;在处理第三人撤销之诉与外部救济措施之间关系时,应遵循内部救济优于外部救济原则。第七章对滥用第三人撤销之诉制度进行预防与规制,对滥用行为进行预防性规制和惩戒性规制,并建议为保障第三人撤销之诉制度的有效运行,我国《民事诉讼法》应建立或完善职权告知制度、法官释明等配套协调制度。

第一章　第三人撤销之诉制度的理论基础

　　第三人撤销之诉制度从设立之初就带有理论上的"悖论"特征,如与既判力理论的紧张关系、法的安定性与程序保障的冲突、程序保障与纠纷一次性解决的冲突等。这种"悖论"特征使民事诉讼法学界对该制度设立的理论基础颇有争议。因此本书首先对与第三人撤销之诉相关的民事诉讼基本原理进行关注和研究。以理清各种理论上的障碍,为具体制度的构建提供坚实的基础与方向。

一、诉讼出发点——诉权理论

　　诉权理论是民事诉讼理论的元命题,诉权理论的研究是基于探究"为何可以提起诉讼"这一命题展开的。研究的意义在于解释各种诉讼现象发生的原因和机理,理清实体法与诉讼法之间的关系、平衡国家权力和私法权利之间的关系,诉权理论所要研究的最根本问题就是诉的正当性问题。

(一)世界各国诉权理论的嬗变

　　拉丁文"actio"作为高度抽象化的"诉权"概念使用,最早的定义来自于古罗马优士丁尼《法学阶梯》中的表述:"朕剩下要谈论的是诉权。而诉权只不过是通过审判诉求某人应得之物之权(actio auten nihil est,quam ius persequendijudicio quodsibidebetur)。"①然而,事实上古罗马人在使用 actio 时并没有将其"权利化",也未进行程序法与实体法的区分。将 actio 演化成一种理论则应归功于德国理论法学家们的杰出贡献。以萨维尼为代表的私法诉权说宣称,诉权是实体权在审判过程中的作用,是实体权之变形,是实体请求权固有强制力的表现,或者说是因私权被侵害后转换生成。在继后的德根科尔贝的倡导下,抽象诉权说得到了人们的普遍接受。这一学说认为,诉讼是抽象的司法请求权,这一权利的享有和行使不受实体法上利害关系存在与否的影响。抽象诉权说反映了

---

　　①[古罗马]优士丁尼.法学阶梯[M].2版.徐国栋,译.北京:中国政法大学出版社,2000:455.

欧陆普通法程序权与实体权分离运动的成果。为弥补抽象诉权说与"私权"的过分脱离,拉邦德等学者在抽象诉权说业已垦拓出的"公法权利"的地基上营建了具体诉权说理论。他们认为,诉权是具体的司法请求权,是当事人就权利争端的具体内容请求法院为利己判决的权利,它存在于诉讼系属之前,归属于原被告之一方(胜诉方),诉权的拥有与否取决于是否具有法院裁判确认的实体权,因而诉权的存在必须具备权利的保护条件。私法诉权说、抽象诉权说、具体诉权说被誉为诉权学说史上"传统的三驾马车",在理论上既带有古代诉权的特征,又受到种种改造,服务于当时的法律制度,但现代诉权的平等、普遍、全面的特征基本上还没有得到体现。真正可以划作现代诉权理论的学说开始于 19 世纪末期以后,这些理论至少在形式上日益趋近于诉讼实践。①

1. 法国诉权理论

在法国传统法学理论中,权利与诉权一元论长期占据着主导地位,诉权被看成是动态的实体权利,两者没有性质上的区别,即"没有诉权就没有权利"或者亦可说"没有权利就没有诉权"。② 但随着对司法法认识的深入以及司法实践的发展尤其是行政诉讼的激烈发展,这一理论的逻辑性受到质疑,促使程序法学者开始反思诉权的内涵。

现代法国诉权理论认为:诉权理论所揭示的是,个人在什么条件下可以获准法院承认或确认其权利,因此诉权理论构成了私权与诉讼程序的结合点。③ 法国人认为,司法法属于保障法,因为其旨在确保通过司法实现实质性主观权利。为了让各类作为创设法的法律确立的实质性主观权利在司法上得到实现,司法法本身为法律主体规定了一种特殊的权力,即诉权。诉权,首先是自由诉诸司法的权利,这是基本自由层面意义上的。这是国家权力机关的特定义务,国家权力机关必须采取一切措施,确保公民确实获得了司法救济。其次,从诉讼程序层面上而言是一种进行诉讼的权力。这是承认诉讼权利为一种基本自由的直接结果,诉讼权力是诉讼权利的延伸。最后,从实施层面而言,诉权体现在诉讼行为中的请求与防御。任何人不得干预他人行使诉权,诉权的行使与否由本人决定,不具有任何强制性和义务性;即使诉权行使后,原告败诉给对方造成了损失,也不会因此承担过失行使诉权的责任,除非故意滥用诉权,导致他人

---

① 李祖军.民事诉讼目的论[M].北京:法律出版社,2000:99-100.

② 法国新民事诉讼法典[M].罗结珍,译.北京:中国法制出版社,1999:6(中译本导言).

③ [法]让·文森,塞尔日·金沙尔.法国民事诉讼法要义(上)[M].罗结珍,译.北京:中国法制出版社,2001:20.

利益损害。可见,法国诉权理论的核心就是自由的权利。① 当然,在强调诉权独立性以及区分诉权与主观权利的差异性时,不能绝对割裂二者,它们之间确实存在必要的联系。《法国民事诉讼法典》第 31 条就规定,要求诉权以存在诉讼利益为前提。

2. 德国诉权理论

德国法学家们创造了体系化的诉权理论。除诉权学说史上“传统的三驾马车”——私法诉权说、抽象诉权说、具体诉权说外,学者们还创设了权利保护请求说、本案判决请求说和纠纷解决请求说、司法行为请求说(或称诉讼内诉权说)。

随着第二次世界大战之后国际社会对人权的普遍重视,学界开始从宪法的高度来认识诉权。这时宪法诉权说应运而生,又可称为司法保护请求权说。该学说主张,诉权是国民请求国家司法机关依照实体法和诉讼法进行审判的权利,现代法治国家原理要求宪法保障任何人均可向法院请求司法保护的权利。宪法诉权说的基本原理来自于“法治国”理论,法治国的基本主张是要求国家统治权的行使必须受到宪法及法律的约束。权利救济请求权作为一项基本权,不只是要求国家消极地不予侵害,还可更积极地要求国家应建立一套保障权利的诉讼制度。② 我们也可以看到,德国在立法上作出了一系列保障诉权的规定。如 1949 年的《德国基本法》第 103 条规定了听审请求权,该条第 1 款规定,“任何人在法庭上有请求法院依法听审的权利”。因此,法定听审请求权保障作为程序法上的基本原则,具有宪法上的地位,法院有义务使得当事人能够在诉讼中以充分的和恰如其分的方式陈述他们所持有的看法。听审请求权被认为是司法程序领域法治国家概念的结果,是典型的程序基本权利,是法院程序的大宪章。法定听审请求权包括当事人受通知权、知悉权、到场权、陈述权、证明权、突袭性裁判禁止请求权、意见受尊重权等一系列子权利。从德国诉权理论发展路径可以看出,诉权因公法的发达而变得更为重要,并且也从公民对法院的一种单项权利、具体权利扩大到宪法高度的公民对国家的一种整体性权利、程序性权利和基本人权。

3. 普通法系诉权理论

普通法系并没有诉权理论。在英美法中,与民事诉权比较接近的专门术语是“民事救济权(right of civil remedies)”或“诉诸司法的权利(right of access to

①蔡肖文.诉权理论的中国阐释[M].北京:中国政法大学出版社,2016:44—46.
②许育典.司法独立作为权利救济请求权在法治国的落实检讨[J].澳门法学,2011(2).

courts)"。① 1873—1875年英国颁布的《司法法》,受欧陆法律思维的影响,引入了一个与诉权概念有所关联的概念——"诉因",当事人的诉求必须具备一项构成诉因的事实,用以描述具有法院强制力保障的公民权利。虽然没有专门的诉权概念,但并不影响普通法原则与诉权理论之间的借鉴和相互影响。英美法学者在谈及诉权的根本问题"为何可以提起诉讼"时,总是抽象地从宪法和法律的角度谈论所谓"绝对的诉权",并常常引用美国著名法学家G.勒斯克的论断来说明,"社会每一个成员都有权通过法院强制实现对于社会的其他成员的任何请求。如果某人有一项请求,并确有正当根据认为这项请求是合乎实际的,那么他便有权向法院起诉以实现这一请求"②。

4.日本诉权理论

日本民事诉讼法理论主要来源于德国,故其诉权理论也几乎引自德国各种学说。在日本早期成为通说的是权利保护请求权说;在两次大战间隔期间,在德国没有市场的本案裁判请求说在日本大受欢迎。第二次世界大战之后,日本的兼子一教授接受了美国的解决纠纷说,并改进为纠纷解决请求权说,取代权利保护请求权说而长期成为日本的通说。兼子一教授认为,诉权不在于私权的保护,而在于纠纷的解决。存在于抽象诉权与具体诉权之间的是本案判决请求权,即诉权是当事人要求法院就自己请求是否正当作出判决的权利点。③ 20世纪,日本著名的民事诉讼法学权威三月章教授引进并提倡德国的司法行为请求权说。日本学界在此基础上吸收有关宪法和现代法治的内容,在《日本国宪法》第32条规定,"任何人在法院接受审判的权利不得剥夺",将"接受审判的权利"与诉权相结合,从而在宪法与诉讼法的连接上建构宪法诉权理论。④

(二)诉权理论的中国阐释

1.中国诉权理论概况

我国诉权理论是在吸收和移植苏联诉权理论的基础上形成和发展起来的。20世纪50年代,苏联以顾尔维奇为代表的民事诉讼法学者们提出了三元诉权说。他们认为,诉权是表示多种不同概念的术语,不应对诉权作单一的解释。程序意义上的诉权,主要指起诉权,所涉及的是针对一定案件而表现出来的向

①[美]彼得·G.伦斯特洛姆.美国法律辞典[M].贺卫方,译.北京:中国政法大学出版社,1999:226.
②常怡.比较民事诉讼法[M].北京:中国政法大学出版社,2002:136.
③[日]兼子一,竹下守夫.日本民事诉讼法[M].白绿铉,译.北京:法律出版社,1995:3—4.
④邵明.现代民事诉讼基础理论:以现代正当程序和现代诉讼观为研究视角[M].北京:法律出版社,2011:111.

法院提起民事诉讼的权利能力。实体意义上的诉权,即处于强制实现状态的民事权利。认定诉讼资格意义上的诉权,即获得正当当事人资格意义的权利,包括积极诉权资格(针对原告而言)和消极诉权资格(针对被告而言)。[①] 苏联多勃罗沃里斯基等所著的《苏维埃民事诉讼》(法律出版社 1985 年版)中提出的二元诉权说认为:作为程序意义上的诉权是提起诉讼的权利;作为实体意义上的诉权,是指原告对被告的实体法请求获得满足的权利,即满足诉的权利或胜诉权。诉权具有程序意义和实体意义双重属性。苏联的二元诉权说为我国民事诉讼法学界所普遍接受,几乎成为定论,并被许多学者沿袭至今,形成了将诉权分为程序意义上诉权与实体意义上诉权的流行观点。

目前,我国学者对于诉权的理解主要是照搬或适当融合外国已有的诸学说,主要观点有:(1)二元论。20 世纪 80 年代初,我国学者开始建构自己的民事诉讼理论,遂将苏联的二元论修正为新二元论:程序意义的诉权(起诉权)和实体意义的诉权(胜诉权)。该说认为诉权是指具有特定利益的主体对特定的民事纠纷,享有以当事人名义提起和参加民事诉讼并请求法院依法行使审判权的权利。[②] (2)一元论。20 世纪 80 年代中期后,国内有学者提出一元论,认为诉权是基于实体法律关系的争议而由国家赋予的权利,是当事人用以维护自己正当民事权益的权利。诉权不是两种不同权利构成的复合权利,在诉讼的整个过程中,诉权始终作为单一的权利而展示其内容。诉权的实质是司法保护请求权。[③] (3)人权(宪法)论。2002 年开始,我国学者开始接受诉权是宪法性权利,属于基本人权范畴。人权(宪法)论认为,民事诉权是当事人向法院行使的请求权,是国民平等享有的一种宪法权利,包涵着程序内涵和实体内涵。[④]

2. 契合中国国情的诉权理论追问

纵观国内外诉权理论的演变与发展,我们发现在诉权理论的形成过程中,古老的罗马法概念 actio 为了承担起构建现代私法体系的重任,不断被后人诠释和重构着。actio 将实体因素贡献给了私法实体法,为完善权利法理论提供了

---

①[苏联]M.A.顾尔维奇.诉权[M].康宝田,沈其昌,译.北京:中国人民大学出版社,1958:223 - 224.

②田平安.民事诉讼法学[M].北京:中国政法大学出版社,1999:133.类似定义又如常怡主编.民事诉讼法学[M].北京:中国政法大学出版社,1999:57;谭兵,李浩.民事诉讼法学[M].北京:法律出版社,2009:60。

③谭兵,肖建华.民事诉讼法学[M].北京:法律出版社,2004:57.

④江伟.民事诉讼法学[M].上海:复旦大学出版社,2002:52;江伟,肖建国.民事诉讼法[M].4 版.北京:中国人民大学出版社,2008:45.

"主观权利"等元素,民法理论核心概念之一请求权(anspurch)就是从 actio 脱胎而来;而民事诉讼法理论中的诉权理论成了 actio 的现代归宿,最终转化为今天公法上的宪法(人权)诉权说。

中国学者虽然接受了诉权的概念,但这套理论背后的真正意义并没有得到真正的阐释。诉权的本质到底是什么? 中国究竟需要什么样的诉权理论? 这是值得我们深思的。诉权理论的诞生,本质上是要解释权利与诉之间的关系问题。然而,在 actio 没有被权利化或者说当人们还没有意识到权利这一概念时,actio 就是一种在争端中赋予某一方当事人以一种肯定性评价的国家制度,即决定"什么是某人应得的"这一价值判断是 actio 或者说诉这一制度的本质所在。因此我们说诉权的本质指向社会秩序的正当性。易言之,诉权的本质就是指一套实现社会秩序正当性的解决争端的国家制度体系。①

第一,诉权是宪法赋予公民的一项基本权利。当事人所享有的民事诉权的法的依据是宪法,是宪法赋予公民所享有的请求司法救济的基本权利。诉权"宪法化",是现代宪政发展趋势之一。二战后,诉权(或司法救济权)被许多国际人权公约确定为基本人权,许多国家和地区亦将诉权上升为宪法上的基本权利,通过宪法或宪法性判例、解释确立了获得正当程序或者正当程序审判权。如《世界人权宣言》第 8 条和第 10 条、《德国联邦宪法》第 103 条第 1 款、《意大利宪法》第 24 条、《日本宪法》第 32 条、我国台湾地区"宪法"第 16 条等。②《法国宪法》虽然未直接规定当事人的诉权,但辩护权在法国被认为是"天赋人权"。③众多学者亦接受了宪法(人权)诉权说理论,强调国家必须严格保障公民向法院行使请求权的权利,并将这种权利视为人权,一种天然的绝对的权利。乃至有学者宣称诉权是"现代法治社会中第一制度性人权"。④

在法治社会,国家向公民开放民事诉讼作为权利救济的方式,是国家向公

① 蔡肖文.诉权理论的中国阐释[M].北京:中国政法大学出版社,2016:176.

② 《世界人权宣言》第 8 条规定,"人人对于其宪法或法律所赋予之基本权利被侵害时,有权享受国家管辖之法庭之有效救济"。第 10 条规定,"在确定当事人的民事权利与义务或审理对被告人的刑事指控时,人们有权充分平等地获得独立、公正的法院进行的公正、公开的审判"。《德国联邦宪法》第 103 条第 1 款规定,"每个人都可以要求在法庭上进行法定听审"。《意大利宪法》第 24 条规定,"任何人为保护其权利和合法利益,皆有权向法院提起诉讼。在一切司法程序的每一阶段,任何人皆有神圣不受侵犯的辩护权"。《日本宪法》第 32 条规定,"任何人在法院接受审判的权利不得剥夺"。我国台湾地区"宪法"第 16 条规定,"人民有请愿、诉愿及诉讼之权"。

③ [意]莫诺·卡佩莱蒂.当事人基本程序保障权与未来的民事诉讼[M].徐昕,译.北京:法律出版社,2000:97.

④ 莫纪宏.现代宪法的逻辑基础[M].北京:法律出版社,2001:304.

民承担的义务。民事诉权所体现的是公民和国家(法院)之间的公法上的权利义务关系。将民事诉权提升为宪法基本权利,实际上也是承认私人对国家享有公法上的审判请求权(诉权),即承认公民拥有要求国家给予利用诉讼制度的公权(诉权)。因此,与公民民事诉权相对应的是,国家(法院)不得非法拒绝审判的义务。尽管我国宪法没有直接规定诉权,但并不意味着我们不可以从宪法的高度和角度探讨诉权问题。事实上,我国宪法关于法院和诉讼制度的规定以及我国加入的有关人权的国际公约可以看出我国宪法事实上承认公民的诉权。

第二,诉权是程序元素与实体元素的合一。如果仅仅停留在诉权是宪法权利这一高度和抽象的认识,有关诉权的具体行使和保护则往往缺少实效。民事纠纷是有关民事实体权益的争议,与之对应的是诉权的实体内涵,而将民事纠纷引导到诉讼中则为诉权的程序内涵。"通过审判"是诉讼实然的体现,"应得之物"是实体的价值体现。两者相辅相成,共同构成诉权的完整内涵。同时中国的诉权理论应当摆脱诉权权利化的局限,对诉权程序元素和实体元素的解释应直达诉权本质:将诉权的形式定位在解决社会争端、实现社会正当秩序的整体制度上,它不是单纯的程序性权利,而是完整的国家制度;将诉权的实体定位在接近正义、实现秩序的正当性上。

第三,诉权是国家权力与私法权利的统一。诉权理论的意义在于解释各种诉讼现象发生的原因和机理。发展到宪法诉权说,对于诉权的探讨已经从诉讼法与实体法之间的关系跃升为国家权力(公权力)和私法权利的关系探讨。公权力依靠国家的强制力做后盾,以维护公益为目的,代表社会公众的意志,是国家权力或公共权力的总括;而私权利则具有私人性质,以满足个人需要为目的。"公权的存在必须以个人权利为基础和前提,任何公权力的行使只能是为了并实际上促进个人的权利,而不允许为了或实际上导致个人权利的削减;公共领域及公权力的存在必须唯一地以促进私人领域和私权的发展为目的。"①因此国家权力和私法权利是相辅相成的,公权力来源于私权利的授权,是私权利的保障;私权利是公权力的基础,以公权力为后盾。诉权是一种公权力,体现了公民和国家(法院)之间公法上的权利义务关系,相对应的,法院不得杜绝公民私法权利受到损害时寻求公法救济的途径。无国家权力保障的诉权是空洞的。诉权应是国家权力与私权结合的产物。同时笔者认为中国的诉权理论应对 actio 的理解赋予更宽广的角度将其回复到作为人类追求正当秩序的一项活动,而国家和公民在其中一起负有追求秩序正义的义务。

---

① [英]伯林.自由论[M].胡传胜,译.南京:译林出版社,2011:56.

第四,诉权的本质指向社会秩序正当性。正当性是行动、法律和政治权力有效性的基础,也是行动、法律和政治权力有效性的原因与判准。概言之,"正当一词是指人们给予某种特定的价值标准对于行为、观念,乃至社会制度所作出的一种评判:凡是符合该标准的,该行为、观念、制度即被认为是正当的,或者说具有正当性;凡是不符合该价值标准的,该行为、观念、制度即被认为是不正当的,或者说不具有正当性"①。那么什么样的社会秩序具有正当性?对于社会秩序正当性的判别标准,从古至今人类历史上各个不同的文明圈(从古希腊、古罗马、文艺复兴、地理大发现、宗教改革、启蒙运动、资产阶级革命到现代社会)有着既类似又截然不同的进路。其中一致的是西方现代性理论和价值取向都是面向对人性的全面释放。"现代性以人的理性为基础,以主体的自由为目的。赞扬人的理性不过是在赞扬人的伟大;表征人的自由,不过是说人是一切的目的。"②对自由、平等、理性的无上膜拜,在现实法律体系之中转化成了具象的"权利"或"人权",因此现代所有的法律都是以权利或人权的捍卫者自居。因此,在当代诉权理论中,诉的正当性就是对自由、平等的保障,易言之,就是对权利的保障。③那么中国社会秩序的正当性图景应该是怎样的呢?在借鉴西方社会倡导的以个体自由为核心的价值观后,我们还应结合中华民族自身的传统文化及法律习俗。在中国人传统的礼法空间中并不存在西方的宗教道场,而是依靠伦理的强大力量来净化思想和灵魂,克制人们的私欲。中国人在主张个人权利时从来不会脱离国家、集体的利益,中国人注重礼义,关注人与人之间的相互尊重。因此诉的正当性只能建立在一套得到人们普遍承认并愿意遵守的正义原则之上;中国化的诉权理论需要体现个体诉求与国家利益的趋同。所以在诉讼中,我们需要寻找公平与效率的平衡点,寻找实体正义与形式正义的平衡点,寻找弘扬人性善与形式正义的平衡点,弘扬人性善的一面而不是释放人性恶的一面。

（三）诉权理论对于第三人撤销之诉的正当性解说

诉权理论不仅要讨论"为何可以提起诉讼",需要更深一步探讨和研究的是"诉的正当性"问题。正当性是政治权力的根基,也是法律有效性的根据,因而在实践层面,它是权力和法律权威的来源。诉的正当性判断源自通过诉所形成秩序的正当性判断。第三人撤销之诉制度建立的正当性基础从诉权理论来说,

①高鸿钧.现代法治的出路[M].北京:清华大学出版社,2003:128.
②唐丰鹤.在经验与规范之间:正当性的范式转换[M].北京:法律出版社,2014:151.
③蔡肖文.诉权理论的中国阐释[M].北京:中国政法大学出版社,2016:185.

就是该制度的构建是否符合中国正义观的社会秩序。

1.第三人撤销之诉是民事诉讼中案外第三人作为公民享有的宪法规定的基本权利的体现

法谚云:"没有救济的权利不是权利。"法律在赋予人们某项权利的同时,必须同时赋予人们在该项权利受到侵害时启动司法救济的相应诉权。倘若没有相应程序的保障,再完美的权利也只是空中楼阁。诉权是宪法确认的公民的基本权利,诉权就应当与人身权和财产权等基本权利一样,为任何公民平等地享有,平等地受宪法法律的保护,不因性别、年龄、民族、职业、宗教信仰、教育程度、财产状况等不同而差异对待。基于法律面前人人平等原则,任何人都平等地享有诉权,无论其是诉讼中的当事人,还是案外的第三人,只要其实体权利受到不法侵害,都有向法院申请获得正当程序审判的权利;作为国家(法院)不得拒绝,应平等地予以保护,这是国家的义务。针对案外第三人遭受不利益时,单独设立第三人撤销之诉程序,充分体现了国家对权利本位的尊重。

2.第三人撤销之诉是对案外人实体权利与程序权利的有机统一保护

当公民合法民事权利受到侵害时,即可获得司法救济或正当程序审判权,宪法必须将基本权利通过民事实体法和民事程序法予以具体化。第三人撤销之诉就是通过对第三人程序权的保障来最终达到对第三人合法民事实体权益的保护。当他人之间已经发生法律效力的判决、裁定和调解书侵害了案外第三人的利益时,为维护案外第三人的民事权益,有必要撤销他人之间已经生效的判决、裁定和调解书,这是追求实质正义的最终目的。同时,在追求程序正义上,案外第三人之所以可以以诉的方式撤销他人之间已经生效的判决、裁定和调解书,也是基于维护第三人的程序权利,具有程序保障的目的。我国第三人撤销之诉制度要求提起第三人撤销之诉的当事人必须是因不能归责于本人的事由未参加诉讼的第三人。由于在作出原判决、裁定、调解书的前诉中,该案外第三人没有参加诉讼,其程序权利没有得到保障,如果该案外第三人参加了他人之间的诉讼,则该第三人可以在该诉讼中,通过行使相应的诉讼权利维护自己的民事权益,而现在因未归责于自身的原因未参加前诉应当给予该第三人在程序上的事后保障机会和权利。

3.第三人撤销之诉是司法公权力与公民私权利相互制衡的一种保障

第三人撤销之诉作为案外人的事后程序救济保障,实际上是在法院的确定裁判损害或威胁诉讼当事人以外的其他权利人的合法权益时,给该案外人提供一个质疑公民之间私权益的"公权产品"——法院裁判之公平正义性的平台。即使这种损害或威胁是当事人采取欺诈手段的恶意诉讼所致,不是行使公权力的法官故意渎职所为,但由于其对案外人的利益损害或威胁是以公权力形式表现的,出于对司法公信力的维护,案外人仍然有权对该裁判的合法性提出质疑,请求撤销或改变该确定裁判。所以,为了确保私权的合理存在,有必要通过民事诉讼制度设计,为其再构建一个公权与私权博弈的场所,对司法权的作用范围进行一定的限制,确保其能在稳定的轨道上运行。① 第三人撤销之诉制度就是给那些假借司法权之名侵害案外人权益的行为设置的防卫机制。也只有设立这样的防卫机制才能凸显出对私权的保护和重视,才能改变私权的弱势地位,使其能与公权相抗衡,同时也显示出法律针对不同情况有不同规定的完备性,使得公权与私权博弈过程中表现出来的不平衡趋于平衡。第三人撤销之诉制度就是这样一种平衡司法公权力和公民私权利的防卫机制。

4.涵括第三人撤销之诉制度在内的案外人权利救济体系符合中国正义观的社会秩序

正义有着一张普洛透斯似的脸(a Protean face),变幻无穷,随时可呈不同形态并具有极不相同的面貌。古罗马法学家乌尔庇安首创的一个著名的正义定义,认为"正义乃是使每个人获得其应得的东西的永恒不变的意志"。西塞罗对正义的描述为"使每个人获得其应得的东西的人类精神取向"。或认为"正义存在于社会有机体各个部分间的和谐关系之中"(柏拉图在其《共和国》中提到),或认为"正义存在于某种平等之中"(亚里士多德观点),或认为"正义是每个人都可以自由地干他所想干的事,但这是以他没有侵犯任何其他人所享有的相同的自由为条件的"(斯宾塞观点),② 可见不同国家、不同时期有着不同的正义观。但这并不表明对于正义我们不能进行理性的分析,我们可以看到一个旨在实现正义的法律制度,会试图在自由、平等、利益和安全方面创设一种切实可行的综合体和谐体。当他人之间的诉讼损害了案外第三人合法权益时,构建一套救济体系,允许第三人在不同阶段选择适用恰当的措施以维护自己的合法权益,同时兼顾生效裁判的稳定性和法律的权威性,这样一套涵括第三人撤销之诉制度在内的案外人权利救济体系正是法律旨在创设的一种正义的社会秩序。

不可否认,任何制度都有其缺陷性,并且也不能奢望通过一项制度解决所有问题。同理,第三人撤销之诉的建立亦有其缺陷和权利救济的不全面性。但建立第三人撤销之诉制度不仅仅要赋予案外人诉权,更重要的是要根据这种诉

---

①孙万胜.司法权的法理之维[M].北京:法律出版社,2002:134.

②[美]E.博登海默.法理学法律哲学与法律方法[M].邓正来,译.北京:中国政法大学出版社,2004:262−263,277.

讼程序的特点,设计相应的制度体系及具体配套制度,消除各种影响或阻碍,以更好地保护案外第三人的合法权益。诉的正义要求诉权应当指向一切有利于正义实现的争端解决机制的安排,让人们有权获得一种制度上的多元安排以实现具体的实质正义。国家应当建立多元化的争端解决机制,给案外第三人更多的救济选择路径或措施。

二、诉讼终结点——判决效力理论

如果说诉权理论是关于诉讼出发点理论的话,那么判决效力理论就是诉讼终结点理论。所谓效力,即为效果,亦为对某一事物之影响力。[①] 因而,判决效力指的是确定判决所产生的影响力。依大陆法系诸国通说,判决效力一般包括形式效力和实质效力两个方面。形式效力包括判决的拘束力和形式上的确定力,实质效力包括既判力、执行力和形成力。[②] 一般认为,执行力是给付之诉特有的效力,而形成力则是形成之诉特有的效力。在我国台湾学界,认为判决的法律效力除了其固有的效力外,还包括其附随的效力,即判决因其存在所产生的效力,包括参加的效力、构成要件的效力、反射的效力及争点的效力等。[③] 其中,会对第三人撤销之诉制度产生影响的判决效力主要涉及判决实质效力中的既判力、形成力和判决附随效力中的反射效力等情形。

(一)既判力相对性及其扩张性

1. 既判力本质

确定判决之判断被赋予的共有性或拘束力就是既判力。[④] 判决确定(生效)之时产生既判力。一般认为既判力的确定判决对诉讼标的之判断对法院和第三人都产生约束拘束力,要求当事人和后诉法院对确定判决内容必须予以遵守。从当事人的角度来说,对于既判的案件不得再为争执(即提出相异的诉讼主张),在制度上即禁止其再行起诉(包括反诉),如再行起诉法院不予受理或应予驳回。这是既判力的消极效果(或作用)。从法院的角度来说,既判力的积极效果(或作用)要求法院在处理后诉时应受确定判决的拘束,即法院应以确定判决中对诉讼标的之判断为基础来处理后诉,不得作出相异的判决。[⑤]

既判力的本质要回答的是"具有既判力的根据是什么?"一般而言,其根据

---

①吕太郎.第三人撤销之诉:所谓由法律上利害关系之第三人[J].月旦法学杂志,2003(8):36.

②江伟.中国民事诉讼法专论[M].北京:中国政法大学出版社,1998:132－143.

③吕太郎.第三人撤销之诉:所谓由法律上利害关系之第三人[J].月旦法学杂志,2003(8):36.

④[日]高桥宏志.民事诉讼法制度与理论的深层分析[M].林剑锋,译.北京:法律出版社,2003:477.

⑤江伟.民事诉讼法学[M].上海:复旦大学出版社,2002:71.

在于:其一,从维护司法权威的角度而言,民事诉讼是以公权力解决纠纷的一种方式,确定的裁判体现了国家法律以及法院的司法权威,这就要求确定判决应当具有既判力,法院和当事人等都不得随意解除或变更。其二,从维护法的安定性而言,既判力禁止就同一纷争作出前后不同的裁判,是维护法律秩序安定性的基本要素之一。具体而言,如果没有既判力,确定判决的判断就可能随时被推翻,败诉的当事人也可能对纠纷反复进行争议,如此一来纠纷永远得不到解决,法律秩序的安定性也将荡然无存。要阻止这种恶性循环,进而谋求被判决确定的权利安定,就必须承认既判力。其三,从程序保障与自我责任角度而言,既然当事人在前诉中"获得程序保障",那么在该当事人方面就产生在前诉中应当提出主张及证据的自我责任,相应的其就应当承担判决结果,当事人理应遵从判决的既判力。其四,从诉讼效率角度来看,法院应尽可能地一次性解决纠纷,而避免当事人就同一争议受两次或以上的起诉或审判。并且学界一般认为,相对法的权威性和安定性,在具体案件上忍受错误判决的危害要小得多。承认既判力,就应承认当事人接受既判力所致的不利益(个案不公正)的正当根据。当然,因维护法的权威性和安定性而过分牺牲个案正义,这种制度的合理性和正当性以及能否维护法的权威性与安定性,也是值得怀疑的。因此,法的权威性和安定性不应绝对排除个案正义,在严格的法定条件下,可以排除既判力。①

2.既判力相对性与主观范围扩张

对既判力的理解应从时间范围、客观(客体)范围和主观(主体)范围三个维度进行。时间范围,是指已确定判决作用的时间界限,意义在于,既判力标准时之前已经存在的事项,无论当事人是否主张,该当事人在后诉中都不能作为攻击和防御的方法再加以主张。客观范围,是指判决既判力对哪些已判决的事项有拘束力,对这些判决事项的裁判对后诉法院和当事人有约束力。主观范围(主体),是指已经确定的判决对哪些主体有约束力。② 其中既判力的主观范围是本文研究的重点。法院首先应当包括在既判力主观范围之内,除此之外,既判力的主体范围原则上只限于当事人,此即既判力的相对性。依据这种相对性,原则上,既判力拘束范围一般只限于在诉讼中提出请求及相对的当事人,而不涉及当事人以外的第三人。原因在于:首先,民事诉讼的主要目的在于解决当事人之间的权利义务争议,判决也是为了解决对立的双方当事人之间的纠纷而作出的裁判,裁判结果仅对当事人有法律上的利害关系,与当事人以外的第

①江伟.民事诉讼法学[M].上海:复旦大学出版社,2002:73.
②张卫平.民事诉讼法学:分析的力量[M].北京:法律出版社,2017:73.

三人无关。其次,民事诉讼中的辩论主义和处分主义原则,明确了诉讼中的程序保障也仅仅赋予诉讼中的双方当事人。判决应以当事人之间的辩论为基础,而第三人并未在诉讼中享有并行使辩论权和处分权等相关诉讼权利,却让其接受可能不利于自己的、损害其正当的实体权益的判决结果,这对第三人来说是不公平的。再次,既判力的相对性也是债权相对性规则的反映。在民事实体法上,权利被分为对世权即物权和对人权即债权两大类。但是当物权受到他人侵害或与他人发生争议后,权利人通过法院向对方行使的请求权已转变为债权请求权。因此,无论物权还是债权引起的纠纷,判决所确认的都是债权关系,而债权相对性规则则决定了既判力的相对性。①

尽管原则上,既判力不应及于第三人,但是出于种种因素之考虑,许多国家都规定了既判力相对性原则的例外,允许在一定条件下,既判力可以向当事人以外的第三人扩张,这就是既判力相对性原则的例外,或称为既判力主观范围的扩张。既判力主观范围扩张有着非常复杂的原因,学者们对既判力主观范围扩张正当化基础进行了多元化分析,认为原因主要有:第一,市场主体的利益多元对司法救济的需求,是既判力主观范围扩张的社会经济基础。在市场经济条件下,各种产权形式重组,所有人与占有人、管理人或使用人相分离,同一财物上的利益主体多元化现象日益增多。司法保障多个利益主体的多元权益的方式,就是保障利害关系人行使诉权的任意性和自由性。诉权行使的自由性是指诉权的行使与否由本人决定,不具有任何义务性,任何人不得干涉他人行使诉权。诉权行使的任意性则是指诉权行使后,原告的诉讼请求被驳回,即使给对方造成了损失,也不会承担过失行使诉权的责任。为达到上述要求,需要同时承认当事人适格的缓和与判决效力的扩张。只要有可能,应尽量承认与争议有最密切联系的当事人起诉,但不应排除其他与案件有关系的、但非密切关联的当事人作为独立当事人起诉或应诉,以保障资产流动的安全性。② 第二,实体法领域的复杂性与程序法救济的相对性冲突,是既判力主观范围扩张的现实制度基础。实体法的复杂性、绝对性等特征决定了其在维持司法秩序方面与程序法的区别与冲突。在实体法领域,权利归属及法律要件事实具有绝对性,且彼此互相影响,构成一个极为严密且不可分之权利体系,但此种密不可分的权利体系,在通过民事诉讼法加以处理时,在判决效力相对性原则之下,却只能对纠纷做单独的、相对的解决。从而冲突与矛盾在所难免,若坐视此种冲突与矛盾的

---

① 吴英姿.判决效力相对性及其对外效力[J].学海,2000(4):123.
② 肖建华.民事诉讼当事人研究[M].北京:中国政法大学出版社,2002:168-169.

存在,则不但实体法上的公平正义理念无法贯彻,甚至诉讼原本欲达到的纷争解决目的亦无法实现。① 第三,当事人适格要件的缓和,是既判力主观范围扩张的程序技术基础。"当事人适格要件的缓和是诉讼的发展趋势"②,尤其是诉讼担当理论的确立,使得一些不具备实体意义上诉讼的第三利益主体获得了行使程序意义上诉讼的资格,这样,非利害关系人成为民事诉讼当事人便具备了理论上的可能性,这就扩大了享有诉权的主体范围,扩大了诉的利益主体的救济范围。第四,纠纷的一次性解决理念,是既判力主观范围扩张的思想基础。纠纷的一次性解决理念,体现在希望通过特定的诉讼,能尽量一举地解决社会生活观念上所有相关的纷争,在判决效力客观方面,扩大该确定判决所能产生拘束力之事项,在判决效力主观方面,使该拘束力尽可能地扩及所有与此纷争有关的当事人,以扩大诉讼程序解决纷争的功能,达到纷争解决一次性之理想。③

　　正因为既判力主观范围扩张有上述正当性基础存在,包括德国、日本和我国台湾地区在内的大陆法系国家和地区都在既判力的相对性原则之外,扩张了既判力的主观范围。以日本民事诉讼法为例,既判力主要扩张于下列当事人以外的特定第三者:(1)口头辩论终结后的诉讼继承人。在口头辩论终结后,也即在既判力的标准时后,判决的既判力扩张至"成为诉讼标的权利主体或义务主体之人"以及"对于作为诉讼标的的权利关系或以此为先决关系的权利关系,取得当事人适格之人"。对诉讼继承人的条件限制是较为宽松的,不论是"一般诉讼继承还是特定诉讼继承",也不论"诉讼标的的权利关系是债权还是物权,甚至是法律上的原始取得,也可以形成口头辩论后的诉讼继承","对于不知道前诉的第三人,也可以让前诉的既判力向其进行扩张"。不过在时间方面存在限制,即继承之事实应当发生在口头辩论终结后。(2)请求标的物的持有人。该持有人是指在请求返还特定物的诉讼中,对于特定物的持有不具有固有的利益,但为了当事人利益而专门持有该特定物之人。标的物的持有人主要包括标的物的受委托人、管理人、同住人以及管家等,一般认为,既判力对其的扩张不问其持有行为是有偿还是无偿。因为上述人员是为了当事人的利益而占有标的物,自己对标的物并不具有占有利益,因此,当当事人(被告)在诉讼中败诉,而被命令必须向原告交付标的物时,这些请求标的物持有人当然地应向原告交付标的物,而且这种扩张的发生不问该请求是物权请求权还是债权请求权,也

---

①张丽丽.第三人撤销之诉研究[M].北京:知识产权出版社,2016:77.

②肖建华.民事诉讼当事人研究[M].北京:中国政法大学出版社,2002:3.

③黄国昌.诉讼参与及代表诉讼:新民事诉讼法下"程序保障"与"纷争解决一次性"之平衡点[J].月旦法学杂志,2003(6):8-9.

不论该物是动产还是不动产。此外,这种既判力的扩张与判决的标准时也无关系,不论是标准时前还是标准时后占有标的物之人,判决既判力都向其扩张。当然,如果是为自己占有标的物的人,同时又是当事人的占有代理人,则不受既判力的拘束,如,租借人或质权人就不属于持有人。(3)诉讼担当情形中的被担当人(利益归属主体)。依据"担当人是代理被担当人来实施诉讼的"、"担当人对被担当人利益的代理行使",在发生诉讼担当的情形中,担当人所承受的判决之效力也及于被担当人。① 除此之外,大陆法系国家认为脱离诉讼的人也受既判力约束。大陆法系的民事诉讼法规定了诉讼退出制度(也称诉讼脱离制度),即有独立请求权参加人参加诉讼或发生权利继承之后,原来的当事人退出该诉讼。退出诉讼的原当事人称为脱离诉讼的人。在退出诉讼的场合,法院对参加人与当事人之间作出的判决,对已经退出的当事人发生既判力。如果没有既判力的约束,已经退出诉讼的当事人可能在后诉中提出在前诉中已经提出的主张,导致矛盾判决的可能。②

(二)判决形成效力及其对世性

依大陆法系民事诉讼理论,形成力是指依判决的宣告而引起法律关系发生、变更或消亡的效力,又称判决的创设力。有形成力的判决以形成判决为限,给付判决和确认判决都无此效力。不过,有形成力的判决并不限于实体法上的形成之诉,还有以改变诉讼法上的诉讼效果为标的的形成之诉,以及以创设法律状态为标的、以判决形式作出行政处分的非讼案件的形成之诉。形成效力的扩张性体现在其不仅只限于当事人之间,而且通常涉及第三者,申言之,形成判决发生形成力后,一定的法律关系于判决确定的范围内形成,即以前未存在的法律关系因而发生,或以前存在的法律关系因而变更或消灭,这种法律效果是任何人均不能否认的。可见,形成力是一种对世效力或绝对效力。

形成力的绝对性或对世性来源于形成之诉的特点。形成之诉只是在有法律专门规定并以法院判决才能变更法律状态的情况下,才予以承认的诉讼,并且仅在家事法律关系和团体法律关系案件中有较大的适用余地。(1)家事诉讼。与一般的民事诉讼不同,家事诉讼的确定判决原则上具有对世性。在家事法律关系中,婚姻案件(关于请求判决婚姻无效以及要求撤销婚姻无效的认定、请求离婚以及请求撤销关于离婚状态的认定)、收养关系案件和亲子关系案件

①[日]高桥宏志.民事诉讼法制度与理论的深层分析[M].林剑锋,译.北京:法律出版社,2003:559—576.
②[日]新堂幸司.民事诉讼法[M].林剑锋,译.北京:法律出版社,2008:490.

的诉讼,无论是认可请求还是驳回请求的判决、对原有法律关系消灭或变更的判决,所有人都必须予以承认。(2)团体诉讼。为了使团体如公司能够顺畅运营,对于作为争议对象的法律关系和关于法律上的地位、内容的争议能够在多数主体之间得到统一确定和处理,以及彻底解决因此产生的及于派生性权利义务发生的纠纷,赋予形成判决以对世效力是非常必要的。①

尽管家事诉讼与团体诉讼是两种主要的形成之诉,但两者在形成效力的对世性上存在差异。日本的通说认为,在家事诉讼中,无论是胜诉判决还是败诉判决都双面性地产生对世效力,但在团体诉讼中,除了股东代表诉讼具有双面的对世效力外,诸如承认撤销决议请求等判决,只有在有利于第三人时判决效力才单面性地发生扩张,因而也不会产生第三人保障的问题。需要指出的是,形成判决的对世效力是形成判决的自然属性,有别于既判力效力的扩张。“有关原告胜诉的判决是形成判决,即使其效果及于第三人,也是形成力直接的效果,并不具有既判力扩张的含义。”②

(三)反射效力理论对第三人之影响

“反射效力”(reflexwirkung)一词最早(1866 年)由德国民法学家耶林提出,他认为“法律上或经济上的事实,超越法律、行为人或权利人最初所欲达到之效力范围,而使第三人之权利领域亦受波及之效力,即为反射效力”。后来该理论得到了日本民事诉讼理论界的继承。兼子一教授是反射效力理论的首推者,他认为,确定判决的反射效力,是指当事人之间的确定判决存在,对于原非既判力所及的第三人,反射地形成有利或不利影响的现象。在我国台湾地区,最先对反射效力问题进行系统研究的学者是吕太郎先生,其认为所谓反射效力是指“第三人虽非确定判决之及,但因与当事人间存有一定之特殊关系,致使当事人因受既判力拘束,而反射地对该第三人发生利或不利之影响之效力”③。所谓的特殊关系,一般是指实体法上的从属关系或依存关系。例如,在债务纠纷中,债权人对主债务人的诉讼败诉后,虽然保证人作为第三人不受其判决的拘束,但因为债务人取得胜诉判决后就无必要向债权人偿还债务,而保证债务又从属于主债务,因此,保证人可以对债权人援用债务人的胜诉判决。后诉法院不得违反该确定判决的判断,而应直接以其为判决的前提。之所以在某些特定情形下,承认判决的反射效力,其理论基础在于辩论主义和纠纷的相对性解决原理。

---

① 张卫平.民事诉讼法学:分析的力量[M].北京:法律出版社,2017:91—93.
② 肖建华.民事诉讼当事人研究[M].北京:中国政法大学出版社,2002:167—168.
③ 吕太郎.民事诉讼之基本理论(一)[M].北京:中国政法大学出版社,2003:362.

因为为了照顾前后诉讼中对诉讼标的的审理在实体法秩序中获得一致性,不至于出现违背实体法相关原理的荒谬情形,才有必要引用前诉本案判决的效力在后诉中一方面排除法院的相反认定,另一方面也遮断当事人的某些主张的提出与证据的申请。而这些恰恰是既判力所缺失的,既判力只能在诉讼程序上片面地阻断相反认定的发生,但这往往会造成从正确的程序中得出不合理的实体法结果。民事实体法与民事诉讼法之间的差异性,需要肯定反射效力理论的存在。与既判力相比较,反射效力具有以下性质:(1)当事人自主选择性。反射效力不属于法院依职权调查事项,必须由当事人自行加以主张并援用法院才会斟酌。(2)效果的双重性。不仅仅发生诉讼上的抗辩效力,也发生实体法上的抗辩效果。(3)效力扩张的广泛性。反射效力及于判决主文中确定的事项和判决理由中判断的事项。(4)扩张效果的正反性。反射效力扩及第三人时,依其彼此关系、形态不同而出现有利扩张或不利扩张。[①]

具体而言,反射效力不利地及于第三人的情形有:(1)合名公司承受的判决效力及于公司股东的情形。通过类推适用既判力扩张实定法根据中的“利益主张的代理行使”来寻求判决效力扩张的正当性依据。(2)债务人获得的判决之效果及于一般债权人(第三人)的情形,则通过“欠缺程序保障所必需的实质性利益”来寻求正当性依据。(3)转租的情形。出租人与承租人之间的纠纷,当承租人获得不利判决时,其判决效力不及于转租人。同样,在债权人对于主债务人的诉讼中,债权人获得胜诉的判决既判力也不能不利地及于保证人,以避免保证人程序保障权。反射效力有利地及于第三人的情形有:(1)防御性的类型。即第三人为了维护自己地位,而使用对自己有利的判决效力的情形。(2)攻击性的类型。即第三人为了获得自己的地位,而攻击性地使用对自己有利判决的情形。对第三人有利的判决因第三人援用而对其有利,对其不利的判决因其不进行援用而对其不产生效力,这样对对方当事人是不公平的。因此,一般而言,对于第三人进行的攻击性援用是应当予以否定的。但是对于公益性机关获得的胜诉判决,如果私人通过对此判决进行有利援用而提出赔偿请求,可以允许这种情形下判决效力扩张。[②]

(四)判决效力扩张对于第三人撤销之诉的合理性解说

随着现代民事诉讼的发展,基于解决纠纷的统一性和维护法院判决的权威

---

① 吕太郎. 民事诉讼之基本理论(一)[M]. 北京:中国政法大学出版社,2003:363.
② [日]高桥宏志. 民事诉讼法制度与理论的深层分析[M]. 林剑锋,译. 北京:法律出版社,2003:611—618.

性,以既判力主观范围的扩张、形成力的对世效力以及反射效力理论为主要内容的判决效力的扩张已成为大势所趋,各项理论均主张判决在一定条件下可以对第三人的法律地位产生影响,以达到调和实体法与诉讼法冲突之目的。

市场经济主体利益的多元化,使得本来就具有复杂性的实体法律关系更为纵横交错,具有相对性的判决就很有可能直接或间接影响到案外人,产生对第三人的损害,此时该第三人就需要相应的救济途径来维护自身合法权益,第三人撤销之诉这一救济途径就可以弥补判决效力扩张对案外人带来的不利益,换言之,第三人撤销之诉制度的建立有其合理性。

在我国,判决效力扩张的情形也是客观存在的。在现代社会,因其社会关系盘根错节、相互依存、牵制,某一主体实体法地位的变化就可能对他人的地位造成影响,因此为了顾及法律体系的完整或纠纷解决的统一,在有的情况下不得不突破判决拘束相对性,将拘束力扩展到第三人。在现行的我国民事实体法体系中也有不少相连关系的规定,这些规定在诉讼上的运用就会发生判决效力的扩张。例如,涉及身份关系的诉讼、公司诉讼、共有或连带关系的诉讼等,都可能发生判决效力扩张于第三人的问题。在这些诉讼中,如果第三人没有或不能参加诉讼时,则给予其事后的程序救济权就是合理的。[1]

三、诉讼原点——程序保障理论

(一)程序保障理论之基本内涵

程序保障是程序正义在诉讼制度上的集中体现,是民事诉讼正当性的主要理论基础,也是当事人接受裁判拘束的前提。有学者提出程序保障是指,"使一个人之私法上权利地位受特定判决之某种拘束力所及,其正当性之基础原则上均应奠基在受该判决拘束之人,已被赋予参与该关涉其权利义务之程序的机会,并能合理地预测该程序所将发生拘束力之内容及范围,借以提出足以影响该程序最后发生拘束力之判断事项之有关攻击防御方法及事实、证据"[2]。程序保障最基本的原理在于诉讼审判的结果必须建立在当事人所提出的主张及证据的基础上,其强调与程序运行的结果有利害关系或可能因该结果而遭受不利影响的人,都有权参加该程序并获得提出有利于自己的主张和证据以及反驳对

---

[1]张卫平.民事诉讼的逻辑:第三人撤销之诉研究[M].北京:法律出版社,2015:147.

[2]黄国昌.诉讼参与及代表诉讼:新民事诉讼法下"程序保障"与"纷争解决一次性"之平衡点[J].月旦法学杂志,2003(6):8.

方提出之主张和证据的机会。① 而当事人主张和证据的提出,往往只是在与对方展开的攻击防御中才能得到最为充分完整的实现,因此高度重视程序保障的诉讼审判一般都采取以双方当事人对抗作为基本要素的程序结构。在这种程序结构下,判决被视为当事人自身努力的结果,不仅内容直接由双方提出的主张及证据所形成,而且胜负也被理解为双方自我努力的必然结果。因此,判决之所以拥有一经确定即难以再加改变的既判力,可以说诉讼审判的这种对抗结构及当事人自我负责的法理构成了其最重要的依据之一。一般认为,当事人程序保障权的实现主要体现在以下方面:(1)当事人的人格尊严、诉讼意愿得到尊重;(2)当事人享有比较充分的诉讼权利;(3)当事人能受到法院的平等保护和平等对待,任何一方不会受到歧视或过分偏爱;(4)诉讼程序的启动和终结基本上受当事人的控制,当事人的起诉、撤诉和和解能自由进行;(5)法院审理和裁判的对象依当事人的辩论范围而定;(6)作为法院判决基础的诉讼资料及证据资料的收集以当事人为主导;(7)当事人在诉讼过程中提出的主张、请求或意见能获得重视;(8)当事人处分权利的自由具有程序保障。②

(二)程序保障理论对于第三人撤销之诉的必要性解说

如前所述,确定判决对当事人产生拘束力一个很重要的前提,就在于对当事人的程序保障,也正因为此,当事人以外第三人因未受程序保障而不受判决效力拘束。但是在特定情况下,出于纠纷一次性解决的考虑以及实体法与程序法之间的协调,判决效力在特定情况下会向未参加诉讼程序的第三人扩张,因此会与程序保障理论本质属性相对立和冲突。为解决这种冲突与矛盾,世界各国民事诉讼法都为那些可能为判决效力所及的第三人提供了实现程序保障权的途径并设置相关制度。主要采取事前程序保障和事后程序保障相结合的系统救济方式。事前程序保障主要包括诉讼第三人制度、诉讼告知制度、代表人诉讼制度以及人事诉讼中法院的职权探知制度等;事后程序保障主要包括案外人执行异议之诉制度、案外人申请再审制度以及本文所要探讨的第三人撤销之诉制度。问题在于,许多学者认为通过事前第三人诉讼以及事后案外人执行异议之诉和案外人申请再审救济足已,没有必要增设第三人撤销之诉。笔者认为,第三人撤销之诉制度既可以弥补现有救济制度的不足,亦可以成为现有救

---

①[日]谷口安平.程序的正义与诉讼[M].增补本.王亚新,刘荣军,译.北京:中国政法大学出版社,2002:11.

②蔡国芹.民事诉讼当事人主体地位的程序保障[J].嘉应大学学报(哲学社会科学版),2001(10):20.

济制度的补充。(具体将在第六章"第三人撤销之诉制度与其他制度的界域"中予以论述。)正如有学者所言"传统民事诉讼制度设计以程序保障为基础,将眼光只放在当事人身上,强调诉讼的相对性和个别性,较少考虑诉讼的公共性和社会性。然而现实中的民事诉讼虽然不将判决既判力直接及于案外第三人,却可能在事实认定或判决结果中对第三人的实体权益作出裁判。这种裁判无论在结果意义上是对是错,都可能违反程序保障原理。因此需要对该第三人给予制度上的救济,第三人撤销之诉由此产生"①。

---

①王福华.第三人撤销之诉适用研究[J].清华法学,2013(4):46.

第二章　第三人撤销之诉制度的现实基础

　　从理论上探讨第三人撤销之诉建立的正当性、合理性和必要性外，还应当从中国当下的制度、立法和司法实践中寻求第三人撤销之诉的现实基础。理性地看待我国第三人撤销之诉制度设立的现实基础，有助于全面客观地了解该制度。

一、当事人诉讼模式引发的负面效应

　　民事诉讼模式，是对特定民事诉讼体制基本特征的综合论述，是关于诉讼主体在诉讼中的地位、作用及相互关系的基本概括。以国家如何处理当事人诉权与法院审判权的关系以及谁在诉讼运行程序中起主导作用为标准，将民事诉讼程序模式分为当事人主义与职权主义两种基本类型。当事人主义模式是当事人意志自由和行为自由在民事诉讼程序中的反映，它是指审理案件所需的内容资料和审理的技术程序全部由当事人主导，法院充分尊重当事人的意思。英美法系国家是当事人主义模式的典型。相反，职权主义是指案件审理所需内容资料全部由法院收集提出及审理的技术程序由法院指挥主导，即法院依职权推动民事诉讼程序的继续与发展。德日等大陆法系国家采取了职权主义模式。由于当事人主义易导致诉讼拖延，违反诉讼经济原则，而职权主义使当事人在诉讼中无处分权利的自由，违反了私法自治原则，故世界各国民事诉讼立法中很少会出现采用极端的当事人主义或职权主义模式的情况，而是采用一种折中的立法原则。从民事诉讼的性质和目的出发，当事人主义已成为大多数国家选择的主导诉讼模式。"当事人对立主义的主要优点在于，通过平等地保障受判决影响的双方当事人享有为获得对自己有利的判决而提示证据与论据的机会，从而使当事人各方产生一种能与对方当事人以对等的立场、主体的身份参加与自己利益有关的判决过程这样一种心理满足感，或角色意识，通过辩论等法庭活动的展开，使当事人认识到判决不是法官凭借自己的权威单方面所作的裁定，而是法官和当事人根据相互作用的议论来寻求究竟什么是合法的正确的具体解决方法这一共同作业的产物,它具有相互作用和协同活动的性质,据此,当事人对判决正当性的承认程度得以提高。"①在我国,经过 20 多年的司法改革,法院职权主义模式逐渐向当事人主义模式转换,目前基本形成了以当事人主义为主职权主义为辅的新型民事诉讼模式。尤其在程序的启动(包括民事诉讼中各种附带程序和子程序,例如财产保全程序、先予执行程序等)、诉讼对象的认定、诉讼请求的确定以及主要事实证据资料的收集方面,体现了当事人主义模式。当事人主义的核心和基调是处分权主义和辩论主义。当事人应当对民事诉讼程序启动、诉讼终结、起诉时间内容和诉讼对象的决定等方面拥有主导权的原理称为"处分权主义";作为法院判断的对象的主张受当事人的限制,证据资料只能来源于当事人的法理则称为"辩论主义"(作为广义的辩论主义包括处分权主义)。② 我国现行《民事诉讼法》第 12 条、第 13 条也分别确立了辩论原则和处分原则。在当事人主义模式下,第三人的权益相比较职权主义模式更易受到侵害,因为法院依职权探知的事实和证据相对具有更高的可信度,更能接近客观事实。特别是在判决效力可能波及第三人的诉讼中,诉讼和判决涉及的利害关系不仅仅局限于案件当事人,若当事人提出不实的主张或故意掩盖事实,法院的形式审理极易作出与真实不符的判断,从而损害他人利益。

（一）辩论主义之缺陷

辩论主义的实体依据在于私权自治原则,程序法依据在于确保法官的中立性和裁判的公正性。按照日本法学家兼子一教授的理论,辩论主义的主要内容包括三个部分:一是直接决定法律效果发生或消灭的必要事实必须在当事人的辩论中出现;二是法院应将当事人之间无争议的事实作为判决的事实依据;三是法院对证据的调查只限于当事人双方在辩论中所提出来的事实。③ 其中第二部分即关于自认制度的规定,也是辩论主义的核心内容。该制度要求法院在作出判决时必须受到当事人自认事实的约束,法院在适用法律时,应以当事人自认事实为基础,即使以法官的自由心证得出该事实可能为伪时法院也不得否定该自认的事实,而必须以其为判决的基础。自认制度的价值在于,通过当事人对对方主张事实的承认,免除对方当事人对主张事实的证明责任,从而有利于提高诉讼效率和诉讼的经济性。然而,任何制度都有其内在的漏洞,当事人在利益的诱惑或其他目的的驱使下会虚假自认,即当事人明知对方主张的不利于

①汪振林.程序保障第三波探析[J].云南大学学报(法学版),2002(3):73.
②张卫平.民事诉讼基本模式:转换与选择的根据[J].现代法学,1996(6):7.
③张卫平.诉讼构架与程式:民事诉讼的法理分析[M].北京:清华大学出版社,2000:154.

自己的事实为虚假,在诉讼上仍认其真实,通过虚构法律关系或捏造法律事实等恶意串通方式提起诉讼,规避法官对案件事实的认证,将自认事实直接作为裁判的基础从而损害案外第三人的合法利益,此时辩论原则为当事人侵犯案外人合法权益提供了"合法"的途径。这就使得自认制度与实体正义的实现存在紧张和冲突,这也就是辩论主义的制度缺陷。正是因为这一缺陷的存在,一些动机不良的当事人通过作出虚假自认的方式,形成某种侵害案外第三人合法权益的案件事实,并通过取得确定判决的方式达到侵占案外第三人利益的目的。

(二)处分原则之不足

民事诉讼中的处分原则是建立在权利主体有权对其权利进行控制和支配基础上的一项诉讼原则。根据处分原则,民事诉讼法对当事人在诉讼中对其实体权利和诉讼权利的处分权以及方式都有具体的规定。处分原则具体体现在以下几个方面:(1)诉讼只能因当事人行使起诉权而开始。当公民、法人和其他组织的民事权益受到侵犯或者与他人发生争议时,是否向人民法院起诉,请求司法解决,由他们自己决定。人民法院不能依职权开始民事诉讼程序。"不告不理"原则就是处分原则的体现。(2)诉讼程序开始后,原告可以放弃或变更诉讼请求,被告可以承认或者反驳原告的诉讼请求,还有权提出反诉。(3)在诉讼进行中,双方当事人在人民法院的主持下,可以自愿协商达成调解协议,也有权拒绝调解。(4)诉讼发生后,能否由一个程序发展到另一个程序,一般也取决于当事人的处分行为。例如,第一审人民法院作出裁判后,是否上诉,由当事人自己决定;人民法院制作的裁判发生法律效力以后,是否申请执行,一般也由当事人自己决定。由此可见,当事人的处分行为对诉讼程序的发生、发展和终结,都有着重要的影响。[①] 处分原则的上述内容应该说是当事人主体性的集中体现,是符合民事诉讼的本质特征的,它通过保障当事人的处分权来对法院的审判权进行制约,以私权利对抗公权力,限缩了审判权行使的范围和方式,有着很大的进步意义。但任何事物都具有两面性,当事人自主权利在扩大的同时,被滥用的风险也随之增加。由于当事人可以自主决定诉讼请求的内容和范围,并可以相互之间达成调解协议,而法院只能受制于上述请求或协议内容而无权在此之外进行调查,因此为当事人故意隐瞒事实,通谋诈害案外第三人提供了很好的便利条件。

正是由于当事人主义模式所衍生的负面效应的存在,许多奉行当事人主义的国家都在积极地发展和完善相应制度来弥补当事人主义之不足,如通过职权

---

① 韩艳,唐长国.民事诉讼法原理与实务[M].北京:中国政法大学出版社,2015:13—14.

告知、法官释明等方式使可能被诉讼当事人损害利益的案外人尽量参与到诉讼中以维护其自身的合法权益。但如果法院因种种原因未能发现或未能通知到案外人，则案外第三人只能寻求一种事后救济的途径；为利益受损的案外第三人提供正当的法律救济途径就成为现代法治国家保护国民利益和实现正义的基本路径。第三人撤销之诉就是应对和遏制恶意诉讼侵害案外人利益的合理渠道。

二、现有救济途径的内在缺陷

为了奠定判决效力向案外人扩张的正当性基础，世界各国（地区）的民事诉讼法一般都结合自身实际建立一套完整的第三人程序保障体系，包括事前和事后保障程序。我国原有的民事诉讼立法中对案外第三人的保护方式主要包括第三人另行起诉、第三人诉讼、案外人执行异议和案外人申请再审。

（一）事前救济途径难以满足正当程序的需求

为保护第三人的利益，世界各国也都建立了各式各样的事前权利救济保护制度。一般包括事前赋予当事人参加他人之间诉讼的机会，实施相应的攻防策略以维护自身地位及权益；通过代表诉讼，代为表达将受裁判拘束的第三人基本立场，提出影响判决结果的诉讼材料，从程序上保障被代表人的利益；从公权力的角度，法院通过职权探知主义与限制处分权的行使等进行职权介入，以此维护受裁判约束的第三人利益。如在英美法系国家，主要利用事前程序将可能损害第三人利益的情形尽可能地消除，包括设置审前程序（主要通过审前诉答确定当事人之间的争点并对具有法律上利害关系的所有主体进行权利告知）和扩张当事人外延（详尽规定第三人介入诉讼制度，如美国 1983 年《联邦民诉规则》确立的第三人诉讼和第三人参加诉讼规则）。其主要特点是以发生的案件本身作为诉讼对象为出发点，全部关系人都属于诉讼当事人，属事实出发型。因此判决对纠纷本身以及全部关系人发生效力，即以参加制度来确认本案的当事人范围，一次性解决本案。[①] 又如大陆法系的德国，主要通过第三人参加诉讼、既判力主体范围的相对性对案外第三人基本权益进行保护。《德国民事诉讼法》将第三人区分为主参加、辅助参加和告知参加三种形式。主参加具有"主当事人"的地位，在参加的诉讼中相当于原告地位，以本诉的原被告为被告；辅助参加和告知参加类似于辅助参加人的地位。在德国，既判力相对性理论成熟，除个别情况，并且在法律特别规定的情况下，才可能发生既判力向第三人扩

---

①常怡.比较民事诉讼法［M］.北京：中国政法大学出版社，2002：239.

张的情形。在日本,为使判决向第三人扩张效力具有正当性,通过将当事人适格定于"能够对纠纷进行最认真且彻底争执之人",也就是"让该纠纷最具利害关系的对立关系人作为当事人参与诉讼,期待其充分地实施诉讼",[①]依此来提高判决内容的正当性,进而实现对第三人的保护。并且在日本,判决进行的是单面性扩张,"只在判决有利于第三人的判决时,才对其产生对世效力,而在不利于第三人时,判决则不产生对世效"[②]。

综观我国民事诉讼理论与立法,目前对职权告知和法官释明的认识尚处模糊阶段,而对既判力理论也仅停留在理论研究层面。在立法中未直接予以明确规定,司法实践中也未被熟知和认可的大背景下,对于第三人事前保护的制度主要为第三人诉讼和另案起诉两种方式。此两种方式能否给予第三人足够的程序保障呢?(1)第三人诉讼制度。我国现行《民事诉讼法》第56条第1款和第2款规定了第三人诉讼制度。该制度是指,对他人之间的诉讼标的具有独立的请求权或虽无独立的请求权但案件的处理结果与其有法律上的利害关系,因而参加到他人已经开始的诉讼中去的一项制度。该制度下的第三人包括有独立请求权的第三人和无独立请求权的第三人[③]。其中有独立请求权第三人诉讼适用的前提是第三人知道双方当事人正在进行诉讼(诉讼已经开始但尚未结束期间),并对本诉中原、被告争议的诉讼标的主张具有独立的请求权,以本诉的原、被告为被告提起诉讼;无独立请求权的第三人一般加入本诉要么一方当事人申请要么法院依职权追加。制度设计是美好的,但司法实践往往是残酷的,尤其是有独立请求权第三人一般很难知道侵害自己权益的诉讼正在进行,尤其在案件双方当事人恶意串通、虚假自认的情况下;同样法官由于受制于当事人处分权的行使以及自认制度的存在,一般也无从发现并通知有相关利害关系的第三人参加诉讼,而有恶意的双方当事人更不会主动申请第三人加入。因此,对于第三人在不知情的情况下权利受损,第三人诉讼这一救济制度就捉襟见肘、束手无策了。因此中国的第三人诉讼制度常常面临着司法实践的困惑与尴尬。(2)另行起诉。第三人未能参加诉讼又无法通过执行异议对自己的权益进行救济时,该第三人可以通过另诉解决。另行起诉在我国现有制度环境下存在

---

①[日]新堂幸司.民事诉讼法[M].林剑锋,译.北京:法律出版社,2008:213.

②[日]高桥宏志.民事诉讼法制度与理论的深层分析[M].林剑锋,译.北京:法律出版社,2003:262.

③学界一般认为,我国无独立请求权第三人可分为两类:辅助型第三人和被告型第三人。辅助型第三人始终站在本诉当事人一方,通常是主动参加诉讼;被告型第三人则是独立面对本诉的原告和被告,并且有可能承担民事责任,通常情况下是本诉的当事人申请其加入或法院依职权通知其参加,个别情况下,被告型第三人也会主动参加诉讼。参见:张卫平.民事诉讼:关键词展开[M].北京:中国人民大学出版社,2004:157.

的障碍主要表现在：一是我国《民事诉讼法》未明确规定既判力相对性原则，人民法院所确认的事实是免证事实，当事人无需举证。案外第三人另行向法院起诉，极有可能会因为原生效民事判决、裁定所确认的事实与起诉所依据的事实冲突而被驳回。二是另行起诉则使法院重复审理同一纠纷，被告应同一纠纷重复应诉，易造成裁判矛盾，损害司法权威。三是如果前诉判决是二审法院作出，另诉到基层法院，基层法院的法官面对上级法院作出的判决如何处理，没有法律依据。四是如果另诉形成两个不同的具有法律效力的生效裁判，具有法律效力的前诉判决、裁定不被撤销或变更，执行机构对于执行哪个判决由于没有明确的法律规定，将无所适从。[①] 比如前诉已经执行完毕，后诉的权利人该怎么办？如果前诉尚未执行，后诉权利人是否可以通过执行异议阻止法院执行？诸多疑问在目前司法实践中并不能得到圆满的回应。

我国民事诉讼法中规定的诉讼第三人不仅在分类上与国外有较大的差异，所划定的范围也不尽一致。国外许多国家和地区都建立了事前的"诈害防止参加"制度[②]，而我国没有相应制度，使得很多受诉讼结果损害的民事主体由于其无独立请求权或无法律上的利害关系，不属于我国民事诉讼法规定的"第三人"，而失去了参加到本诉中的资格，事前救济目的落空，因而这部分主体成为实质上的真正的"案外人"。同时，第三人诉讼相关配套制度，如事前职权通知、诉讼告知制度在我国的缺失，使得事前第三人程序保障制度有一个巨大的缺口，致使其过滤功能无法充分发挥，大量案外第三人因此得不到事前程序保障。

上述可见，我国事前保障制度并不能完全满足案外第三人利益保护的需求。就维护案外第三人利益而言，事后的保障程序应成为事前保障措施的必要补充。第三人撤销之诉就是为了弥补诉讼中案外第三人由于不可归责于自身的原因，未能参与到诉讼中行使诉讼权利却要承担相应判决不利后果的程序缺陷，赋予其重新争执的事后程序保障，以突破违法判决的不当拘束。[③] 在事前"诈害防止参加"制度未建立的情况下，赋予案外人提起第三人撤销之诉对于保障其合法权益尤显得重要和迫切。

①最高人民法院民事诉讼法修改研究小组.《中华人民共和国民事诉讼法》修改条文理解与适用[M].北京：人民法院出版社，2012：100.

②"诈害防止参加"，源于日本民事诉讼法理论研究，是指第三人主张由于诉讼结果使自己权利受到损害，而参加到他人间正在进行的诉讼的情形。这一制度其后又为我国台湾地区的"民事诉讼法"所继受。诈害防止参加的目的，主要是防止本诉原、被告共谋，以虚伪诉讼损害第三人的权利。

③杨卫国.案外第三人撤销之诉研究[M].北京：中国法制出版社，2015：102.

(二)事后救济途径的局限性

事后救济途径主要是指赋予受判决拘束的第三人事后可以以行使诉权的方式对前诉确定判决的正确性予以质疑的机会,通过提出攻击防御方法以撤销或变更确定判决的内容,保障其合法权益。我国原有民事诉讼法规定了案外人执行异议和案外人申请再审两类保障措施。(1)案外人执行异议。我国现行《民事诉讼法》第 227 条规定,执行过程中,案外人对执行标的提出书面异议的,人民法院应当自收到书面异议之日起十五日内审查,理由成立的,裁定中止对该标的的执行;理由不成立的,裁定驳回。案外人、当事人对裁定不服,认为原判决、裁定错误的,依照审判监督程序办理;与原判决、裁定无关的,可以自裁定送达之日起十五日内向人民法院提起诉讼。可见,在执行阶段,当案外第三人意识到自己权益受损时,其可以提出执行异议,若法院认为理由成立,则可以快速有效地阻止对执行标的物的继续执行,阻止执行标的物的交付转移等,从而切实维护案外第三人的实体权益。此救济措施的特点是:第一,适用的阶段只能是执行阶段。第二,适用的条件是针对执行标的物发生的争议,故其只能适用于给付判决,确认判决和形成判决由于没有可执行内容而无法使用。第三,结果只导致阻止标的物的执行,而无法直接确认被执行财产的权利归属;要最后确定权利归属必须继续进行执行异议之诉或申请再审。其局限性在于,对于未进入执行阶段的给付判决损害的第三人无从救济;对于确认判决和形成判决损害的第三人,由于根本进入不了执行阶段也无从救济;即使对于适用该救济措施的第三人也仅是阶段性的救济方法,而非终局救济手段,其必须继续选择提起案外人异议之诉或申请再审。(2)案外人申请再审。现行《民事诉讼法》第 227 条(2007 年修正的《民事诉讼法》第 204 条确立)规定了案外人执行中的申请再审制度;2008 年最高人民法院施行的《关于适用〈中华人民共和国民事诉讼法〉审判监督程序若干问题的解释》(以下简称《审判监督程序若干问题的解释》)第 5 条第 1 款规定了不局限于执行程序中的案外人申请再审制度,也被学界称为"案外人直接申请再审",即案外人对原判决、裁定、调解书确定的执行标的物主张权利,且无法提起新的诉讼解决争议的,可以在判决、裁定、调解书发生法律效力后二年内,或者自知道或应当知道利益被损害之日起三个月内,向作出原判决、裁定、调解书的人民法院的上一级人民法院申请再审。上述两项制度共同构建了案外人申请再审制度,为合法权益受生效裁判侵害的案外人提供了申请再审的救济途径。其局限性在于:第一,再审制度在我国作为一项非正常的事后救济程序,再审申请条件严格,启动困难。我国民事诉讼再审制度属审判监督型,与大陆法系其他国家和地区的诉讼请求型再审制度区别很大,尤其对于案外人作为申请人资格的审查相当严格,执行程序中的案外人资格以"能对执行标的提出异议"为前提,故案外人被限制在他诉对其权益有直接的法律上的利害关系的第三人范围,并不包括事实上受诈害诉讼侵害的第三人,故实践中并未得到广泛运用。第二,案外人申请再审的案件裁判类型只针对具有给付内容的给付裁判。执行程序中的案外人申请再审以执行程序中的书面异议为前提,执行程序外的案外人申请再审只能针对具有执行标的物的裁判,这限制了第三人提起再审的裁判类型。第三,上述两项制度规定比较简单,有诸多问题比较模糊,如案外人适格如何确定、执行标的如何界定、案件审理程序如何等,导致理解分歧、操作混乱。第四,司法解释确立的案外人直接申请再审制度有僭越法律之嫌,其法律效力令人质疑。

可见在我国依托再审程序构建的案外第三人事后救济制度,由于受既存审判监督型再审模式的影响,存在着上述的种种弊端和障碍,而新型的第三人撤销之诉由于不受执行阶段限制、不受裁判类型限制、是独立一审新诉而非再审之诉等特点恰恰弥补了原有事后救济途径的局限性,也足见第三人撤销之诉的建立有其现实基础。

三、社会客观现象的紧迫召唤

(一)虚假诉讼的泛滥

近年来,诉讼主体通过虚假诉讼、恶意诉讼、冒名诉讼等①借助司法力量侵害他人合法权益的现象引起了广大老百姓的深恶痛绝,而这种诉讼主体滥用诉权的问题也成为困扰我国民事诉讼司法实践的重大难题。

在诉讼主体滥用诉权的主要三种情形中,虚假诉讼与恶意诉讼、冒名诉讼两者情况有所不同,因此对应的规制措施也不同。恶意诉讼由于损害的是对方当事人的利益,因此只要受害人正确行使法律赋予其的各项诉讼权利,如抗辩权、举证质证等,法院正确认定事实、准确运用法律,恶意诉讼的违法行为便很难得逞。冒名诉讼由于形成诉讼的案件事实实际存在,只要在诉讼中,当事人对原告是否适格提出异议,予以抗辩,法院正确审查判断,冒名诉讼也同样难以

---

① 所谓虚假诉讼,通常是指形式上的诉讼双方当事人共谋通过虚构实际并不存在的实体纠纷(包括双方之间根本不存在实体法律关系以及虽存在实体法律关系,但并不存在争议两种情形),意图借助法院对该诉讼的判决达到损害诉讼外第三人权利或权益的诉讼。恶意诉讼是指一方当事人通过捏造事实或理由,滥用诉权提起民事诉讼,以达到损害对方当事人的利益。冒名诉讼是指起诉人并非民事纠纷的当事人,但以纠纷一方当事人的名义向对方当事人提起诉讼,以便从中获取利益。参见:张卫平.中国第三人撤销之诉的制度构成与适用[J].中外法学,2013(1):171.

得逞。这两类诉讼因为涉及当事人自身的利益,因此除了在一审诉讼中当事人可以通过行使诉讼权利阻止对方达成侵害的目的,还可以通过通常救济途径(上诉)和特殊救济途径(再审)获得程序上的救济。①

虚假诉讼情形则不同,由于虚假诉讼的合谋性和非对抗性,可能受损害的利益主体即诉讼外的第三人往往不知道可能侵害自己利益的诉讼正在他人之间进行,自然不会加入诉讼中去,也就无法在诉讼中通过行使诉讼权利维护自身合法权益。因此虚假诉讼的生效判决一旦确定,必然会出现损害案外第三人利益的后果。虚假诉讼作为一种特殊的社会病象,它的产生有其特定的环境和条件。笔者梳理学者、法官等分析的虚假诉讼之所以泛滥的成因,主要有:(1)社会诚信的缺失。目前我国正处在社会主义初级阶段,个人利益获得的自我价值的实现已成为许多人价值判断的唯一标准。而且我国尚未建立起良好的诚信体系,部分公民的价值观、利益观发生严重的扭曲,虚假诉讼可能带来的巨大利益迎合了这种心理需求,导致虚假诉讼逐年增多。(2)民事活动所遵循的当事人意思自治原则与权利自由处分原则以及民事审判权的被动性特征客观上为虚假诉讼提供了滋生的条件与生存的空间。民法属于私法,法律对待民事关系遵循当事人意思自治原则和权利自主处分原则,只要当事人双方形成合意,法律就应予以尊重。另一方面,法院民事审判权呈现被动性的特征。在现代民事诉讼法理中,法院的审判活动需遵循中立原则,要求法院及其审判人员在审判活动中坚守"中立"的地位,法官居中裁判,当事人诉讼地位平等,双方在一个平衡的诉讼结构中平等行使权利、理性展开论辩。因此,被动性、中立性要求法院不能主动介入、干预当事人的诉讼活动。诉讼中采用当事人主义的审判方式。一方提出主张、另一方答辩或抗辩、放弃、承认、变更、调解与和解等,均具有自主性。对当事人的自认行为,自主处分行为,达成的和解、调解协议只要不违反法律的禁止性规定,法院均不应否定。民事诉讼的这种性质为虚假诉讼者提供了可乘之机。只要虚假诉讼双方当事人互相串通,虚构事实与证据,从表面上达到事实清楚、证据充分,诉辩双方对事实和证据没有异议,法院就不大可能去审查双方证据和民事法律关系的真实性。正因为如此,虚假诉讼者往往能轻易得逞。(3)法律规制力度不够,违法成本低。在司法实践中法院一般将虚假诉讼作为妨害民事诉讼的情形,通常采取的措施是罚款和司法拘留。但是对有些当事人而言,被苛以最高额罚款和司法拘留15日,显然无法与虚假诉讼带来的所得相比。即虚假诉讼者所能获得的非法利益或达到的非法目的较之法

①张卫平.民事诉讼的逻辑:第三人撤销之诉研究[M].北京:法律出版社,2015:144.

律风险与代价严重失衡,促使行为人冒险通过非法诉讼谋求不法利益。虚假诉讼的违法性和应受谴责性人所共知。进行虚假诉讼是要冒一定的法律风险的。但是虚假诉讼者在种种非法利益的诱惑面前往往会忘却风险,而选择非法利益。深层次的原因就在于法律规制力度不够,使得进行虚假诉讼的法律风险大大小于虚假诉讼所能获得的不法利益。(4)证据制度的不够严密为虚假诉讼的得逞提供了可能。《民事诉讼法》第 63 条规定了 8 种证据的形式要件,即证据的外在表现形态,而没有规定证据的本质属性。而外在形态只是一种载体或形式,至于这种载体所记载的内容的属性,法律没有明确规定。而证实民事行为真实性的恰恰是其内容属性,不是载体本身。由于法律没有规定证据的本质属性,因而为虚假诉讼者任意编制证据提供了机会。实践中对一方提供的证据,对方如无异议,法官即予认定,而不管证据本质属性上是否真实。(5)部分审判人员素质不高,部分审判人员办案经验不足。法院审判人员年轻化,对案件事实的判断缺乏经验,缺乏审判技巧,在询问当事人时,不够全面深入,不能通过询问细节发现案件实情。极个别法官与虚假诉讼者狼狈为奸,里应外合,炮制假案。法官素质的高低与虚假诉讼的多少存在一定的关联。(6)过度强调调解制度。根据民事诉讼法的规定,法院在调解中,既要尊重当事人的意思自治,又要分清是非。但在实践中,当前有些人民法院存在片面过分追求调解率,并以此作为考核法官的机制的现象。法官在调解时往往只关注当事人是否自愿,而对案件事实本身不关注。因此,只要虚假诉讼的当事人自愿达成调解协议,在形式上并不违法的情况下,法官往往不会主动对案件背后隐藏的问题进行查明。(7)案件信息沟通不畅。法官无法快速了解其他法院案件受理、审理情况,可能被虚假诉讼行为人利用,借机达到自己的非法目的。

据浙江省高级人民法院调研报告的不完全统计,2008 年 1 月份至 2008 年 5 月份,浙江省各级人民法院已经审理确认属于"虚假诉讼"的案件达 107 件。2010 年浙江省各级人民法院依法查处虚假诉讼案件 137 件 110 人,其中刑事制裁 41 人,民事制裁 44 人,移送公安机关立案侦查 25 人。① 2009 年,北京市第一中级人民法院统计,通过对 100 起民事二审改判案件进行抽样分析,发现有超过 20% 的案件存在诉讼欺诈行为。在 2016 年 2 月初最高人民检察院召开的新闻发布会上,最高检新闻发言人肖玮表示,2012—2014 年,全国检察机关监督虚假诉讼案件 6829 件,其中向法院提出抗诉和检察建议 4972 件,移送犯罪线索

---

① 数据来源:最高人民法院民事诉讼法修改研究小组.《中华人民共和国民事诉讼法》修改条文理解与适用[M].北京:人民法院出版社,2012:17.

957件。① 面对实践中大量的虚假诉讼,法律加大了惩处力度,除刑事立法中规定相应罪名外,在《民事诉讼法》及相关司法解释中也对滥用诉讼权利的行为作出了相应的制裁规定。如现行《民事诉讼法》第112条规定,当事人之间恶意串通,企图通过诉讼、调解等方式侵害他人合法权益的,人民法院应当驳回其请求,并根据情节轻重予以罚款、拘留;构成犯罪的,依法追究刑事责任。第113条规定,被执行人与他人恶意串通,通过诉讼、仲裁、调解等方式逃避履行法律文书确定的义务的,人民法院应当根据情节轻重予以罚款、拘留;构成犯罪的,依法追究刑事责任。上述手段都是通过公权力的角度对虚假诉讼进行惩处以保护第三人的合法权益,而第三人撤销之诉则从赋予受害第三人诉权的方式,以更为便利地诉的方式实现事后救济,弥补程序参与的不足,从私权角度来保护其自身合法权益。同时鉴于实践中非诚信诉讼现象的泛滥及其对司法所产生的严重危害性,我们相信第三人撤销之诉肯定会促进民事诉讼的诚信机制建设,在一定程度上根治诉讼不诚信状况。

(二)司法实践的困惑

在第三人撤销之诉制度设立之前,对于案外人权益受损又不知道前诉存在,同时该生效裁判又未进入执行阶段时该如何救济,司法实践常常处于困惑之中。

我国现有的民法及其司法解释,对虚假诉讼受害的第三人是否可以对虚假诉讼行为造成的损害提起赔偿之诉以及赔偿的标准和赔偿范围都没有明确规定。从理论上来看,第三人对恶意裁判造成其损失的可以提起损害赔偿的新诉。对该独立之诉,在法理上,受"判决效力相对性"的保护,第三人不受前诉生效判决的约束,可以在后诉中提出与前诉判决内容相反的主张,后诉法院也可以支持第三人的诉讼主张从而作出与前诉裁判相排斥的裁判。但是法律上不受生效判决的约束不等于在事实上不受约束。由于前诉和后诉在诉讼标的上具有排斥性或关联性,第三人会因为前诉恶意当事人取得的一个在先的胜诉判决,产生所谓的证明效力及其他效力在裁判外以及裁判上都对其构成了事实上的不利。② 实践中可能出现因为前后诉的诉讼请求相排斥,导致后诉无法被立案;或因为后诉中原当事人可能援引前诉生效判决作为免证的事由使得第三人受证明效力的约束而败诉;或者出现前后判决的冲突,导致无法执行,影响判决

---

①数据来源:虚假诉讼:或成重灾区[EB/OL].(2016-03-15).http://mt.sohu.com/20160315/n440452728.shtml.

②[日]高桥宏志.重点讲义民事诉讼法[M].张卫平,许可,译.北京:法律出版社,2007:334.

实效性等情形。同时在法律适用过程中也存在着种种困惑:第一,新诉中是否可以赋予第三人撤销权? 撤销权作为法律上的概念出现在《合同法》等实体法中。依据《合同法》第 74 条第 1 款规定,债权人可以撤销的债务人的行为,一是放弃到期债权的行为;二是无偿转让财产的行为;三是以明显不合理的低价转让财产的行为。另外,依《最高人民法院关于适用〈中华人民共和国合同法〉若干问题的解释(二)》[以下简称《合同法司法解释(二)》]第 18 条规定,债务人放弃其未到期的债权或者放弃债权担保,或者恶意延长到期债权的履行期的行为,债权人可以撤销。从民法一般原理理解,撤销权为实体法上的权利;撤销权为附属于债权的权利;撤销权是一种综合性权利,具有形成权和请求权的性质。但作为利用恶意诉讼逃避债务由此债务人不当减少责任财产的行为,是否与债务人在诉讼外的逃债行为本质相同,对诉讼外的债务人的行为,债权人可以起诉撤销,而对诉讼内的债务人的行为,是否允许债权人提起撤销之诉呢? 法律没有明确,司法实务中也未出现对程序法扩大适用的案例。第二,在后诉中是否允许第三人提起损害赔偿? 该损害赔偿之诉对于该第三人的保护是否充分? 根据民法原理,在债务人不履行债务时,原则上债权人有选择请求强制债务人给付特定物或损害赔偿的自由,而债务人只能根据债权人的选择进行弥补。但在他诉裁判扩张于第三人时,债务人掌握了是否以损害赔偿替代特定物给付的控制权,第三人作为债权人只能被动地接受,违背了实体法规定。同时债权人的损害赔偿之诉是以其实体法上权利的损失为代价和妥协,不能真正保护其权益,换句话讲,损害赔偿之诉不足以成为第三人接受生效裁判扩张于己的正当性要求。两种不同诉讼请求依据的实体权利的不同性质,也决定了单个损害赔偿请求权不足以保障第三人权益。损害赔偿权只是债权,具有相对性和非排他性的特征,相比基于所有权提起的诉讼请求而言,不能为第三人提供完全保护。①

由此,赋予第三人通过请求撤销前诉裁判而实现其特定物所有权的权利;在承认他人之间既定裁判之不利益状态的前提下,赋予第三人事后争议原裁判是否错误的机会,排除他人判决对己带来的不利益,直接按照实体法上的权利属性实现实体法上的权利;赋予第三人根据自己的实际需求,在提起损害赔偿或返还原物等诉求中进行自主选择的权利,这才是对第三人权益周全的保护,也可解决上述司法实践中的种种困惑。

---

①陈利红.第三人撤销之诉提起事由剖析[J].贵州社会科学,2015(4):94—95.

第三章　第三人撤销之诉制度的性质与功能定位

近几年来,以第三人撤销之诉作为主题的文献不断增多,学者们围绕该项制度的域外比较、本质属性、功能定位以及运行程序等问题,展开了较为有益的探讨。智者见智仁者见仁,但尚未达成制度化、系统化的基本共识。而从司法实践的现行状况来看,法院系统对第三人撤销之诉的理解不足、指引性细则的长期缺位,加之各地法院的做法不一和经验缺乏,导致司法实践中对此制度运用持谨慎态度,从而显现了法律适用与社会期待之间的矛盾关系。

一般而言,制度的创设、规则的配置乃至实际的运行,都需要以制度的性质和功能为基准。目前理论界和实务部门针对第三人撤销之诉的适用范围、适用条件以及外部关系等问题的诸多争议,归根结底均源于对该项制度之性质定位、内在特征和功能定位的认识不清或理解偏误。为此,深入思考第三人撤销之诉的性质定位、内在特征以及功能定位等基本理论问题,对厘定具备近似功能的案外人申请再审、执行异议等原有制度,科学划定第三人撤销之诉的运行边界并理清其与相关程序和制度的关系,消除现有分歧、回应实践困惑以及系统构建制度等方面都具有重要的指引意义。

一、第三人撤销之诉的性质定位

我国现行《民事诉讼法》第 56 条规定:"对当事人双方的诉讼标的,第三人认为有独立请求权的,有权提起诉讼。对当事人双方的诉讼标的,第三人虽然没有独立请求权,但案件处理结果同他有法律上的利害关系的,可以申请参加诉讼,或者由人民法院通知他参加诉讼。人民法院判决承担民事责任的第三人,有当事人的诉讼权利义务。前两款规定的第三人,因不能归责于本人的事由未参加诉讼,但有证据证明发生法律效力的判决、裁定、调解书的部分或者全部内容错误,损害其民事权益的,可以自知道或者应当知道其民事权益受到损害之日起六个月内,向作出该判决、裁定、调解书的人民法院提起诉讼。人民法院经审理,诉讼请求成立的,应当改变或者撤销原判决、裁定、调解书;诉讼请求不成立的,驳回诉讼请求。"该条第3款正式确立了我国民事诉讼第三人撤销之诉制度。2015年2月4日最高人民法院出台的《民事诉讼法司法解释》第十四章对第三人撤销之诉的相关程序事项进行了专门细化,形成了法典单款原则规定与司法解释专章规定相结合的模式。

(一)关于第三人撤销之诉性质之争

第三人撤销之诉并非世界各地的通行制度,其起源于法国,并已在我国台湾地区施行十余年。从该制度的创设初衷而言,法国模式的总体理念是"判决不可损害任何未被保障听审或为利益防卫之第三人"。在法国民事诉讼法上,设立第三人撤销之诉制度的目的"主要系基于判决不可损害任何未被保障听审或为利益防卫之第三人之思想"[①]。"第三人撤销之诉是一种可以使第三人在判决宣告之后为阻止判决对其造成损害而采取行动的方法,它具有补救性质。"[②]故法国民事诉讼法将第三人撤销之诉定位为一种第三人利益损害救济机制。我国台湾地区的模式是将第三人撤销之诉视为践行程序保障理念的途径之一。我国台湾地区设立第三人撤销诉讼制度是为使与判决有利害关系之第三人有参与该诉讼程序之机会,但第三人参与诉讼程序的机会并不能恒受保障,为了实现程序保障之要求,故设第三人撤销诉讼程序。可见我国台湾地区的第三人撤销之诉属于一种为第三人利益而设置的程序保障机制。相较之下,我国2012年修订的民事诉讼法增设第三人撤销之诉的根本初衷,是为了规制司法实践中日益频发的借助虚假诉讼、恶意诉讼或诉讼调解等司法手段来侵害案外第三人合法权益的行为。

通过透视制度的引发背景和创设理念,可以理清制度的内在属性,从而避免形式化的表象性比较。尽管在制度创设初衷方面的价值侧重有所不同,但法国和我国台湾地区的第三人撤销之诉具有其共性,均属于"为利益受他人判决损害的第三人而设置的特殊性事后救济程序"[③]。而我国的第三人撤销之诉,虽然在客观上具备冲击既判力的特殊性和救济时间的事后性,但相较于域外国家或地区以程序保障为价值目标的制度,我国的撤销之诉更加侧重对司法秩序的维护和对非诚信诉讼行为的规制,由此也加剧了该项制度的复杂性和边界模糊性;同时也从某种程度上揭示了目前有关制度性质争议的主要成因。一般而

---

①姜世明.概介法国第三人撤销诉讼[J].台湾本土法学,2005(11).

②[法]让·文森,塞尔日·金沙尔.法国民事诉讼法要义[M].罗结珍,译.北京:中国法制出版社,2001:1285.

③胡军辉.案外第三人撤销之诉的程序建构:以法国和我国台湾地区的经验为参考[J].政治与法律,2009(1):146-147.

言,制度在客观功能上的相似性并不能佐证制度本质属性的相同性,第三人撤销之诉作为一种事后救济案外第三人合法权益的特殊性制度,其本质属性还有待进一步明晰。

　　总的来看,相关质疑均源于第三人撤销之诉对判决相对性原理的突破以及对既判力原则的冲击,但民事司法程序的基本原理、审判实践中的突出问题以及社会客观生活的急迫需求,为该项制度的设立提供了价值、法理、技术和现实等多个层面的正当性支持。①

　　目前国内关于第三人撤销之诉性质的讨论多数集中在诉的性质方面,且重点围绕是否属于诉讼法上的形成之诉展开争论,也有从程序性质的角度来进行探讨。2012 年修正的《民事诉讼法》在第 56 条第 3 款正式确立第三人撤销之诉制度后,学界关于第三人撤销之诉的目的、性质、理论基础以及程序构建的争论也持续升温。各类观点相互碰撞,争论非常激烈,有的观点针锋相对,甚至对该制度是否有必要建立持否定或怀疑态度。否定或怀疑论主要从立法论、法规范文义解释的角度,利用既判力相对性原理,通过分析认为有独立请求权第三人和无独立请求权第三人都不是第三人撤销之诉的适格原告。即使有也很少,其权利受损害一般都可以通过另行起诉或启动再审来获得救济,真正适格的应是既非有独立请求权第三人也非无独立请求权第三人,却对判决结果有事实上利害关系的案外人,但现有制度设计又无法将其纳入,立法者期待通过第三人撤销之诉遏制恶意诉讼和虚假诉讼等现象的立法目的并不能实现。而要解决这些纷争,其核心在于明确第三人撤销之诉的性质,且对第三人撤销之诉制度的存废以及具体程序的构建而言,都是既有重要理论价值又有很强实践意义的命题。

　　1. 关于第三人撤销之诉的诉的性质之争

　　关于诉的性质之核心争议在于其到底属何种诉讼类型? 是属于诉讼法上的形成之诉,还是一种特殊的诉讼类型? 对此,国内学界从不同的角度展开了争论。目前主要的观点有:形成之诉说、混合性质说、请求权实体基础说、"三性"说、次生之诉说、实体法上的请求权说等。

　　(1)形成之诉说。目前,国内学者主流的观点是"形成之诉说"。该观点认为第三人撤销之诉是一种诉讼法上的形成之诉。这种形成之诉不同于一般的形成之诉,其以诉讼法上的请求权为诉讼标的,针对的是法院,而不是像一般的形成之诉是以民法上的实体请求权为诉讼标的,针对的是形成义务人。其中代

表性的研究有:张卫平教授认为,第三人撤销之诉在诉的性质上可以归类于形成之诉,虽然这种诉的内容是要求撤销他人之间的判决、裁定和调解书,但本质是要求改变判决、裁定和调解书已经确定的法律关系。这一特征基本符合形成之诉的特征。当然,第三人撤销之诉也有不同于一般形成之诉的地方。一般形成之诉依据的是民法上的实体请求权——形成请求权,针对的是形成义务人,而第三人撤销之诉不是直接依据实体法上的请求权,而是诉讼法上的请求权,针对的是法院。这一诉讼法上的请求权也是第三人撤销之诉的诉讼标的。在这一点上与再审之诉的诉讼标的类似。① 肖建华教授也认为,第三人撤销之诉是一种诉讼法上的形成之诉,诉讼标的依新诉讼标的理论应采诉讼声明说,为原告诉的声明。形成之诉是指原告要求人民法院用判决使法律关系发生、变更或消灭之诉,分为实体法上的形成之诉和诉讼法上的形成之诉。前者是指变更或形成实体法律关系的诉讼,包括离婚之诉、宣告婚姻无效之诉、公司成立无效之诉等;后者是旨在变更或形成某种诉讼法上的诉讼,主要包括撤销裁判之诉和再审之诉。第三人撤销之诉便属于后者。② 王亚新教授认为,从学理上讲,新《民事诉讼法》第56条第3款规定的第三人撤销之诉,指的是能够成为本诉适格当事人的第三人以已发生之诉讼的原、被告双方为共同被告,旨在全部或部分地改变原来的判决、裁定或调解书所确定的法律状态或权利义务关系而提起的诉讼,其性质属于形成之诉。③

此外,也有观点认为,第三人撤销之诉是对形成权的补充和完善,因此其诉权属于对程序法上的权利的保护。对于第三人来说,针对损害自身合法权益的生效判决,可以提起相应的诉讼请求,这是因为在程序权利上并没有赋予第三人应得的保障,或者说是第三人的异议权未得到保障。从我国《民事诉讼法》申请再审的相关规定来看,其因程序错误而导致申请再审的部分已经删除。由此不难发现,我国再审程序更加注重原审判决的实体公正,而第三人撤销之诉则更加注重对当事人程序上的保护。尽管第三人撤销之诉不能产生和申请再审同样的中止原判决执行的效果,但只要合法权益受到侵害,第三人就有权提起第三人撤销之诉。该诉讼不应当是一种再审之诉,而恰恰是一个新诉。从民事诉讼理论关于诉的种类分类来看,第三人撤销之诉应归属于形成之诉,该撤销

---

① 张卫平. 中国第三人撤销之诉的制度构成与适用[J]. 中外法学,2013(1):174.

② 肖建华,杨兵. 论第三人撤销之诉——兼论民事诉讼再审制度的改造[J]. 云南大学学报(法学版),2006(4):39.

③ 王亚新. 第三人撤销之诉的解释适用[N]. 人民法院报,2012-09-26(007).

之诉所追求的是变更或者消灭某种诉讼法上的法律效果。[①]

(2)混合性质说。主张"混合性质说"的人认为,第三人撤销之诉被大部分学者认为属于诉讼法上的形成之诉,是因为学者们只看到了第三人向法院提起的要求撤销原生效裁判这种形式上的诉讼效果,没有注意到其最终目的还是为了变更原生效裁判所确定的实体法律关系。第三人撤销之诉不能以简单的、具体的某个诉的类型,包括诉讼法上的形成之诉来对其进行定性,其类型具有混合性。[②]

另外,赞同此观点的其他学者也认为,第三人撤销之诉具有混合型诉讼的特征,就撤销判决而言具有形成之诉的性质,就请求变更判决而言又具有给付之诉或者确认之诉的性质。第三人撤销诉讼在诉的分类上应如何定位? 第三人提起撤销诉讼,其目的在于通过行使我国《民事诉讼法》第56条第3款赋予该第三人诉讼法上之撤销权,即撤销或变更他人之间已经生效的判决、裁定或者调解书的权利,一方面达到除却生效裁判对第三人之不利部分、纠正生效裁判错误以及变更他人之间经裁判而形成的民事权利义务关系的目的,另一方面也是更进一步请求人民法院作出有利于第三人的变更判决。因此,第三人撤销之诉具有混合型诉讼的特征。就前者而言,第三人撤销之诉具有形成之诉的性质;就变更判决而言,第三人撤销之诉又具有一般诉讼(给付之诉或者确认之诉)的性质。[③]

(3)请求权实体基础说。第三人撤销之诉作为独立的诉讼类型已为学者所普遍接受,基于案外人提起第三人撤销之诉的正当动机在于解除生效裁判对其所造成的不利影响,而请求法院判决撤销或者改变生效裁判则是实现其目的的手段,因而具有请求变动他人之间确定裁判的外观,在诉的类型上被界定为形成之诉。与此同时,基于第三人撤销之诉在实体法层面的请求权基础较为模糊,学者通说将第三人撤销之诉定性为诉讼法上的形成之诉以此避免讨论第三人撤销之诉的实体法基础问题。[④] 然而,诉讼法上的形成之诉本身并非不存在争议,日本学者三月章教授就曾指出诉讼法上的形成之诉纯属人为地使之合乎情理的东西。[⑤] 我国也有学者以诉权的根源在于实体权益保护的需要为由认为

---

①蔡涛.论第三人撤销之诉[D].哈尔滨:黑龙江大学,2015.

②张妮.第三人撤销之诉研究[D].重庆:西南政法大学,2012.

③许可.论第三人撤销诉讼制度[J].当代法学,2013(1):41.

④如学者直接将第三人撤销之诉的基础界定为诉讼上的形成权,而没有从实体法层面检讨第三人撤销之诉的正当性基础。参见:董少谋.第三人撤销之诉的具体运用[N].人民法院报,2013-07-10(007).

⑤[日]三月章.日本民事诉讼法[M].江一凡,译.台北:五南图书出版公司,1997:128.

诉讼法上的形成之诉将仅具有程序异议的权利作为诉讼标的与诉权本质相悖,并在此基础上提出"第三人撤销之诉的诉权本质在于第三人实体权益救济的必要性,而不是对异议权单纯的救济"的新观点。①

尽管诉讼法上的形成之诉与实体法上的形成之诉确实存在区别而存在将其区分开来的必要性,②但是,即使是第三人撤销之诉、案外人申请再审之诉乃至当事人申请再审之诉等典型的所谓诉讼法上的形成之诉,当事人谋求启动诉讼程序的背后均为谋求保护实体权益或者为谋求保护实体权益创造条件。因而,虽然论者并不支持废除诉讼法上的形成之诉概念,但倾向于务实地检讨第三人撤销之诉的实体法基础,毕竟完全脱离实体权益保护的民事诉讼程序设置是几乎不存在的,也难以期待程序利用者具备使用该诉讼武器的充足动力。正如有学者所指出的,我国设置第三人撤销之诉的目的在于向因故未能参加诉讼而没有获得程序保障却受判决效力拘束的第三人提供救济途径以及防止第三人的合法权益受到他人通过利用诉讼审判骗取法院生效法律文书等方式的不当侵害,域外多侧重供给程序正义,而我国立法者则主要谋求应对虚假诉讼。③有学者据此推断我国司法实务中可能大量出现且容易引发争议的是防止诉讼诈害的第三人撤销之诉,而纯粹为了程序保障提起的第三人撤销之诉将少之又少。此外,基于补足程序正义而设置的第三人撤销之诉中的案外人本来就对诉讼标的享有全部或部分权利(有独立请求权第三人)或者与诉讼结果存在法律上的利害关系(无独立请求权第三人)甚至是"应当参加诉讼的当事人"(被遗漏的必要共同诉讼人),因而,其实体法基础是基本明确的。为此,有学者以受诉讼诈害人提起第三人撤销之诉为样本,分别以从实体法到程序法和从程序法到实体法为研究路径,对第三人撤销之诉的请求权实体法基础进行研究后认为,"建立在诉讼法上的形成之诉基础上的第三人撤销之诉犹如空中楼阁,虽可清晰地看到其实体法基础,但却因该实体法基础尚未被类型化为民事权利而显得根基不稳"。从解释论的角度看,"结合第三人撤销之诉防止虚假诉讼的立法目的,从《民事诉讼法》第 56 条第 3 款中解释为立法者授予受诉讼诈害人的实体撤销权并非不妥当,因为受诉讼诈害人请求法院判决撤销确定裁判的真正意图在于解除确定裁判所确定的法律状态或权利义务关系对其所造成非正当不利

---

① 崔玲玲. 第三人撤销之诉的事由:与再审之诉的事由比较[J]. 社科纵横,2011(9):78.

② 张卫平教授指出,一般形成之诉依据的是民法上的实体请求权——形成请求权,针对的是形成义务人,而第三人撤销之诉不是直接依据实体法上的请求权,而是诉讼法上的请求权,针对的是法院。参见:张卫平. 中国第三人撤销之诉的制度构成与适用[J]. 中外法学,2013(1):174—175.

③ 王亚新. 第三人撤销之诉的解释适用[N]. 人民法院报,2012-09-26(007).

益影响"。而且,"通过前述解释论努力赋予受诉讼诈害人以实体撤销权并以该实体撤销权作为充当'有独立请求权第三人'的独立请求权则较好地解决前置性程序保障原理与后置性程序保障原理之间的紧张关系"。①

(4)实体法上的请求权说。该观点认为,有众多学者认为存在"诉讼法上的形成之诉"这一诉的类型,一旦不承认"诉讼法上的形成之诉"或者其根本无存在的价值时,再讨论第三人撤销之诉的性质就无多大意义。要彻底否认"诉讼法上的形成之诉"说,仅从理论上论证还不行,还必须解决其有无实际应用价值的问题。之所以有众多学者认可这一学说,主要还是认为将再审之诉、第三人撤销之诉、执行异议之诉等典型的所谓"诉讼法上的形成之诉"中撤销原确定裁判的诉讼请求作为诉讼标的需要该理论来支撑。该观点认为,第三人撤销之诉同其他所有诉讼一样,其诉讼标的仍为实体请求权;第三人请求法院撤销或部分撤销原确定判决的行为仅是第三人通过撤销程序维护实体权益的前提步骤和手段而已,同再审之诉一样,不能作为诉讼标的。第三人撤销之诉的诉权本源不在于对异议权程序性权利的救济,而是通过异议权的主张,保护其背后的第三人的实体权益。因此,诉讼法上的形成之诉是一个伪命题,其被运用于讨论第三人撤销之诉的性质本身就缺乏可靠的理论基础。

第三人撤销之诉的诉讼标的应当是第三人与原当事人之间争议的请求法院审判的民事实体法律关系或者民事实体权利,如侵权法律关系、合同法律关系、不当得利法律关系、无因管理法律关系以及与此对应的财产权、知识产权、人身权、债权等民事权利。该观点同时提出,在解决了第三人撤销之诉标的之实体请求权为何以后,诉讼法上的形成之诉存在的必要性实质上已经基本得到否定。第三人撤销之诉首先是一个救济程序,因此只有将其视为一个救济程序来讨论其性质才具有现实意义。按照现行的立法体例及第三人撤销之诉制度在第三人权益救济体系中的地位,对其性质定位,是一种诉讼标的依然为实体请求权的复合诉讼救济程序外,还可以从以下三个方面来进行解读:一是"一般"救济程序但兼有特殊性,即案外第三人和原诉的当事人可以提起上诉,因而具有一般救济的性质;也有其特殊性,即对原判决既判力冲破后,必须对重新处于争议状态的原案诉讼请求一并审理并重新予以判决,因而是"一般救济"兼有"特殊救济"。二是"补审"而非"再审"。对于法院来说,是对本来应当与本诉一并审理,却因客观原因未能参加进来的案外第三人的诉讼请求进行补充审理。

---

① 肖建国,黄忠顺.论第三人撤销之诉的法理基础[C]//中国民事诉讼法研究会2013年年会论文集:新民事诉讼法的理解与适用,2013.

三是"本诉"之外的"参加之诉",第三人撤销之诉仍是第三人制度的组成部分,是"诉的参加"的一种特殊类型,是一种具有实现纠纷一次性解决功能的复合诉讼救济程序。该观点依据以上分析认为:第三人撤销之诉的本质是以除去对第三人产生不利影响的原确定判决内容之效力前提,重新实现第三人参加之诉的纠纷一次性解决功能的特殊复合诉讼救济程序,除去原确定判决部分或全部效力只是实现维护第三人的实体权益的前提步骤和手段而已,不能作为诉讼标的,其诉讼标的为第三人与原当事人之间争议的请求法院审判的民事实体法律关系或者民事实体权利。[①]

(5)"三性"说。持该观点的研究者认为,第三人撤销之诉是本着救济受到生效裁判损害的第三人的目的,着眼于遏制司法实践中的恶意诉讼而设置的一种特殊类型的诉。对于第三人的保护,在此前已有第三人参与诉讼、第三人申请民事再审和执行异议等救济程序,现行民事诉讼法的修改特意增加一种新型的诉讼程序,必然是基于该程序具有不同于其他程序的特殊性质。该观点认为第三人撤销之诉具有补充性、变更性和督促性。即从制度设计上来看是以第三人事后参与权的方式来实现权利救济的,是一种补救性的例外程序,是对第三人参与诉讼的权利和生效裁判公正性的补充;从程序的效果上看是通过启动第三人撤销之诉,达到改变或者撤销原裁判或调解中于第三人不利的内容的效果,具有变更生效裁判的功能;督促性在于督促案件承办人事前尽可能地告知有权参与诉讼的第三人加入诉讼之中,充分发挥了督促法官和当事人确保第三人参诉的作用。[②]

(6)次生之诉说。对于第三人撤销之诉到底是何种诉讼类型,有论者提出了"次生之诉"的观点。该观点论者在对传统民事诉讼类型划分提出质疑并否认诉讼法上的形成之诉存在的合理性与必要性的基础上,从诉请解决的纠纷产生的原因与阶段的不同,将诉的类型划分为原生之诉与次生之诉。该观点认为第三人撤销之诉与再审之诉虽同属次生之诉,但两者性质不同。第三人撤销之诉得以提起的根本原因在于第三人在实体上的权利主张足以对抗原生效判决,这种诉的利益具有独特性;相对于再审之诉对当事人的再救济而言,第三人撤销之诉对第三人的救济是初次救济。因此,第三人撤销之诉的诉权本质在于第三人实体权益救济的必要性,而不是对异议权单纯的救济,将第三人撤销之诉定性为诉讼法上的形成之诉欠缺理论基础。[③]

---

①杨卫国.案外第三人撤销之诉研究[M].北京:中国法制出版社,2015:47-60.
②翟品品.第三人撤销之诉研究[D].成都:西南交通大学,2015.
③崔玲玲.民事诉讼中第三人利益保护系统论:以诉为中心[J].河北法学,2012(4).

2. 关于第三人撤销之诉的程序性质之争

我国学者基本上都认为第三人撤销之诉是一种特殊的事后救济之诉。如张卫平教授认为：在我国，作为保障案外第三人事前程序权利并维护其民事权益的诉讼制度有两种，即有独立请求权第三人与无独立请求权第三人。这两种制度都是保障第三人正当权益的制度，相对于第三人撤销之诉而言是一种事前程序保障。一般而言，通常的救济程序都是事前程序，事后救济程序是一种特殊和例外。第三人撤销之诉作为一种事后救济程序必须具备一定的条件，否则不能提起。[①] 王福华教授认为：第三人撤销之诉，在本质上属于事后纠错程序。[②] 但是对这种程序的特殊性有着不同理解：一是，有论者认为，第三人撤销诉讼程序为非常规之诉讼程序，属确定判决之瑕疵救济程序，[③]应准用再审之诉的相关规定。二是，有论者认为，第三人撤销之诉是对第三人实体权益的初次救济。相比较而言，第三人撤销之诉的功能重在对他人之间的生效判决所损害的第三人的实体权益的救济。由于民事诉讼程序自身的相对性和封闭性与实体法律关系主体多元化相矛盾，就产生了因生效判决既判力的扩张、反射效力的影响以及形成判决形成力的对世性，再加之当事人处分原则和辩论原则的缺陷，他人之间的生效判决损害第三人利益的情况大量存在，而基于对没有进行程序参与和进行主张、辩论的第三人的保护，以撤销对第三人产生损害的生效判决之部分，设立了第三人撤销之诉。可见，第三人撤销之诉功能定位应该是对第三人实体权益的救济，而无论原生效判决在作出过程中是否存在程序或者实体上的瑕疵，而且这样的救济是以诉的形式进行，是对第三人实体权益的第一次救济。[④] 应适用普通程序规定。三是，有论者认为，"撤销之诉为一般救济程序，而申请再审为例外救济程序"。[⑤] 四是，有论者认为，"第三人撤销之诉是一种非常救济程序"。所谓非常救济程序，是与常规救济程序相对应的概念，是指在民事案件已经审理终结、裁判生效之后，基于法律的规定，在特定情形下重新对案件进行审理并作出裁判时所应遵循的方式方法和步骤的总和。论者认为，应该加强完善第三人制度，构建诉讼参与制度，避免事后救济。[⑥]

①张卫平.中国第三人撤销之诉的制度构成与适用[J].中外法学,2013(1):174-175.
②王福华.第三人撤销之诉适用研究[J].清华法学,2013(4):46.
③丁宝同.案外人撤销诉讼程序之立法方案透析:品新《民事诉讼法》第56条第3款[J].时代法学,2013(2):38-39.
④崔玲玲.第三人撤销之诉的事由:与再审之诉的事由比较[J].社科纵横,2011(9).
⑤江伟,肖建国.民事诉讼法[M].北京:中国人民大学出版社,2013:373.
⑥王晓利,张娇东.第三人撤销之诉的构建[N].人民法院报,2013-07-03(007).

(二)关于第三人撤销之诉性质定位

1.关于第三人撤销之诉各观点之评析

以上各类学说对第三人撤销之诉的诉的性质的粗浅梳理,从不同角度揭示了案外第三人撤销之诉的某些特性,其大都不否认第三人撤销之诉的最终目的是改变生效判决、裁定和调解书已经确定的法律关系,给予第三人实体权益必要的救济,不过在理论和实践方面均存在一些值得商榷之处。

(1)关于第三人撤销之诉的诉的性质方面的观点之评析

第一,关于"形成之诉说"、"混合性质说"的观点。此两种观点都认为第三人撤销之诉具有形成之诉的性质。所不同的是,"形成之诉说"认为诉讼法上的请求权才是第三人撤销之诉的诉讼标的,由此得出的其性质是形成之诉的结论;"混合性质说"除了认为就撤销判决而言具有形成之诉的性质之外,同时认为就请求变更判决而言又具有给付之诉或者确认之诉的性质,因而认为第三人撤销之诉的性质具有混合性,而非单一的形成之诉。笔者认为,此两观点均欠妥当。其一,一般而言,诉是指当事人请求法院进行审判的申请,是当事人向法院提出的,请求法院就特定的法律主张或权利主张进行裁判的诉讼行为。按照当事人诉讼请求的目的和内容不同,诉可分为形成之诉、确认之诉和给付之诉。每一个诉的具体内容,都由两个必不可少的因素,即诉讼标的和诉讼理由组成,这种因素叫作诉的要件,它使诉特定化,是区别不同种类的诉的重要依据。诉的标的是原告依法提出的、与被告有争议的、并要求法院通过审判加以解决的法律关系及权利主张;诉的理由是原告提出诉讼请求所根据的事实,指引起当事人之间实体法律关系发生、变更、消灭的事实,实体权益受到侵害的事实,或对实体法律关系发生争议而形成有被侵害危险的事实。

根据法律性质,可分为程序意义上的诉和实体意义上的诉。权利主体从实体法律关系发生时起,享有实体意义上的诉权;但要实现这一权利,还必须有程序意义上的诉权。所谓程序意义上的诉,是指当事人根据民事诉讼法的规定,向人民法院提出的进行审判的请求。这种请求使民事诉讼程序得以启动,是法院开始民事审判活动的前提和基础。所谓实体意义上的诉,是指当事人关于保护民事权益或解决民事纠纷的请求。当事人提起诉讼,首先考虑的是保护民事权益或解决民事纠纷,如果撇开这一目的来考察诉的含义,认为诉仅仅具有程序意义上的内涵和功能而不具有实体意义上的内涵和功能,则意味着当事人为诉讼而诉讼,这显然是不符合当事人起诉的目的的。程序意义上的诉和实体意义上的诉,虽然具有不同的内容和功能,但二者是紧密联系、相互依存的。程序意义上的诉,必须以实体意义上的诉为基础;实体意义上的诉则是程序意义上的诉的目的和内容。如果没有程序意义上的诉,实体意义上的诉就无实现的保障;如果无实体意义上的诉,程序意义上的诉就会变成既无目的,又无内容的活动。简言之,程序意义上的诉是实体意义上的诉的实现方式和途径,实体意义上的诉是程序意义上的诉的目的和意义所在。其二,从诉权的性质来看,诉权的本质乃是一种裁判请求权或称司法救济请求权,它是当个人的权利或自由被非法侵犯时,有要求司法机关给予听审和裁判的权利。[①] 其包括两个方面的内容:一是诉诸法院的权利,即任何人在其民事权利受到侵害或与他人发生争执时,有请求独立的、合格的司法机关予以救济的权利;二是公正审判请求权,即当事人在其权利受到侵害或与他人发生争执时有获得公正审判的权利,包括获得公正程序审判的权利和获得公正结果的审判的权利,即有公正程序请求权和公正结果请求权。[②] 第三人撤销之诉亦是诉权的重要组成部分,其也应当涵盖上述两个方面的内容,第三人就其实体权利受生效判决的侵害时诉诸法院的权利和在享有程序保障权的前提下获得法院公正判决的权利,即第三人撤销之诉是特殊权利主体所享有的撤销裁判请求权。诉权作为程序开始的动因,不同的程序就有不同的诉权与之相对。对第三人撤销之诉而言,该诉的主体并未参与原判决之诉讼过程,即诉因仍然具有权利受损的原始事实,即救济权利的特征;其次,这一权利受损的事实又由于判决的牵连关系而引起,即又具有诉讼救济的特征。第三人撤销之诉的这一兼有救济权利和诉讼救济的特征是其从其他诉权中分离出来独立存在的依据。其三,基于以上分析,笔者赞同有学者指出的,诉权的本质是对实体权益或者实体争议的救济权,诉讼法上的形成权单独构成一个诉讼标的并且判决的效力不及于实体上法律关系,实为本末倒置、不能彻底解决问题的理论。从全面救济与保护第三人实体权益的意义上说,设置第三人撤销之诉的根本目的在于通过诉讼彻底解决第三人与原诉当事人之间的实体争议,实现纠纷一次性解决;而形成之诉说的观点将第三人请求法院撤销原确定判决的诉讼权利主张作为唯一的诉讼标的,裁判的既判力不及于实体权利,忽视了第三人请求撤销原诉确定判决的根本目的,不仅不符合诉讼经济

---

①崔峰.敞开司法之门:民事起诉制度研究[M].北京:中国政法大学出版社,2005:12.
②刘敏.裁判请求权研究:民事诉讼的宪法理念[M].北京:中国人民大学出版社,2003:25.

原则,还有可能导致前后裁判矛盾。[1] 其四,混合性质说的欠缺在于,尽管其认为第三人撤销之诉最终目的是为了将原裁判文书中所确定的实体法律关系进行变更,但并不能以此区别于其他诉讼程序,如再审之诉最终目的也是为了将原裁判文书中所确定的实体法律关系进行变更,既然都有多种混合的结果,那么诉讼法上的诉的混合形态就可能包括诉讼法上的形成之诉和确认之诉(或给付之诉或实体法上的形成之诉)的混合,以及诉讼法上的形成之诉、确认之诉、给付之诉的混合等,就此而言,诉讼标的也就可能存在数种,[2]这使得第三人撤销之诉的性质又变得模糊不清了。

　　第二,关于"请求权实体基础说"的观点。该说认为目前通说将第三人撤销之诉定性为诉讼法上的形成之诉以此避免讨论第三人撤销之诉的实体法基础问题,同时以诉权的根源在于实体权益保护的需要为由认为第三人撤销之诉的诉权本质在于第三人实体权益救济的必要性,而不是对异议权单纯的救济,当事人谋求启动诉讼程序的背后均为谋求保护实体权益或者为谋求保护实体权益创造条件,完全脱离实体权益保护的民事诉讼程序设置是几乎不存在的。就该观点的分析而言,的确不能脱离当事人启动诉讼程序是为了谋求实体权益保障的意图,但当事人启动诉讼程序的目的和其本身所蕴含的本质属性并不是一回事,故按此目的来确定第三人撤销之诉的性质,显得欠妥当。

　　第三,关于"实体法上的请求权说"的观点。该观点认为,第三人撤销之诉同其他所有诉讼一样,其诉讼标的仍为实体请求权;第三人请求法院撤销或部分撤销原确定判决的行为仅是第三人通过撤销程序维护实体权益的前提步骤和手段而已,同再审之诉一样,不能作为诉讼标的。第三人撤销之诉的诉权本

　　①针对有学者提出程序法上的形成之诉中,当事人请求法院裁判的对象不是民事法律关系,而是民事程序法律关系,应当将变更民事程序法律关系的请求列为裁判的对象的观点,有学者质疑这类形成之诉既然以变更程序法上的效果为目的,与诉权是对实体权益或实体争议的救济权是矛盾的,不能单独构成一个诉讼标的。参见:彭世忠.论诉讼标的的定性与识别[M].载陈光中,江伟.诉讼法论丛(第3卷).北京:法律出版社,1999;江伟等.民事诉权研究[M].北京:法律出版社,2002:151-158;杨与龄.强制执行法论[M].台北:三民书局股份有限公司,1999:240-257.

　　②如甲乙合谋虚构债务,由甲向法院起诉乙,后通过法院调解书确认乙以房抵债给甲。丙事后得知,以该房屋实质上属其所有提出异议,请求撤销原判决,并确认房屋为其所有(如权属不清);如房屋已为甲占有则可在请求撤销原判决同时请求判决返还已被占有的房屋。某项民事法律关系(或民事权益)必须是构成民事纠纷的核心法律关系或者是原告诉讼目的之所在而不是本案判决的先决事项,才能对此提起独立的确认之诉。比如给付财产之诉,原告对该财产拥有所有权则不得提起独立的确认之诉,即作为给付前提的确认事项缺乏诉的利益。事实上,法院对给付之诉和形成之诉作出本案判决前,均需确认作为本案判决先决事项的某项民事法律关系(或民事权益)是否合法有效。参见:江伟.民事诉讼法[M].6版.北京:中国人民大学出版社,2012:31.

原不在于对异议权程序性权利的救济，而是通过异议权的主张，保护其背后的第三人的实体权益。第三人撤销之诉的本质是以除去对第三人产生不利影响的原确定判决内容之效力前提，重新实现第三人参加之诉的纠纷一次性解决功能的特殊复合诉讼救济程序。除去原确定判决部分或全部效力只是实现维护第三人的实体权益的前提步骤和手段而已，不能作为诉讼标的，其诉讼标的为第三人与原当事人之间争议的请求法院审判的民事实体法律关系或者民事实体权利。对该说之观点，笔者认同也有商榷之处。因为，当事人因民事实体权利义务关系发生争议或者处于不正常的状态，请求法院作出裁判，确认民事实体权利义务关系，排除侵害的权利就是诉权。诉权是民事实体权利义务争议的司法保护或者司法解决请求权，或称司法救济权。诉权总是就一个具体的纠纷而言的，"无争议便无诉权"；诉权只能向法院行使；诉权以民事诉讼法和民事实体法为依据，国家从这两个方面为诉权提供了依据。但从本质上讲诉权是一种程序上的权利。诉权是法律赋予当事人的一项司法救济的权利，这种权利的取得可以分为两个层次：①这种权利必须以实体法为依据。如果某个纠纷根据实体法的规定，当事人不享有实体法上的请求权，诉权不可能享有。当事人总是以某种实体法上的请求权为依据或背景在法院行使诉权的，缺乏实体法依据的诉权是不存在的。当然，这种实体法上的请求权并不一定真正存在或者享有。但无论是否真正享有、真正存在，当事人都必须主张或者提出某项实体法上的请求权，否则诉权便失去了依托。②这种权利还必须以民事程序法为依据。如果当事人基于某种民事纠纷享有民事实体法上的请求权，但民事程序法将这类纠纷排斥在诉讼救济外，或者说为这类纠纷解决设置了其他程序，比如，劳动争议仲裁程序前置，当事人对这类纠纷就不享有诉权或者说诉权受到了限制。实体法上的请求权是诉权的依据，行使诉权必须提出实体法的请求权作为依据，但是诉权的存在与实体法的请求权是否真正存在无关。

第四，关于"三性说"的观点。该说认为第三人撤销之诉具有补充性、变更性和督促性。笔者认为该观点并没有揭示出第三人撤销之诉的性质，就其论证而言，此三性应属于第三人撤销之诉的作用而已，而非其性质。

最后，关于"次生之诉说"的观点。尽管其从诉请解决的纠纷产生的原因与阶段的不同，将诉的类型划分为原生之诉与次生之诉，并认为第三人撤销之诉属于次生之诉，系对第三人的救济是第一次救济，以及诉权本质在于第三人实体权益救济，而非对异议权单纯的救济，且否定了第三人撤销之诉是诉讼法上的形成之诉。但该说依然没有明确揭示第三人撤销之诉的性质。

（2）关于第三人撤销之诉的程序性质方面的观点之评析

目前国内关于第三人撤销之诉的程序性质，无论是认为其属非常规之诉讼程序，准用再审之诉的相关规定；还是属一般救济程序，应适用普通程序规定。这些学说观点大都只限于一般还是特殊程序之争，而忽视了在一般或是特殊程序之类别中不同救济程序之间的差异比较，从而也未能揭示第三人撤销之诉区别于其他诉讼程序的本质属性。[①]

2. 第三人撤销之诉性质之正名

依据前文所述，尽管国内通说以诉的类型来定位第三人撤销之诉的性质属于"形成之诉"，但也有少数学者对此予以否定，笔者赞同后者的观点，对第三人撤销之诉的性质属于"形成之诉"也持否定态度。同时，笔者也不赞同部分学者提出的"混合性质说"。因为对于一事物的性质应当具有确定性和明确性，从该说的结论而言，第三人撤销之诉的性质是不确定也不明确的，而是随着诉讼请求种类的数量情况而变动，这显然不符合对事物性质归属的原理与规则。对于"请求权实体基础说"，或者"实体法上请求权说"，无论是第三人撤销之诉，还是起诉、上诉、申请再审之诉等，都应当具有实体权益基础或者实体法上的依据，否则就不构成诉权，也不能启动诉讼程序。因此，将第三人启动撤销之诉以谋求保护其实体权益之目的，界定为第三人撤销之诉的性质显然不妥。至于"三性说"、"次生之诉说"也没明确揭示出第三人撤销之诉的性质。此外，从程序性质角度探讨的几个观点，主要也是一般救济与特殊救济、适用普通程序与特殊程序之间的争论，也并未揭示出第三人撤销之诉的本质属性。

笔者认为，第三人撤销之诉是作为一种采取诉讼途径实现第三人权益的救济程序，应当将其作为一个诉讼程序来讨论其性质才具有理论和现实的价值。按照我国现行的立法体例及第三人撤销之诉制度在第三人权益救济体系中的地位，对其性质可以界定为：第三人撤销之诉是一种具有独立之诉属性的特殊救济程序，即第三人撤销之诉是特定的第三人独自向特定的法院提起诉讼，请求法院消除原诉有效裁判中对自己的不利部分，它与原诉的审理判决是相分离的，是具有独立性的诉讼请求。第三人撤销之诉是以原诉生效裁判与其有法律上的利害关系为前提，以保障其实体权益为目的的具有独立属性的救济程序。同时，第三人撤销之诉制度并不依赖于其他制度，而是在我国现有诉讼制度中一种新型的诉讼制度，是特别为受到原诉生效裁判影响的第三人设置的，为保护第三人的合法权益而以撤销原诉生效裁判中对其产生不利影响的诉讼制度。

[①] 杨卫国. 第三人撤销之诉性质的重识[J]. 东方法学，2015(5)：158－159.

与目前我国现有其他诉讼程序比较而言,第三人撤销之诉是一种具有独立本质属性的独立之诉。其独立之属性在于:

(1)第三人撤销之诉相对于普通救济程序中的起诉和上诉而言,具有其独立属性。

首先,民事诉讼法上的起诉,是指公民、法人或其他组织认为其民事权益受到侵害或发生民事争议,依法以自己的名义向法院提出请求司法保护的诉讼行为。起诉是当事人实施的一项重要诉讼行为,起诉权是当事人依法享有的一项重要诉讼权利。在当事人之间发生民事权益侵害或争议后,通过起诉启动诉讼程序向法院寻求解决,这是当事人之间因民事权益受到侵害或发生争议的初次(首次)诉讼救济,该诉讼以解决民事权益的侵害或争议为目的;第三人撤销之诉中,第三人认为原诉生效裁判部分或者全部内容错误,损害其民事权益而向法院提起的诉讼,对第三人而言,也是初次(首次)诉讼救济,也是以起诉的方式启动诉讼程序。可见,第三人撤销之诉与起诉在启动诉讼程序上具有一定的共性:启动的方式相同,都属于初次(首次)诉讼救济。但两者之间关键的差别在于:启动的主体和诉讼请求不同,这就导致了第三人撤销之诉与一般程序中起诉的差异,表现为同为初次(首次)救济但各自具有独立性,不能互相兼容。

其次,民事诉讼法上的上诉,是当事人不服第一审人民法院作出的尚未生效的裁判,在法定期限内,请求上一级人民法院对上诉请求的有关事实和法律适用进行审理并撤销或者变更第一审裁判的诉讼行为。如前所述,上诉与第三人撤销之诉在提起诉讼的目的上有相似性,即两者都是以原裁判为对象,请求撤销或变更原裁判中部分或者全部错误内容。

但两者之间最根本的区别在于:上诉所针对的是未生效的一审裁判,有权提起的主体必须是案件双方当事人(或法定代理人);而第三人撤销之诉所针对的是已经发生法律效力的裁判,有权提起的主体是案件当事人以外的案外第三人。由此,第三人撤销之诉又独立于上诉制度。

(2)第三人撤销之诉相对于特殊救济程序的申请再审之诉而言,也具有其独立属性。

第三人撤销之诉与再审之诉都是事后的、特殊的、非常的救济程序,针对的对象也是已经发生法律效力的裁判,这些相似性并不能排斥第三人撤销之诉的独立属性。再审之诉,是指当事人对于已经发生法律效力的判决和裁定,认为已生效裁判在认定事实上或者在适用法律上确有错误,依法提起并请求法院对案件进行重新审判的一种诉讼活动。再审之诉是法院对于已经发生法律效力的、有重大瑕疵的判决进行再次审理的一种非常途径。其"非常程序"属性,是就其与普通救济程序的区别而言的,因为再审之诉只能用于例外情况的救济,通过再审之诉对司法本身予以自我修复,尽管再审之诉是在例外的情况下来修正"不完善的程序正义",但结果终归是有关案件的判决被推翻,程序的安定性和经过诉讼程序所确定的既判力遭到了一定程度上的冲击。而程序的安定性又是诉讼的基本价值之一,判决终局性特征是司法的本质属性,所以再审程序本身具有"反程序"特性。因此,这种修复是有实体条件和程序条件限制的。第三人撤销之诉也是如此。

但是,两者之间的根本区别在于:启动的主体和诉讼请求不同。申请再审之诉的主体是原诉的当事人,即原诉的原告或被告,或者是上诉人或被上诉人;其诉讼请求是认为已生效裁判在认定事实上或者在适用法律上确有错误,要求法院对案件进行重新审判并对原生效裁判予以撤销或改判的一种诉讼活动。第三人撤销之诉的主体是原诉当事人以外的第三人,并以原诉当事人为被告;其要求是请求法院撤销或变更原诉生效裁判中对其不利影响或者侵害其权益的部分或全部内容。正因两者有此程序方面的重要差别,将第三人撤销之诉融于再审之诉中难以使程序的适用和功能相协调,故而第三人撤销之诉有其区别于再审之诉的独立性,应将其独立设置。

综上所述,笔者认为,第三人撤销之诉是在我国现有的诉讼制度框架中,启动主体是具有严格的限定性的第三人,在受严格条件制约的特定情形下,既不同于一般普通诉讼制度,又有别于其他特殊救济诉讼制度的,具有其自身本质属性的独立之诉,也是对第三人的初次救济的制度。

基于上述对第三人撤销之诉性质的界定,延伸的问题是第三人撤销之诉的案由如何确定。民事案件案由如何确定,不仅是立案、审判中不可回避的问题,也对受理案件进行分类管理和准确确定案件诉讼争点及正确适用法律具有指引作用。所谓民事案件案由,主要是指以民法理论为基础对民事法律关系进行的分类。民事案件案由一般是根据当事人主张的民事法律关系的原始性质来确定。由于第三人撤销之诉是我国《民事诉讼法》新增加的一项新类型的特殊诉讼制度,其案由的确定在学界和司法实践中,存在着观点和做法不一致的问题。对第三人撤销之诉的案由名称问题,有的学者认为应直接定为"第三人撤销之诉"[1];有的学者认为应定为"案外人撤销之诉"[2];司法实践中也有以原审案由作为第三人撤销之诉的案由等。由于案由名称不统一,各地法院确定案由

[1]奚晓明.中华人民共和国民事诉讼法修改条文理解与适用[M].北京:人民法院出版社,2012:96.
[2]景汉朝.民事案件案由新释新解与适用指南[M].北京:人民法院出版社,2013:751.

不尽相同。笔者认为,由于第三人撤销之诉为独立之诉,因此以直接确定案由为"第三人撤销之诉"为妥,也便于司法统计。同时,为了便于通过案由名称而知晓其诉的类别和案件原始法律关系的性质,建议对于第三人撤销之诉的案由名称可采取"第三人撤销之诉"附注"原诉案由"。例如,案由名称确定的模式为:"第三人撤销之诉(所有权确认纠纷)"。

二、第三人撤销之诉的特征定位

一般而言,民事诉讼的目的在于通过解决民事主体之间的纠纷,使当事人在实体法上的权利得以现实的确定,从而法的内容通过司法裁判得到了实施。因此,为了防止专断的裁判出现,必须赋予当事人在诉讼中相应的制约审判恣意的程序性权利。"冲突主体与审判主体之间诉讼权利义务的配置,应当使诉权与审判权彼此既获得充分实现,又能够相互制约,预防滥用。"民事诉讼正是基于其程序保障和依法裁判两大特征,使其有别于其他的纠纷解决制度。另一方面,权利得以现实具化的条件是权利受到侵害之时,有着可供权利人付诸救济权利的途径。"实体法上的权利如果不通过判决,就不过是一种权利的'假象',或只是停留在'纸面上的权利',只有以纷争为契机,通过诉讼程序才能使权利关系具有实在性。"法谚有云:"没有救济的权利不是真正的权利(A right without remedy is not right)。"如果某一权利在受到侵犯之后,被侵权者根本无法诉诸司法裁判机构,也无法获得任何有效的司法救济,那么,该权利的存在也将毫无意义。为此,国家有义务为国民提供司法保护,即以国家的审判权保护国民的合法权益。司法作为一种权利救济的途径而言,必须为寻求权利救济或需求正义的人提供诉求司法的一系列程序规范,使之便捷、有效地利用该程序救济自己的受侵害的权利。第三人撤销之诉便是基于权利的司法救济层面而产生的一种特殊的诉讼制度。由于第三人权利的特殊性,使得无法通过一般的诉讼渠道得到救济,或者说穷尽了其他程序不能达到救济权利之目的。因此,第三人撤销之诉与我国目前其他诉讼制度相比较,有其自身的特征。

(一)关于第三人撤销之诉特征不同观点

观点之一认为,从第三人撤销之诉的性质和特征而言,其一,第三人撤销之诉是一种形成之诉。虽然这种诉的内容是要求撤销他人之间的判决、裁定和调解书,但本质是要求改变判决、裁定和调解书已经确定的法律关系。这一特征基本符合形成之诉的特征,但又不同于一般形成之诉。该观点认为,一般形成之诉依据的是民法上的实体请求权,即形成请求权,针对的是形成义务人,而第三人撤销之诉不是直接依据实体法上的请求权,而是诉讼法上的请求权,针对的是法院。这一诉讼法上的请求权也是第三人撤销之诉的诉讼标的,从这一点上说第三人撤销之诉与再审之诉的诉讼标的类似。其二,第三人撤销之诉是一种特殊救济程序。第三人撤销之诉的程序性质是指作为一种诉讼程序,由于第三人撤销之诉针对的是已经发生法律效力的判决、裁定和调解书,因此,考虑到已决裁判的安定性问题,总体上第三人撤销之诉在程序性质上应当与再审程序一样,同属于特殊或非常救济程序。但第三人撤销之诉也有不同于再审之诉的方面,其差异之处在于,第三人撤销之诉的第三人是原诉讼的案外第三人,不像原诉讼的当事人那样在原诉讼中已经行使过一定的诉讼权利。对提起诉讼的事由审查的司法政策有所差别。其三,第三人撤销之诉是一种事后救济程序。一般而言,通常的救济程序都是事前程序,事后救济程序是一种特殊和例外。第三人撤销之诉作为一种事后救济程序必须具备一定的条件,否则不能提起。其条件是该第三人由于不能归责于本人的事由没有参加他人之间的诉讼,导致自己不能在诉讼中行使诉讼权利,从而不能维护自己的合法权益。所以该制度被认为是一种事后程序保障。①

　　观点之二认为,第三人撤销之诉的特征在于:其一,第三人撤销之诉属于形成之诉。形成之诉是指原告要求人民法院用判决使法律关系发生、变更或消灭之诉,分为实体法上的形成之诉和诉讼法上的形成之诉。前者是指变更或形成实体法律关系的诉讼,包括离婚之诉、宣告婚姻无效之诉、公司成立无效之诉等;后者是指旨在变更或形成某种诉讼法上的诉讼,主要包括撤销裁判之诉和再审之诉。第三人撤销之诉便属于后者。其二,第三人撤销之诉的提起主体具有法定性和特定性。即有权提起第三人撤销之诉的适格主体是由法律明确规定的,且只能是前诉当事人以外的第三人。其三,第三人撤销之诉的诉讼客体应当是法院的终局判决。其四,第三人撤销之诉的诉讼标的是第三人要求法院撤销原审确定判决的诉讼权利主张。该观点认为第三人撤销之诉是一种诉讼法上的形成之诉,而形成之诉诉讼标的的确定,依新诉讼标的理论应采诉讼声明说,即形成之诉诉讼标的为原告诉的声明。②

　　观点之三认为,第三人撤销之诉是诉的一种,并且是特殊类型的诉。它既是第三人对原审中的双方当事人提出的实体权利主张,也是第三人向法院提出的全部或部分撤销对其不利的生效裁判的请求。其较为鲜明的特点有:第一,请求撤销生效判决的第三人应以起诉的方式发动诉讼,而不是通过申请再审的

---

①张卫平.中国第三人撤销之诉的制度构成与适用[J].中外法学,2013(1):174－176.

②肖建华,杨兵.论第三人撤销之诉:兼论民事诉讼再审制度的改造[J].云南大学学报(法学版),2006(4):38－39.

途径去解决,这与域外立法例通过非常上诉或者再审之诉的做法截然不同;第二,第三人撤销之诉制度被规定于第三人制度之中,这在立法层面将对第三人提供的事前救济与事后救济相结合,使第三人制度更加体系化;第三,就撤销的对象范围看,我国第三人撤销之诉的范围较域外立法例更加广泛,既包括生效判决、裁定,还包括调解书;第四,第三人撤销之诉的制度目的具有特殊性。其目的更多地考虑根治恶意诉讼的现实需要和对不能归责于自己原因未参与诉讼的第三人提供程序上的救济渠道。①

观点之四认为,第三人撤销之诉的特征在于:首先,以制度的本质属性为出发点,可揭示出第三人撤销之诉最根本的三项特征,即事后性、特殊性和变更性。事后性是指第三人撤销之诉是在第三人的合法权益已经遭受损害后提供的一种后置救济;特殊性是指第三人撤销之诉的适用阶段是相关裁判已经发生法律效力之后;变更性则是从诉的种类角度来观察第三人撤销之诉的特点,第三人提起诉讼的目的是撤销确有错误且损害其民事实体权益的生效裁判,因此属于变更之诉。其次,从制度的基本结构方面来看,第三人撤销之诉具有双重性和混合性的特点。一方面,撤销之诉的启动对原审当事人而言属于特殊程序,而对第三人则属于第一次救济;另一方面,撤销之诉在起诉阶段具有诉讼第三人制度的特点,而在审理阶段又与再审程序的某些具体规定具有近似性。再次,从制度的具体运行来看,第三人撤销之诉在程序启动方式、起诉主体、适用范围、程序结构以及法律效果等方面均具有不同程度的特殊性。②

观点之五认为,第三人撤销之诉实质上符合诉讼法上的形成之诉,是独立的诉讼程序,自身具有鲜明的特征:属于一种事后的、特殊性的救济机制,是以保护第三人的民事实体权益为主要目的的诉讼程序,其提起主体具有法定性和特定性,管辖法院具有特殊性。③

观点之六认为,该制度的特征表现为:第一,按诉讼类型划分应属于形成之诉。第二,提起诉讼主体的特定性。即只能是原来诉讼主体以外的第三人。第三,诉讼时间的特定性。第三人提起撤销之诉应在第三人的民事权益受到损害之日起的一定的时间内向人民法院主张权利。第四,诉讼事由的法律确定性。第三人因不可归责于自身的事由而没有参加诉讼,但其承担原诉生效裁判的不利影响。第五,诉讼客体的确定性。该制度的诉讼客体是指法院已作出的发生法律效力的裁判。第六,诉讼管辖法院的限定性。由对原诉作出生效裁判的人

---

① 王福华.第三人撤销之诉适用研究[J].清华法学,2013(4):48.
② 潘剑锋,韩静茹.第三人撤销之诉的性质定位与关系探究[J].山东社会科学,2015(7):62.
③ 李世奇.我国第三人撤销之诉制度研究[D].呼和浩特:内蒙古大学,2015.

民法院对该诉讼进行管辖。综上所述,第三人撤销之诉制度是因不可归责于第三人本人的事由而未能参加原诉的审理,但第三人的合法权益受到原诉生效裁判的损害,采取其他的法律救济途径又难以获得权益救济而请求人民法院改变或撤销原生效裁判中对其不利部分裁判结果的民事诉讼制度。该制度是赋予第三人对抗生效裁判对其产生不利影响的事后救济手段,也是为第三人提供权利救济的新型的、独立的诉讼程序。[①]

观点之七认为,第三人撤销之诉的特征主要有:第一,第三人撤销之诉属形成之诉;第二,第三人撤销之诉的诉讼主体具有法定性,即有权提起第三人撤销之诉的适格主体,是由法律明确规定的;第三,第三人撤销之诉的诉讼客体是前诉法院的终局性判决;第四,第三人撤销之诉的判决效力具有二重构造性。第三人撤销之诉的判决形成力亦不能完全遮断前诉既判力之相对性。除"诉讼标的对于原判决当事人及提起撤销之诉之第三人必须合一确定者",该判决的效力不及于前诉两造之间,原判决依然在此有效。[②]

观点之八认为,第三人撤销之诉的特征在于:第一,适用主体的特定性;第二,审理程序的特殊性,第三人撤销之诉作为一个独立的诉讼,其既不是二审程序也并非再审程序,而属于一种独立的审理程序;第三,证明标准在立案阶段的特殊性。[③]

观点之九认为,第三人撤销之诉具有如下几点特征。一是第三人撤销之诉是一种形成之诉。二是第三人撤销之诉具有法定性。该诉的起诉的方式、原告主体等有明确的法律规定要求。三是第三人撤销之诉具有独立性。第三人撤销之诉是主体自己独立向法院提起诉讼,要求消除原来有效法律文书中对自己的不利部分,是一个独立的诉讼请求和权利主张。四是第三人撤销之诉的客体是法院的生效裁判和调解书。五是第三人撤销之诉是一种特殊救济程序。第三人撤销之诉的程序性质可以说和再审程序相同,都归类于特殊的救济程序但又有差异。六是第三人撤销之诉是一种事后救济。[④]

观点之十认为,我国确立的第三人撤销之诉具有本身的鲜明特点:首先,从启动方式上来讲,我国确立的第三人撤销之诉是由符合法定条件的第三人以重新起诉的方式来启动,而非走再审或者上诉的途径,这就同其他国家和地区的相关规定非常不同;其次,从立法结构上来看,其实质是一种第三人制度;再次,

---

①胡爽.论第三人撤销之诉[D].大连:大连海事大学,2015.

②徐一楠.论第三人撤销之诉[J].澳门法学,2014(11):92－93.

③蔡涛.论第三人撤销之诉[D].哈尔滨:黑龙江大学,2015.

④胡洁.第三人撤销之诉的功能与程序保障[D].兰州:西北师范大学,2015.

从适用范围上来看,法国、我国台湾地区在适用这一诉讼程序上都仅限于判决书,而我国对该制度的适用范围的规定则比较宽泛,既可以用于生效判决,又可以用于裁定或者调解;最后,从立法目的上来看,其着眼于遏制司法实践中日益泛滥的恶意诉讼现象。因此,我国确立的第三人撤销之诉有着与其他国家以及我国澳门、台湾等地区不同的鲜明特色。这也是立足国情进行科学法律移植的重要体现。①

(二)关于第三人撤销之诉特征之界定

上述有关学界和实务部门关于第三人撤销之诉特征的探讨,可谓观点林林总总,智者见智,仁者见仁,不一而足,从不同的角度对第三人撤销之诉的特征进行了分析。综合而言,主要表现为以下方面:一是从诉的角度分析,认为第三人撤销之诉的特征之一是属于形成之诉,如观点一、观点二、观点七及观点九;二是从程序的角度分析,认为第三人撤销之诉是一种特殊救济程序、事后救济程序,如观点一,是以保护第三人的民事实体权益为主要目的的诉讼程序,如观点五和观点九;三是以制度的本质属性为出发点,认为第三人撤销之诉的特征是事后性、特殊性和变更性,如观点四;四是以制度运行的角度分析,认为第三人撤销之诉的提起主体具有法定性、特定性,以起诉的方式发动诉讼,诉讼客体应当是法院的终局判决,诉讼标的是第三人要求法院撤销原审确定判决的诉讼权利主张,诉讼时间具有特定性,诉讼事由具有法律确定性,诉讼管辖法院具有限定性,审理程序具有特殊性,立案阶段证明标准具有特殊性等,如观点二、观点八和观点九;五是与域外比较分析出发,认为我国第三人撤销之诉与域外其他国家和地区不同的鲜明特色在于将第三人撤销之诉规定于第三人制度之中,撤销对象范围较域外更加广泛,从立法目的上来看着眼于遏制恶意诉讼现象等,如观点三和观点十。以上这些观点,在一定程度和角度揭示了我国第三人撤销之诉的特征,但有些观点仍需商榷。

一般来说,就特征的语义而言,是指一事物本质属性的外化,是一事物区别于其他事物和现象的主要标志之所在。从哲学上讲,一个事物的特征是指该事物区别于其他近似事物的征象。由此,如何理解第三人撤销之诉的特征,应当从第三人撤销之诉的本质属性出发,揭示其区别于其他诉讼制度的标志或征象。第三人撤销之诉的特征是其本质属性的外化,由于第三人撤销之诉是作为一种诉讼制度而存在的,因此,它的特征就是其区别于其他诉讼制度——主要包括起诉、上诉、再审之诉、案外人执行异议之诉、第三人申请再审之诉等的显

---

① 翟品品.第三人撤销之诉研究[D].成都:西南交通大学,2015.

著标志或征象。第三人撤销之诉的特征是其本身所固有的、确定的,由于看问题的角度和方法的不同,不同的学者对第三人撤销之诉特征的概括也不一样。在规范法意义上,第三人撤销之诉是一种诉讼程序和诉讼规则,之所以制定该程序并应当遵守它,目的是保障人们的权益和社会的正常有序。

因此,作为一种诉讼程序制度的第三人撤销之诉,应从诉讼程序制度的视角来探讨其特征。为此,首先需要明了作为诉讼程序的一般性特征,再循此路径进而揭示第三人撤销之诉的特征。诉讼程序的一般特征:其一是规范性。诉讼程序是由一套科学的程序规则组成的,而程序规则的制定总结了长期诉讼实践的经验,反映了诉讼程序自身的规律,对于共同性的程序行为和主体关系具有普遍的适用性。其二是对话性。诉讼程序不仅有静态的规范性,也有动态的对话性。所谓对话性是指诉讼程序主体之间的信息交流和沟通。主体之间的对话从两个方向展开:一是当事人之间的横向对话(或辩驳);二是法院与当事人之间的纵向对话(或讨论)。为了保证对话的合理性、公正性,诉讼程序在设计上应维持当事人之间地位的平等性和竞争性,以及法院与当事人之间的对立性和统一性。当事人通过辩驳来说服法官作出有利于自己的裁判,法官则在此基础上通过判决理由说服当事人各方、上级法院和社会公众。其三是程序结果的确定性。无论采用何种审级制度,诉讼程序最终指向一定的程序结果,即法院的裁判。裁判一经作出或送达,即发生拘束力、确定力、既判力,非依法定程序,不得任意变更或撤销。依据诉讼程序一般性的特征,以及第三人撤销之诉与相关诉讼制度的比较而言,笔者认为,第三人撤销之诉的特征可以概括为"三性",即启动主体的特定性、诉讼事由的独特性和法律效果的特殊性。

1.第三人撤销之诉的启动主体具有特定性

首先,第三人撤销之诉相对于其他诉讼制度来说,其启动的主体具有特定性。第三人撤销之诉的原告必须是因不可归责于本人的事由而未能参加原诉的审理,且有证据证明原诉生效裁判的部分或者全部内容错误,损害其民事权益的,又无法采取其他法律救济途径获得权益救济的第三人。其次,作为第三人撤销之诉中的第三人所针对的是已生效之裁判,既不能按照普通程序的原告身份提起民事诉讼,以求维护自身的权益;又不属于原诉生效裁判中的当事人,不具有申请再审的主体资格,不能像原生效裁判中的当事人一样,按照再审之诉的方式提起再审申请;也不符合作为案外人提起执行异议之诉的主体资格。因此,第三人撤销之诉的启动主体不仅是特定的,而且也是无法采取其他法律程序获得权益保障和救济的第三人。

2.第三人撤销之诉的诉讼事由具有独特性

第三人撤销之诉的诉讼事由具有法律确定性,是由于第三人因不可归责于自身的事由而没有参加诉讼,但其需承担原诉生效裁判对其不利的影响。从程序正义的要求出发,任何一方的诉词都要被听取。为了实现程序正义,在审判程序上有两项最基本要求:一是任何人不得作为自己案件的法官;二是应给予听取双方当事人的意见,并给予与案件有直接利害关系的当事人以充分的陈述机会。程序正义不仅要求纠纷的司法解决必须遵守法律所规定的程序,而且程序本身的道德也要求程序设计是正当合理的。正如谷口安平先生所指出的,程序正义的最基本内容或要求是确保与程序结果有利害关系或者可能因该结果而蒙受不利影响的,都有参加该程序并得到有利于自己的主张和证据的机会。同时,审判制度本身应具有公正性,判决应附理由。① 为此,由于第三人因不可归责于自身的事由而没有参加诉讼,未能在先前的诉讼中得到充分发表自己意见和提出权利主张的机会,但其又要承担生效裁判对其不利的影响,显然不符合程序正义的基本要求。同时,如前文所述,第三人撤销之诉中的第三人的特定性,又不能依照现有的再审之诉和案外人执行异议之诉等制度寻求权益保障途径。

因此,笔者认为,第三人因不可归责于自身的事由而没有参加诉讼,且原诉生效裁判又对其存在不利影响是第三人撤销之诉的具有独特性的诉讼事由,是其与现有的其他诉讼制度重要区别的第二个基本特征。

3. 第三人撤销之诉的判决效果具有特殊性

第三人撤销之诉是第三人请求法院改变或者撤销原审裁判已经确定的法律状态或权利义务关系,原则上仅追求撤销原诉判决对第三人不利的部分,对原判决在前诉当事人之间的效力并无强烈影响,较少冲击前诉判决的效力。第三人撤销之诉的判决效果因第三人胜诉或败诉的不同结果而不同。倘若第三人败诉,则诉争裁判的既判力被确认,提起撤销之诉的第三人可能被判处罚金和承担民事赔偿责任;假如第三人胜诉,诉争裁判内容错误的部分将被撤销或变更,而其他内容的既判力不受影响。因此,第三人撤销之诉的结果并不以原诉的结果为依据,第三人撤销之诉的目的只在于纠正原诉生效裁判对第三人权益侵害的部分,原诉裁判涉及第三人利益的判决内容不再对第三人产生法律效力,而与第三人利益无关的其他内容仍然对原诉当事人有效。这也是第三人撤销之诉区别于其他诉讼制度的独特之处。

综上所述,笔者认为,前述有关论者所阐述的第三人撤销之诉特征的观点

---

① [日]谷口安平. 程序的正义与诉讼[M]. 王亚新,刘荣军,译. 增补本. 北京:中国政法大学出版社,2002:11—16.

并不妥当,有的观点虽揭示了一些特征但论证理由不充分,没有完全体现出第三人撤销之诉区别于其他诉讼制度的、自身所具有的标志性特征。诸如,将第三人撤销之诉的特征界定为:形成之诉,事后的、特殊的救济程序,以起诉的方式发动诉讼,诉讼客体是法院的终局判决,诉讼标的是第三人要求法院撤销原审确定判决的诉讼权利主张,诉讼时间具有特定性,诉讼管辖法院具有限定性,审理程序具有特殊性,立案阶段证明标准具有特殊性等,就此诸多观点来说,在我国现有的起诉、上诉、申请再审之诉、案外人执行异议之诉等诉讼制度中也有着一定程度上或者某些明显对应的特征,因而未能较为准确地反映我国第三人撤销之诉特征之所在。

三、第三人撤销之诉的功能定位

立法的基本规律在于,立法者在增设一项法律制度之前,首先会对该法律制度进行功能定位,明确其被创制后将会发挥何种功能、解决何种问题。如果没有对将要设立的法律进行科学合理的功能定位而贸然创制,那么该法律制度必将成为无本之木,无源之水。故而,创设一项法律制度之时,明确其将会发挥的功能实为重要。

(一)第三人撤销之诉功能之纷说及评析

何为第三人撤销之诉？第三人撤销之诉是因不可归责于第三人本人的事由而未能参加原诉的审理,但第三人的合法权益受到原诉生效裁判的损害,采取其他的法律救济途径又难以获得权益救济而请求人民法院改变或撤销原生效裁判中对其不利部分裁判结果的特殊性事后救济程序。虽然不同学者对其内涵的界定有着不同的表述,但对其内涵的理解基本一致。然而,在第三人撤销之诉功能的定位上,学者们众说纷纭,有的观点甚至大相径庭。

观点之一,论者从第三人撤销诉讼制度的立法目的出发,认为我国第三人撤销诉讼制度的功能定位为:优先考虑纠正错误裁判之目的,兼顾第三人程序保障以及扩大诉讼的解纷功能之目的,而向因他人之间诉讼之结果(包括裁判和调解)导致自身民事权益受损的第三人提供的一种特殊的事后救济渠道。[①]

该观点比较准确地概述了第三人撤销之诉的功能,但对于其认为第三人撤销之诉的功能定位"优先考虑纠正错误裁判,兼顾第三人程序保障",笔者不敢苟同。因为,从第三人撤销之诉设置而言,该制度的出发点和落脚点在于为第三人提供事后救济的机会,是由于第三人认为原诉生效裁判有错误,损害了其

---

①许可.论第三人撤销诉讼制度[J].当代法学,2013(1):39.

合法权益,而提起撤销原诉生效裁判之诉,故而,第三人撤销之诉设置初衷是从保障第三人利益的角度出发的,而非纠正错误之裁判,因此,第三人撤销之诉首先考虑的是对第三人的程序保障。

观点之二,论者认为第三人撤销之诉的功能主要有四个方面。第一,弥补现有第三人救济制度对案外第三人在救济方面的不足。现行法律规定的第三人诉讼制度、第三人异议之诉、案外人申请再审对第三人权益保护有一定的局限性,没有全面地保障第三人权益。第二,更好地维护第三人的程序性权利。这项新的制度规定是一种程序性规定,是为了保障第三人的正当权利,它一方面是要遵守程序方面的主体性原则,与此相对的是也要详细考虑第三人这一利益主体在程序方面的参加与否和作出何种选择的想法,保障他加入案件的诉权以及法律地位。第三,纠正错误裁判,防止虚假诉讼对案外第三人权益的侵害。第三人撤销之诉能较好地有效及时地纠正错误判决,防止案外第三人的权益受到虚假诉讼的侵害。第四,优化程序,维护司法权威。要规划制定最有效、最及时的程序保障方式,这样才能有效地分配有限的司法资源,达到司法效益原则的预期。①

该观点虽然阐述了第三人撤销之诉的功能是维护第三人的程序性权利和纠正错误裁判,但就弥补现有救济制度不足和优化程序等方面,笔者认为这应属于设置第三人撤销之诉的动因,而非该制度的功能。

观点之三,论者认为第三人撤销之诉的功能表现为:一、程序保障。任何人都享有合法获得司法救济的权利。当事人知悉自身合法权益受到损害后有权选择最有利于自己的方式进行救济。二、利益保障。第三人撤销之诉的设立除了能够保障第三人的实体权益之外,更重要的是保障宪法以及民事诉讼法所赋予公民的诉权。从实体上来讲,是第三人的诸如物权或债权等具体实体利益的损害;从程序上来讲,第三人缺乏对程序的参与权以及提出异议的权利,其正当的程序利益也当然受到了侵害;从宪法意义上说,诉权是公民依法平等享有的一种权利。三、规制虚假诉讼。虚假诉讼是第三人撤销之诉的主要规制对象,此次立法设立第三人撤销之诉的主要目的也是抑制虚假诉讼。②

该观点分析了第三人撤销之诉的功能在于程序和利益保障,但将规制虚假诉讼列为该制度的功能显属不当,正如该观点所述虚假诉讼是第三人撤销之诉的主要规制对象和该制度设置的目的,既然作为规制的对象或目的,则不应属

---

① 胡洁.第三人撤销之诉的功能与程序保障[D].兰州:西北师范大学,2015.
② 蔡涛.论第三人撤销之诉[D].哈尔滨:黑龙江大学,2015.

于功能的范畴,因此笔者认为规制虚假诉讼也只是设置该制度的最主要的动因而已。

观点之四,论者认为第三人撤销之诉的功能表现为:第一,使受判决约束的第三人享有与诉讼当事人同样的程序保障权。若第三人既受判决约束又没有参与判决形成的过程,那么他当然会质疑判决结果的正当性。这时将程序保障权赋予第三人就可以较好地解决此类判决合法性存疑问题。第二,为救济案外第三人合法权益开辟出一条新的司法路径。"法治社会的本质是对个人权利予以尊重,其他人或政府不能找任何借口损害之。"第三人撤销判决之诉制度是司法为权益受损者提供的一条特别救助渠道,是一种事后救济制度。[①]

笔者认为,该观点所阐述的两个方面,实质上所述的内容是一致的,即程序保障问题,故而该观点对于第三人撤销之诉功能的分析并不全面。

观点之五,论者认为第三人撤销之诉是一种为利益受他人判决损害的第三人而设置的特殊性事后救济程序。其制度的功能定位,应从设立制度的依据着手。就我国而言,设立第三人撤销之诉的主要依据在于既判力相对性原则逐步弱化、既判力主观范围存在扩张、判决具有反射效力、以意思自治为基础的当事人主义诉讼模式存在固有缺陷以及第三人利益事前保障措施不能满足正当程序的需要等方面。这些依据决定了我国第三人撤销之诉定位为一种为利益受他人判决损害的第三人设置的特殊性事后救济机制。第一,在本质上,第三人撤销之诉是为了保护第三人的实体利益而设置,而非为了程序保障而设置;第二,第三人撤销之诉是一种事后救济机制;第三,第三人撤销之诉是一种特殊的救济机制,其特殊性主要体现在对原判决既判力效力具有击破作用上。[②]

笔者认为,该观点的论证也有偏颇。一方面,如果没有程序性权利之保障为基础,要保护第三人的实体权益也就成为无源之水、无本之木而难以实现;另一方面,第三人撤销之诉是一种事后救济机制,也是一种特殊的救济机制,但再审之诉也是事后的、特殊的救济机制,也对原裁判既判力具有击破作用,依此之说那么第三人撤销之诉因不具有独立的功能也就无独立设置的必要了。

观点之六,论者从再审之诉与第三人撤销之诉相比较视角出发,认为第三人撤销之诉的功能重在对他人之间的生效判决所损害的第三人的实体权益的救济,而无论原生效判决在作出过程中是否存在程序或者实体上的瑕疵,而且

---

①顾娟丽.第三人撤销之诉研究[D].扬州:扬州大学,2015.

②胡军辉.案外第三人撤销之诉的程序建构:以法国和我国台湾地区的经验为参照[J].政治与法律,2009(1):146-147.

这样的救济是以诉的形式进行,是对第三人实体权益的第一次救济。①

该观点表明了第三人撤销之诉的功能重在对原生效裁判所损害的第三人的实体权益的救济功能。笔者认为,该观点的分析还是不够全面。因为我国现有的救济途径包含着再审、案外人异议、上诉等制度,这些制度都涉及对实体权益的救济问题,因此,仅从救济这一个视角分析第三人撤销之诉的功能似乎有些欠妥,而且也只是体现了第三人撤销之诉与其他救济途径的部分差异而已,难以合理地概括出第三人撤销之诉的功能定位。

观点之七,论者认为从该项制度的生发历程和域外经验来看,其直接功能即显性功能在于救济案外第三人的合法民事权益,通过诉的方式实现事后救济,弥补第三人程序参与的不足。同时还具有附带性、隐性的功能。一是该项制度的客观运行实效能够在价值层面上提升程序保障和程序公正价值的独立性;二是,该项制度的创设可以倒逼法院依法及时履行自身的依职权通知义务,从而有助于规范第三人参加诉讼制度的适用,充分发挥事前保障和预防机制的应有功能。②

该观点阐述了第三人撤销之诉具有其显性功能,同时提出了该制度暗含的隐性功能,有独到之处。不过该观点对第三人撤销之诉的显性功能分析还是有所欠缺的,也仅局限于救济途径方面。

（二）第三人撤销之诉功能界定

通过对第三人撤销之诉功能界定不同观点的粗浅梳理,大致可以看出观点之间的差异:一是,既有从程序保障角度阐述其功能的,也有从权益保障角度阐述其功能的,也有两者兼而有之阐述其功能的。从程序保障角度定位其功能的主要观点有:程序保障权、弥补救济方面的不足、新的司法路径、事后救济制度、特殊性事后救济机制、防止或规制虚假诉讼、扩大诉讼的解纷功能等。从实体保障角度定位其功能的主要观点有:纠正错误裁判、保护第三人的实体利益、第三人的实体权益的救济、第三人实体权益的第一次救济等。二是,有将撤销之诉设置的动因或目的界定为功能的,如弥补救济方面的不足、提供新的司法路径、防止或规制虚假诉讼等。上述关于第三人撤销之诉功能的各种观点从不同角度揭示了第三人撤销之诉的某些功能,大多数观点都不否认第三人撤销之诉的功能具有保障第三人程序性权利,给予第三人实体权益必要的救济,不过在理论和实践方面均存在一些值得商榷之处。

---

①崔玲玲.第三人撤销之诉的事由:与再审之诉的事由比较[J].社科纵横,2011(9):76—77.
②潘剑锋,韩静茹.第三人撤销之诉的性质定位与关系探究[J].山东社会科学,2015(7):62.

笔者认为,要界定第三人撤销之诉的功能,其基本依据和基础在于第三人撤销之诉的性质和特征的定位,根据前文关于我国第三人撤销之诉的性质和特征的阐述,第三人撤销之诉的核心和关键点在于:其一,第三人撤销之诉中"第三人的特定性",即第三人为排除了原诉原被告以及可能遗漏的原诉共同诉讼人、执行程序中的案外第三人之外的,因不能归责于本人的事由未参加原诉诉讼的,与原诉有法律上利害关系的人;其二,有证据证明发生法律效力的判决、裁定、调解书的部分或者全部内容错误,损害了其民事权益,而又没有其他救济途径维护其权益。据此,是在现有的法律制度的框架中设置了针对这种特殊情形下的、以维护特定第三人权益的第三人撤销之诉制度。为此,笔者认为,对第三人撤销之诉的功能定位,应当从第三人和法院这两个维度和两种视角加以考察。笔者认为,就第三人的维度考察,第三人撤销之诉具有程序保障和权益保障之双重功能;就法院的维度而言,第三人撤销之诉具有纠正错误裁判和一次性解决纠纷之双重功能。

1. 就第三人的维度考察,第三人撤销之诉具有程序保障和权益保障之双重功能

第三人撤销之诉源于法国民事诉讼法,该制度在法国是指当他人间判决所发生的实际效果损害案外第三人利益时,第三人可通过提起撤销之诉,请求撤销或变更他人之间的判决。它主要适用于第三人因判决效力扩张遭受利益损害的情形,此时是作为一种实体权利救济的制度;同时也适用于第三人作为案件当事人被代理人或代表人恶意欺诈情形,在此种情形下,是从程序救济的角度赋予第三人提起撤销之诉的权利。因此,法国第三人撤销之诉兼具实体权利救济和程序救济两方面功能,但侧重于从实体层面对第三人权利予以救济,第三人既可因原判决中的法律问题又可因原判决中的事实问题提出第三人撤销之诉。[①]

我国台湾地区第三人撤销之诉制度从法国法移植,但有所创新。台湾地区"民事诉讼法"将职权通知制度和第三人撤销之诉制度分别作为事前程序保障制度和事后程序救济制度予以配套规定。台湾地区第三人撤销之诉侧重于第三人的程序保障,是一种事后救济程序,与职权通知制度共同构成第三人程序保障制度。我国澳门特区第三人撤销之诉制度仅适用于当事人提起恶意虚假

①赵曼曼.第三人撤销之诉的制度构建:从比较法考察和法理解析的角度探讨[EB/OL].(2014-03-20). http://sxfy.hbfy.gov.cn/DocManage/ViewDoc? docId = 11a9f1d6 − 3814 − 46cb − a95c −26dbcefd647a.

诉讼,法官在不知情的情况下作出的终局判决侵害了第三人利益的情形。①

从上述有关法国以及我国澳门、台湾地区关于第三人撤销之诉的规定来看,无论是法国式的偏重实体权益保障,还是我国台湾地区式的偏重程序保障,尽管因各自的法治状况和文化背景等因素的不同,在设置第三人撤销之诉的理论和依据上有所差别,但两者的共性在于都是围绕第三人在遭受原诉生效裁判的损害时,有权提起撤销之诉以维护自身的利益,以实现实体上的权益保护。

基于以上分析,对于一项制度设置是否有其必要,首先应当对其是否具有相应的功能,以及现行或已经存在的制度是否能够满足人们对其诉求或解决问题的需要,假如已经能够满足,就没有必要增设新的制度。根据对现行民事诉讼法对第三人权益或权利的程序方面的制度设置的考察和分析,由于已经设置的制度无法满足对第三人权益或权利的程序保障,抑或已有的相关制度难以涵括和周全,也即增设第三人撤销之诉有其独特的、现有的其他制度无法替代的功能。

我国民事诉讼法中增加的具有独立地位的第三人撤销之诉的功能,从第三人的维度而言,其逻辑脉络无疑是:首先应当赋予第三人程序上的救济权利,进而实现其实体上的权益保障。

首先,既然程序保障是判决具有约束力的根据之一,那么何为程序保障?台湾学者对程序保障的概念作出精辟的阐释:"使一个人之私法上权利地位受特定判决之某种拘束力所及,其正当性之基础原则上均应奠基在受该判决约束之人,已被赋予参与该程序所将发生拘束力之内容及范围,借以提出足以影响该程序最后发生拘束力之判断事项之有关攻击防御方法及事实、证据。"②那么,受判决约束的第三人由于未参与判决形成的过程,其正当性的根据是存疑的。就这一点上文论述高桥宏志教授和谷口安平教授认为对这一判决的形成应限制当事人适格使之成为判决正当性根据之一。这仅仅是问题解决的一个路径。

显然,赋予第三人程序保障权解决此类判决的正当性是最有说服力的。"既已明定此诉讼之目的,乃在撤销原确定判决对其不利之部分,而起诉之原因,则是因其不能提出足以影响判决结果之攻击或防御方法。"即在原判决作出

---

① 赵曼曼.第三人撤销之诉的制度构建:从比较法考察和法理解析的角度探讨[EB/OL].(2014-03-20). http://sxfy. hbfy. gov. cn/DocManage/ViewDoc? docId = 11a9f1d6 — 3814 — 46cb — a95c — 26dbcefd647a.

② 黄国昌.诉讼参与及代表诉讼:新民事诉讼法下"程序保障"与"纷争解决一次性"之平衡点[J].月旦法学杂志,2003(6);肖建华,杨兵.论第三人撤销之诉:兼论民事诉讼再审制度的改造[J].云南大学学报(法学版),2006(4).

之前,事关第三人之利益及事务时,第三人有参与诉讼的权利而未得以实现。换言之,个体对自身利益或事务,非涉及公共利益或他人利益之时有自由处分和表达的权利。第三人可以通过撤销之诉以原审两造为被告,以程序主体的身份重新提起诉讼程序,要求法院对判决涉及不利益于己的部分进行审查和作出判断,并在程序中充分提出攻击防御方法,努力促成法官有利于己的内心确信的形成。总之,通过程序的建构,有助于消解第三人因受判决的拘束而产生的不满,并通过程序赋予其充分的攻击防御机会使这种不满得以释放。无论判决是否支持第三人的诉求,因其建立在当事者的自我负责的基础之上,因此而产生的对第三人的约束力,都被认为是正当的。

程序保障是赋予了第三人享有诉权,倘若第三人权益受到原诉生效裁判的损害,按照生效裁判的既判力、安定性的原则,对于生效裁判只能也只有通过一定的方式请求法院依照一定的程序予以撤销或变更原诉之裁判,其他任何机关都无此权限。因此,要实现对第三人权益的救济,首先应当给予第三人诉权上的保障,故而,第三人撤销之诉首要的、基础性的功能在于对第三人给予提起撤销之诉的程序权利保障。正如我国台湾学者黄国昌先生所提出的:一个人在私法上的权利地位受特定判决的约束力制约,其合法性基础原则上应建立在受该判决桎梏的当事人已经被赋予加入该程序,并可以提供足以影响该程序判决结果的、在程序中使用的相关进攻防卫的方式及证据。①

其次,权益保障是第三人通过行使撤销之诉以实现请求法院撤销原诉生效判决中对自己不利的部分。对此,如果经法院审理认为第三人请求理由成立,原判决确实损害了该第三人的利益,法院可以作出撤销原判决或变更原判决的判决,从而使第三人的权益得到保障。就裁判的处理结果而言,我国对第三人撤销或者部分撤销发生法律效力的判决、裁定、调解书内容的请求,人民法院经审理,认定第三人请求成立且确认其民事权利的主张全部或部分成立的,则改变原判决、裁定、调解书内容的错误部分;如果第三人请求成立,但确认其全部或部分民事权利的主张不成立,或者未提出确认其民事权利请求的,则撤销原判决、裁定、调解书内容的错误部分;如果第三人请求不成立的,则驳回诉讼请求。从以上针对第三人诉请之范围及其是否成立,法院所作出的处理结果表明了对第三人的实体权益的保障。

---

① 黄国昌.诉讼参与及代表诉讼新民事诉讼法下"程序保障"与"纷争解决一次性"之平衡点[J].月旦法学杂志,2003(6)

2.就法院维度而言,第三人撤销之诉具有纠正错误裁判和一次性解决纠纷之双重功能

第一,从比较法的视角来看,就法国民事诉讼法之规定来说,设立第三人撤销之诉制度是"第三人为其本人利益,请求撤销判决或请为改判之"。任何受判决不当影响的人均被允许提出第三人异议(第三人撤销之诉),但应当以该人在该判决中既不是当事人、也未经代理人进行诉讼为条件。我国台湾地区增订第三人撤销诉讼程序的规定目的为:惟实际上第三人未必恒受参与诉讼程序之机会,倘其系非因归责于己之事由致未获得该机会,而未参与诉讼程序,则强令其忍受不利判决效力之拘束,即无异剥夺其诉讼权、财产权。故为贯彻程序权保障之要求,应使该第三人于保护其权益之必要范围内,得请求撤销原确定判决,爰增订第五编之一第三人撤销诉讼程序"。由此可见,第三人撤销之诉设立之初就蕴含着督促法院纠正错误裁判之功能。

我国第三人撤销之诉制度的立法目的主要在于为虚假诉讼的受害人提供一种事后救济渠道,并达成遏制虚假诉讼的政策目的。然而,如果仅仅将制度目的局限于此则未必妥当,也未必反映了立法者的原意。在现实中某些人出于侵害他人权益的动机而串通制造的虚假诉讼,往往都表现为对利害关系人的故意隐瞒,以便在其无法"在场"的情况下达到骗取生效判决、裁定或调解书以获取不法利益的目的。例如,婚姻关系存续期间瞒着配偶通过虚假诉讼等先转移财产,蓄意制造离婚时无财产可分割的状态,或与他人进行交易或发生经济纠纷时暗中通谋以诉讼程序等手段处分即将承担责任的财产等行为。类似种种的行为无一不包括直接侵害他人利益和隐瞒欺诈这两个因素,这两个因素都包含着对第三人和法院的损害,即原诉当事人合意共谋采用隐瞒欺诈手段获取法院之裁判,以"合法"手段获取非法之利益,既侵害了第三人的权益,又损害了正常的司法秩序和法院之权威。

为此,笔者认为,当第三人在因不能归责于本人的事由未参加诉讼,但有证据证明发生法律效力的判决、裁定、调解书的部分或者全部内容错误,损害其民事权益的情形之下提起撤销之诉,人民法院经审理,认为第三人的诉讼请求成立,而依法改变或者撤销原判决、裁定、调解书,体现了该制度对法院纠正错误裁判的功能。

此时的撤销之诉相对于本诉,实为参加之诉。第三人撤销之诉作为"诉的参加"的一种特殊类型,是一种具有实现纠纷一次性解决功能的复合诉讼救济程序。这是由其设立目的与功能定位所决定的,而且强调这种复合性在我国更具有现实紧迫性。从这种意义上说,第三人撤销之诉实质上是将应当有第三

参加的诉讼,在因客观原因第三人未能参加时,重新赋予第三人诉权,通过全部或部分撤销原判决,使纠纷解决过程回归到了原本应存在的本诉与第三人参加之诉合并审理的诉讼状态进行审理,实现实体纠纷的一次性解决。尽管此时的第三人已是新诉之原告,但这并不影响两面乃至多面诉讼结构的形成,相对于原诉,其仍是第三人。

撤销原确定判决只能成为基于该诉讼标的而产生的先决诉讼请求之一,除此之外,还包括由此产生的进一步实体请求,如返还原物、侵权损害赔偿。由于原当事人之间的争议在判决被全部或部分撤销后,重新处于争议状态,法院也有必要对此予以重新判决,基于纠纷一次性解决原则,该诉讼标的有必要与第三人提起的撤销之诉诉讼标的合并审理,形成复合之诉诉讼结构。关于撤销原确定判决的诉讼请求,一般认为其基于诉讼法上的规定,为诉讼法上的程序性请求,而非实体性请求,只具有诉讼法上的效果。对此,论者认为不尽然,至少当滥用诉权侵权行为存在时,其除产生程序上的撤销确定裁判的效果外,还可以产生一种保护实体权益的实体请求效果。

第二,不容否认,从根本上讲,在第三人撤销之诉的情形中,第三人的程序参与的不足往往是由民事诉讼中"纠纷一次性解决"与"程序保障"之间的矛盾关系导致的。这两者之间存在矛盾和冲突的价值,民事诉讼的愿望是扩大民事诉讼制度解决纠纷的功能从而尽可能地将民事判决的效力扩张到诉讼外至第三人,实现纠纷的一次性解决,提高民事诉讼的实效性、效率性与经济性。[①] 但是在纠纷的诉讼解决中都有着化解"纠纷一次性解决"与"保障第三人程序参与"矛盾的必要性。

尽管我国台湾地区采取了由第三人撤销之诉与职权通知制度共同构成的第三人程序保障制度,但其不足也是显而易见的。职权通知制度的有效实施是建立在法官知晓存在第三人且能够通知送达的前提之下的。如前所述,一则法官在不知晓还有第三人的情况下,由于法官职权的局限性,要探知是否还存在第三人是很艰难的,或许根本就无法探知;二则原诉当事人双方主观上本就存在恶意欺瞒第三人和法院,也就不会主动告知法官还有第三人的存在。为此,笔者认为,第三人撤销之诉的设置在很大程度上起到了发现原诉当事人虚假诉讼的作用,既弥补了法院职权通知制度之不足,又通过提供相关证据揭露原诉当事人虚假诉讼之真相,既使法院以第三人撤销之诉纠正错误之裁判,维护法律之权威和公正司法之秩序,使原处于不稳定状态的裁判得以恒定,同时也使

---

① 王福华.第三人撤销之诉适用研究[J].清华法学,2013(4):52.

得纠纷得以一次性解决。

就第三人撤销之诉的效果方面分析其功能而言,如果第三人提起的撤销之诉被法院依法驳回或被判处败诉,由此得到确认的原判决即产生既判力;如果法院支持第三人的诉讼请求,若第三人提出的诉讼请求只涉及原判决之不利己部分予以申请撤销,而没有涉及原判决全部,则就对原判决涉及第三人不利益部分予以撤销或改判,以恢复第三人未受原判决影响之前的权利状态,原判决其他部分仍对原审诉讼当事人具有拘束力;若第三人提出的诉讼请求涉及原判决全部予以撤销,则对原判决予以撤销,恢复原判决为确定之前的民事实体法律关系的状态,或者改判重新确定诉讼当事人之间的民事实体法律关系。由此凸显出第三人撤销之诉对一次性解决纠纷之功能。

当然,第三人撤销之诉制度的设置并非只是单纯地鼓励第三人在裁判生效后去启动救济的制度,应当是督促法院告知以及鼓励原诉当事人请求第三人参加诉讼以实现民事审判功能最大化。倘若只是寄希望于通过这一制度进行事后救济,并不能解决司法中纷繁复杂的所有问题。因此,如果第三人撤销之诉制度被频繁使用,只能说明在法律体系中程序保障机制的缺失,民事诉讼程序没有得到应有的遵守,程序公正价值没有得到应有的实现。为此,对于第三人撤销之诉作为一种比再审等其他特殊救济制度更具有特殊性的制度而言,其"闲置"更能体现民事诉讼制度运转的良好状态。

第四章　第三人撤销之诉制度的主体与客体

一、第三人撤销之诉的主体界定

我国现行《民事诉讼法》将第三人撤销之诉的适格原告范围界定在第三人诉讼制度下的"诉讼第三人"(《民事诉讼法》第 56 条第 3 款的表述是,"前两款规定的第三人,因不能归责于本人的事由未参加诉讼……"),这意味着,在确定起诉人是否具有第三人撤销之诉的原告资格时,除了依据《民事诉讼法》第 56 条第 3 款规定的起诉要件进行审查外,还要看其是否属于该条第 1、2 款规定的第三人,这样的安排招致理论界和实务部门的共同声讨。第三人撤销之诉的原告,也即该程序的启动主体,是第三人撤销之诉制度的重点和难点问题,关系到第三人利益保护、生效裁判稳定、原审当事人利益保护等诸多价值考量,因此对第三人撤销之诉的原告资格进行合理分析、评价和解释,有助于该程序在司法实践中的有效运行。①

(一)关于第三人撤销之诉适格原告之争议

目前理论界和实务部门关于我国第三人撤销之诉适格原告的界定,应该说观点杂陈。关于何种第三人具有第三人撤销之诉的原告主体资格问题,国内主要观点有以下几种:其一,认为享有第三人撤销之诉原告适格的最主要主体是有独立请求权的第三人,因为现实中某些人出于侵害他人权益的动机而串通制造的虚假诉讼,往往都表现为对利益攸关者的刻意隐瞒,以便在其无法"在场"的情况下达到骗取生效判决、裁定或调解书的目的,因此有独立请求权却因故未能参加原诉的第三人往往最容易成为有资格提起第三人撤销之诉的原告当

---

① 第三人撤销之诉主体还应包括被告,关于被告应当是原判决诉讼的当事人,包括原告(共同原告)和被告(共同被告)以及第三人。世界各国及国内学界和实务部门尚无分歧,故本书关于第三人撤销之诉主体研究重点关注的是原告适格问题。

事人。而对于"权利型"、"义务型"或"权利—义务型"的无独立请求权第三人由于实践中很少发生或可通过另诉解决,故在主体资格认定上采取严格审查和控制的态度。① 其二,认为有独立请求权的第三人不是第三人撤销之诉的适格原告;同时认为辅助型无独立请求权第三人受判决影响可能性较小,也不应享有第三人撤销之诉主体资格;享有第三人撤销之诉原告适格的仅是被告型无独立请求权第三人,因为只有被告型的第三人才有可能承担民事责任,并且只有当判决已经生效时,无独立请求权的第三人才可以通过第三人撤销之诉寻求救济。关于有独立请求权第三人不是第三人撤销之诉适格原告的理由在于有独立请求权第三人享有实体上的请求权,对他人争议的诉讼标的而言是一种独立的诉讼请求,因此,从民事诉讼法理而言,即使第三人没有参加诉讼,该第三人依然可以在他人判决、裁定、调解书生效之后,向他人主张权利。就判决效力而言,他人之间的判决、裁定和调解书对该第三人没有约束力。即意味着有独立请求权第三人完全可以通过直接以他人诉讼的原告和被告作为被告来主张权利这一普通的一般权利救济程序实现自身权利救济,而无必要启动推翻他人之间裁判和调解书这种特殊的事后救济程序来解决问题。② 其三,认为有独立请求权第三人和无独立请求权第三人都不是第三人撤销之诉的适格原告;即使有也很少,其权利受损一般可以通过另行起诉或启动再审来获得救济。真正适格的既不是有独立请求权的第三人也不是无独立请求权第三人,而是对判决结果有事实上利害关系的案外人,但现有制度设计又未将其纳入。③ 尤其是因恶意诉讼而受到损害的第三人往往不能被纳入该制度中接受保护。④ 其四,认为有独立请求权第三人和无独立请求权第三人均可能成为第三人撤销之诉的适格原告,而且较其他诉讼救济途径在权益维护上更具有便捷性、周全性,并且认为有必要从目的解释的角度扩张当事人的适格范围,将合法权益受到虚假诉讼侵害的案外利害关系人作为适格的主体。⑤

---

① 持本观点的有:王亚新. 第三人撤销之诉的解释适用[N]. 人民日报,2012-09-26(007).

② 持本观点的有:张卫平. 中国第三人撤销之诉制度的构成与适用[J]. 中外法学,2013(1).

③ 持本观点的有:陈刚. 第三人撤销判决诉讼:民事诉讼法修改的一大败笔[EB/OL]. (2013-12-20). http://asiankw.fyfz.cn/b/136166.

④ 持本观点的有:张丽丽. 第三人撤销之诉研究[M]. 北京:知识产权出版社,2016.

⑤ 持本观点的有:刘君博. 第三人撤销之诉原告适格问题研究现行规范真的无法适用吗[J]. 中外法学,2014(1);杨卫国. 案外第三人撤销之诉研究[M]. 北京:中国法制出版社,2015;吴兆祥,沈莉. 民事诉讼法修改后的第三人撤销之诉与诉讼代理制度[J]. 人民司法,2012(23);高民智. 关于案外人撤销之诉制度的理解与适用[N]. 人民法院报,2012-12-11(004);任重. 回归法的立场:第三人撤销之诉的体系思考[J]. 中外法学,2016(1).

1. 法国立法例及司法判例

《法国民事诉讼法》第 583 条对哪些人可以提起撤销之诉的主体要件作出了规定，"有权提起第三人撤销之诉者是指对其所攻击的判决有利益存在，并且没有在形成该判决的诉讼程序中充当当事人或者借由代表人参与诉讼的任何人。但是，一方当事人的债权人及权利继受人对欺诈侵害其权利的判决，或者主张自有的法律理由，可以提起第三人撤销之诉（第 1 款）。在非讼案件中，只有未被送达裁决的第三人才可以提起第三人撤销之诉。然而对于终审裁决，即使该裁决已经送达第三人，该第三人仍可以提起撤销之诉（第 2 款）"。根据上述规定，有权提起撤销之诉的第三人应当满足两个条件：其一，没有作为当事人或借由代表人参与诉讼；其二，证明对争议判决有诉的利益。但成文法中简单的"当事人"、"代表人"和"诉之利益"三个概念，司法实践中并非能清晰明确地界定。法国最高院以一个个判例的形式向我们展示了对这些概念内涵与外延的理解在不断变化。如未参加诉讼的民事主体也有可能是案件的"当事人"，而非"第三人"[①]；特定情况下，判决的一方当事人可以以另一种身份提出第三人撤销之诉[②]；《法国民事诉讼法》第 423 条规定检察官对于侵害公共利益的判决有权提起第三人撤销之诉，但在最高法院 1981 年的判例中又指出，检察官在任何情况下都不得以第三人的身份提起撤销之诉。又如一方面倾向于对"代表人"作扩大解释，以尽可能限制第三人撤销之诉的提起。故法国民事诉讼法学界的主流观点以及司法判例均主张以"共同利益"的标准，来判断第三人是否被诉讼当事人代表。根据司法判例，"代表人"包括委托人、代理人、权利义务被继受人、债务人和共同利害关系人。具体而言，在处理夫妻共同财产事务方面，夫妻互为法定委托人，任何一方不得提起第三人撤销之诉；股东与公司之间是合同

[①] 法国最高院 1976 年案例：南锡工商业就业协会（Assedic de Nancy）因为违反土地承包协议在租赁地块上建造房屋，被法院判令拆除房屋并向土地所有权人赔偿，但是该协会一直未履行判决。此时，全国工商业就业协会（Unedic）为保护南锡工商业就业协会的利益，以第三人的身份向法院提起撤销之诉。法国最高法院认为：全国工商业就业协会与南锡工商业就业协会虽然是两个独立的法人，但前者是后者的监督、管理、辅助、协调、指导者，全法国有四分之三的地方工商业就业协会加入了全国工商业就业协会，包括南锡工商业就业协会。因此，全国工商业就业协会不能被视为独立于南锡工商业就业协会的"第三人"。最高法院 1990 年的案件，最高法院认为针对雇主诉雇员的解除劳动合同案件，失业金偿付机构不得提起第三人撤销之诉，该机构应被视为案件的当事人，尽管其并未参与诉讼。转引自巢志雄.法国第三人撤销之诉研究：兼与我国新《民事诉讼法》第 56 条第 3 款比较[J]. 现代法学，2013(3).

[②] 最高法院在 1951 年的判例中指出：物业的一个共有人在一起案件中被该物业的承租人告上法庭，另一共有人在对该判决提出第三人撤销之诉后死亡，在此情况下，前一共有人有权以后一共有人的概括继承人身份继续进行该第三人撤销之诉。转引自巢志雄.法国第三人撤销之诉研究：兼与我国新《民事诉讼法》第 56 条第 3 款比较[J]. 现代法学，2013(3).

委托关系,股东不能对公司参与的诉讼提起第三人撤销之诉;保证人应当被认为由主债务人代理,保证人不得对主债务人的诉讼提起撤销之诉;债权受让人是债权人的权利义务继受人,债权让与需通知债务人生效,受让人不得对债权让与生效之前的、由债权人作为当事人的、与该项债权有关的判决提起撤销之诉;各连带债务人有共同利害关系,彼此不得对连带债务人参与的、涉及共同债务的判决提起撤销之诉;财产的共同所有人有利害关系,彼此也不得对共同所有人参与的、涉及共同财产的判决提起撤销之诉。但另一方面法国最高法院又通过判例来检讨"共同利益"标准的局限性,质疑这一宽泛而捉摸不定的标准是否不恰当地限制了第三人诉权的行使。故有最高法院 2004 年的判例明确指出第三人与当事人虽然有利益关系,但这并不必然导致第三人撤销之诉不可受理。目前的司法经验是第三人是否"被代表"应当以"第三人的利益在事实上是否已经有一辩护人"作为判断标准。再如第三人对争议判决具有诉之利益的判定中对"合法性"、"私有性"的理解也更趋于多元和开放,这种利益不仅是指物质或财产利益,也可以是精神利益。① 整体而言,法国立法在界定第三人撤销之诉的主体范围时实行从宽的司法政策,并且许多边缘性的问题借助判例来理清。

可见对于简单明了的成文法,当遇有实际问题时,仅依据法律条文予以机械运用是解决不了司法实务中面临的复杂多样的具体情形的,必须对相关法条进行体系性的解释,不断积累经验。

2.我国台湾地区的有关理论

我国台湾地区的"民事诉讼法"第 507 条第 1 款规定,有利害关系之第三人,非因可归责于己之事由而未参加诉讼,致不能提出足以影响判决结果之攻击或防御方法者,得以两造为共同被告对于确定终局判决提起撤销之诉,请求撤销对其不利部分之判决。但应循其他有关规定程序请求救济者,不在此限。可见在我国台湾地区,提起第三人撤销之诉的原告须具备两个条件:其一,是与他人之间的诉讼判决有利害关系的第三人;其二,不是因为第三人自身的过错而没有参加他人之间的诉讼,而导致其不能提出足以影响该判决的攻击或防御方法。如果满足了这两个条件,即为适格的第三人撤销之诉的原告。关于何谓"利害关系的第三人",相关条例上并未具体予以指明,台湾学者一般认为,应当是指受判决效力拘束的第三人。因此,如果受此判决效力扩张影响的第三人在

---

① 巢志雄.法国第三人撤销之诉研究:兼与我国新《民事诉讼法》第 56 条第 3 款比较[J].现代法学, 2013(3):164—166.

没有可归责于自己的原因而没有参加该诉讼的情形下便强令其受不利判决的拘束,无疑剥夺了该第三人的诉讼权、财产权,因此,在保护该第三人权益的必要范围内可以请求撤销原确定判决。[①] 客观评价台湾地区对于撤销之诉原告主体资格的规定仍是抽象的,有范围模糊之嫌。因为"该第三人是否包括本条例第58条所规定之从参加人、第62条所定独立之从参加人,以及第401条所定当事人以外确定判决所及之第三人在内,模糊不清"。[②] 在台湾地区,对所谓判决效力及于第三人,有明确规定的是"民事诉讼法"第401条关于既判力主观范围的规定、第582条有关身份关系判决的对世效力的规定以及"民法"第275条关于连带债务的判决效力扩张的规定。[③] 按照台湾民事诉讼判决效力扩张的理论,有学者认为在涉及人事(身份关系)诉讼中,如婚姻无效之诉、撤销婚姻之诉、确认婚姻成立或不成立之诉、否认子女之诉、认领子女之诉、认领无效之诉、撤销认领之诉等,以及关于法人关系或公司关系的诉讼中,法人社员以及公司股东有参与诉讼程序保障利益,因此判决的既判力应扩张及法人社员及股东,如撤销法人总会决议之诉、宣告财团董事行为无效之诉、撤销公司股东会决议之诉、宣告股东会决议无效之诉、解任公司董事之诉。[④] 由于对判决效力扩张的情形学界存有争议,导致关于第三人撤销之诉的原告适格问题在学术上也是一个尚无定论的问题。我国台湾地区"新民事诉讼法"实施后,一些法院也按照该"新民事诉讼法"的规定审理和判决了第三人撤销判决的诉讼,但关于何谓利害关系人,实务部门也认识迥异。在我国台湾地区一起第三人撤销之诉诉讼中,法院认定第三人系原判决当事人房产纠纷中标的物的买受人,享有向原当事人之一请求所有权转移登记的债权,因此是第三人撤销之诉的利害关系人。但在我国台北地方法院审理的另一起第三人撤销诉讼的案件中,同样是系争标的物的所有人,法院却认为该第三人不受前诉原判决效力的拘束,因而不是撤销诉讼的适格原告。[⑤]

依据法国以及我国台湾地区规定可知,法国和我国台湾地区对提起第三人撤销之诉主体所规定的共同性要件有两个:一是必须是当事人以外的第三人;二是必须具备诉的利益。但相对于法国立法而言,我国台湾地区的"相关条例"

---

① 张卫平.中国第三人撤销之诉的制度构成与适用[J].中外法学,2013(1):179.

② 吴明轩.中国民事诉讼法(下)[M].台北:三民书局股份有限公司,2006:1584.

③ 吕太郎.第三人撤销之诉:所谓由法律上利害关系之第三人[J].月旦法学杂志,2003(8).

④ 陈荣宗.第三人撤销诉讼之原告当事人适格[J].月旦法学杂志,2004(115号).

⑤ 黄国昌.第三人撤销诉讼之原告适格:评最近出现之二个裁判实例[J].月旦法学杂志,2006(139号).

多规定了一个程序性要件,即非因不可归责于己之事由而未获适当的程序保障。我国台湾地区之所以设置这一条件的原因一方面在于台湾地区设立该制度的目的更多在于关注第三人程序保障权利,另一方面规定了颇具特色的职权通知制度。依据这一制度,法官有通知利益可能受将来判决损害的第三人参加诉讼的义务。这一规定使得利益受损的第三人在立法上存在寻求免责事由的巨大空间。[①]

(二)第三人撤销之诉适格原告类型化

目前我国民事立法和司法解释并未对能够提起第三人撤销之诉的第三人范围进行明确,比较权威的解释是:如何界定第三人,特别是无独立请求权的第三人,难以通过列举的方式予以明确。尤其对于哪些第三人能够提起第三人撤销之诉,仅从第三人概念及类型方面也无法判断。在确定提起第三人撤销之诉的主体资格时,除了要按照《民事诉讼法》第56条第1款、第2款规定判断第三人外,还要结合《民事诉讼法》第56条第3款规定的实体要件来判断,即生效判决、裁定、调解书的内容是否损害到其民事权益,如果没有损害其民事权益,则当然不能提起第三人撤销之诉。如果损害其民事权益,再判断其是否符合《民事诉讼法》的56条规定的第三人条件,符合的属于第三人撤销之诉适格原告。[②]可见参与司法解释起草论证的法官在解读第三人撤销之诉适格原告时是以倒推的方式来判断的,正如解读所言界定第三人本身就是一件难事,判断第三人撤销之诉的适格第三人更是难上加难,这也导致了司法实践对适格第三人认定标准不一的现状。笔者尝试着从第三人撤销之诉原告适格的基础、适格的条件以及具体类型进行分析,以方便司法实务之操作。

1.第三人撤销之诉原告适格的基础

所谓当事人适格是指,当事人对于作为诉讼标的之特定的权利或法律关系可以实施诉讼并请求本案判决的资格。[③]也被表述为正当当事人、诉讼实施权或诉讼遂行权。对应于当事人原告和被告的划分,当事人适格也可分为原告适格和被告适格。当事人适格的基础,即确定当事人是否适格的根据。本书要探讨的就是第三人撤销之诉原告适格的根据何在并对其作出合理解释。

---

① 胡军辉.案外第三人撤销之诉的程序建构:以法国和我国台湾地区的经验为参照[J].政治与法律,2009(1):147-148.

② 江必新.最高人民法院民事诉讼法司法解释专题讲座[M].北京:中国法制出版社,2015:222.

③ [日]高桥宏志.民事诉讼法制度与理论的深层分析[M].林剑锋,译.北京:法律出版社,2003:206.

传统当事人适格理论是从实体法角度去考虑当事人适格的基础,即认为作为诉讼标的之实体权利关系的主体就是正当当事人,而主张"自己是这种实体上的主体"之人就是"当事人"。但随着新类型诉讼的出现,实体当事人的概念对一些诸如破产财产管理人、第三人诉讼担当等情形无法作出合理解释,鉴于此,德国学者对当事人概念进行重构,提出形式当事人概念并进一步提出当事人适格概念。当事人适格是基于解决纠纷之必要性与实效性视角来考虑的概念。在这一概念中应当予以考虑的因素也几乎等同于诉的利益概念考量因素。① 如在一般给付之诉中,主张自己享有诉讼标的之给付请求权之人具有原告适格;在确认之诉中,法院在对确认的利益作出判定之际,一般也是依据"对发生在该原被告之间的诉讼作出判决是否具有解决纠纷的必要性与实效性"之标准来判断原告的正当性,换言之,"确认的利益"与确认之诉中的"当事人适格"两者原则上处于一种表里一体的关系;而在判决效力具有对世性的一些场合,通过将当事人适格限定于"能够对纠纷进行最认真且彻底的争执之人"来提高该判决的正当性,进而实现对第三人的保护。②

就我国而言,设立第三人撤销之诉的理论基础主要在于诉权宪法化、既判力主观范围扩张、判决形成效力具有对世性、判决具有反射效力;制度设立的现实基础主要在于以意思自治为基础的当事人主义诉讼模式存在负面效应、第三人利益事前救济途径不能完全满足正当程序的需求以及恶意诉讼泛滥等几个方面。同时,设立第三人撤销之诉直接的目的是抑制虚假诉讼、恶意诉讼等的泛滥,间接目的是保障权利受损的第三人获得程序保障权并进而获得合法权益保障,因此考虑原告适格的正当性基础时,应考虑第三人利益保护、生效裁判稳定、原审当事人利益保护等诸多价值因素。

2. 第三人撤销之诉原告适格的条件

在综合考量第三人撤销之诉原告适格的正当性基础上,借鉴法国及我国台湾地区经验,我国大陆第三人撤销之诉的原告适格条件可以设置为:(1)必须是前诉当事人以外的案外第三人。前诉原告或被告受到了不利判决,其可以通过上诉或者申请再审获得救济。共同诉讼人和诉讼代表人被排除在适格原告之外。在我国,民事诉讼法规定的共同诉讼人包括必要的共同诉讼人和普通的共同诉讼人。必要共同诉讼人之间因为诉讼标的是共同的,所以这类案件法律上要求共同诉讼人必须一同起诉或应诉,没有一同起诉或应诉的,法院应当追加,

---

① [日]高桥宏志. 民事诉讼法制度与理论的深层分析[M]. 林剑锋,译. 北京:法律出版社,2003:211.
② [日]谷口安平. 程序的正义与诉讼[M]. 王亚新,刘荣军,译. 增补本. 北京:中国政法大学出版社,2002:271-272.

同时应合并审理并作出合一判决。如果有必要共同诉讼人未参加诉讼,法院也未依职权追加,则其符合《民事诉讼法》第 200 条第 8 项规定的"应当参加诉讼的当事人,因不能归责于本人或其诉讼代理人的事由,未参加诉讼的"情形,当事人可以申请再审。至于"诉讼标的属同一种类"的普通共同诉讼人,本身各自是独立的诉讼,可以分别起诉应诉,如果要合并审理必须经共同诉讼人同意,假设真的出现未经普通共同诉讼人同意就合并审理并由此缺席判决损害其利益的行为,可以依据《民事诉讼法》第 200 条第 10 项规定的"未经传票传唤,缺席判决的"理由申请再审。我国的诉讼代表人制度中,不管是人数确定的诉讼代表人还是人数不确定的诉讼代表人,最终按性质还是划分为必要共同诉讼人和普通共同诉讼人,故原因同前述。(2)具有撤销之诉的诉的利益。诉的利益是为了考量"具体请求的内容是否具有进行本案判决之必要性以及实际上的效果(实效性)"而设置的一个要件。① 诉的利益内容在于纠纷解决的必要性和实效性,当原告认为存在这种解决纠纷的必要性与实效性时,就可以提起诉讼。但"并非所有的争议都能够凭借主体的起诉行为而当然地进入到国家司法评价的领域,而是在制度上预先设置一道关口,使得那些符合某种要求的诉请才能够得到法院的确定判决。而这一'关口'就是诉的利益"。② 当当事人欠缺此种利益时,起诉就会遭到法院的驳回。因此诉的利益是以原告首先认为"自己存在诉的利益",而再由除原告以外之人对"原告是否真正存在诉的利益"进行判断之形式出现的,总体而言诉的利益还是应当取决于原告、被告以及法院三者之立场及利害的平衡关系。第三人撤销之诉也不例外,启动这一程序的第三人必须具备相应的诉的利益。这种诉的利益从原告角度而言具体包括判决既判力扩张、形成判决的形成效力对世性以及判决的反射效力等所带来的不利影响以及由于前诉当事人之间的恶意诉讼行为导致的利益损害。同时平衡被告即原审案件当事人的利益保护问题以及从法院角度而言生效裁判的稳定性、诉讼效率以及诉讼成本问题。(3)因不能归责于自己的事由而未获得适当的程序保障。不能归责于本人的事由,是指第三人未参加诉讼不是由于自身的过错造成,而是由其他客观事由造成,如并不知道前诉的存在或虽然知道但因为客观原因未能提起等。如果是因为第三人自身的原因没有参与诉讼程序或者主张权利,根据当事人自我责任机理,其将不享有提起第三人撤销之诉的权利。另对第三人未参加诉讼的准确理解应该是,该第三人没有成为前诉的第三人,而

---

① [日]高桥宏志.民事诉讼法制度与理论的深层分析[M].林剑锋,译.北京:法律出版社,2003:281.
② 常怡,黄娟.司法裁判供给中的利益衡量:一种诉的利益观[J].中国法学,2003(4).

不是指第三人未实际参与诉讼的过程。如果第三人已提起诉讼或已加入诉讼，成为前诉案件的当事人后在诉讼过程中放弃自己的诉讼权利，未实际参与诉讼过程，则我们认为他已获得了程序保障的权利，是参加过诉讼的，该条件就不符合了。如果第三人的法定代理人、经特别授权的诉讼代理人、权利义务的被继受人、债务人和共同利害关系人已经参加了前诉，或者原诉讼的一方当事人可以代表第三人的利益，那么该第三人也不具备撤销之诉的主体资格。

3.第三人撤销之诉原告适格的类型化分析

为尽可能促进第三人撤销之诉的适用，并服务于我国司法实践的需要，笔者在契合该制度设立的目的功能的前提下，结合司法实践中常见的典型案例，从体系论、解释论以及司法政策论的视角出发，对不同情况下的第三人撤销之诉适格原告进行类型化的分析。

(1)关于未参加诉讼的有独立请求权第三人作为适格原告问题

"对当事人双方的诉讼标的，第三人认为有独立请求权的，有权提起诉讼。"这是目前我国《民事诉讼法》关于有独立请求权第三人的立法规定。比较权威的解读是全国人大常委会法工委对该条所作的说明，认为有独立请求权第三人是指对当事人之间的诉讼标的的全部或者一部分，以独立的实体权利人的资格提出诉讼请求进而参加诉讼的人。有独立请求权的第三人提出的诉讼请求既不同于原告，也不同于被告；他的诉讼地位相当于原告，以本诉的原、被告作为被告。[1] 这也是目前我国主要的民事诉讼法学教材的观点。[2]

第一，对诉讼标的享有民事实体权利的第三人。按照我国主流观点的权威解读，最典型的有独立请求权第三人就是对前诉的诉讼标的享有民事实体权利请求权的人。具体而言包括对诉讼标的物直接享有物上请求权或者基于债权债务关系对诉讼标的享有债权请求权的情形。此种情形下第三人所享有的独立请求权一般是较为明确的，其作为第三人撤销之诉的适格原告也比较容易识别和判断。

【案例1】　某日乙捡到一条珠宝项链，并将其卖给了丙。后乙丙之间因为该买卖合同发生纠纷诉至法院，法院作出生效判决认定买卖合同成立，并判令乙向丙交付项链。后甲无意中看到丙佩戴的珠宝项链是其丢失的，一问得知丙是从乙处购买而得(有生效判决为证)，现甲提起第三人撤销之诉。

①全国人大常委会法制工作委员会民法室.《中华人民共和国民事诉讼法》条文说明、立法理由及相关规定[M].北京:北京大学出版社,2012:84.
②张卫平.民事诉讼法[M].2版.北京:法律出版社,2009:165-166.

此案中,甲作为珠宝项链的所有权人,对于乙丙之间买卖合同的标的物——珠宝项链享有民事实体法上的物上请求权,甲可以选择作为第三人撤销之诉适格原告启动第三人撤销之诉。

【案例 2】[①] 甲公司与乙公司之间存在合作合同,并约定甲公司实际占有和控制包括土地使用权在内的案涉项目。丙公司在明知甲乙之间存在合作合同及相关约定内容的情况下向法院起诉,并在起诉当日,即达成案涉调解协议,由乙公司将案涉土地使用权抵偿给丙公司(乙丙公司均向法院隐瞒了上述事实)。

该案中调解协议达成前,丙公司和乙公司对存在甲公司与乙公司的合作合同以及甲公司实际占有和控制包括土地使用权在内的案涉项目等事实均明知。在此情况下,丙公司与乙公司就该事实,应如实向受诉法院陈述,并由法院通知或追加甲公司参加到乙公司与丙公司的诉讼中,以查明案件事实,共同协调解决纠纷。而乙丙两公司均向法院隐瞒了上述事实。虽然案涉土地使用权登记在乙公司名下,但在乙公司与甲公司之间,该不动产权利登记证书作为物权凭证,仅具有权利推定效力,不能当然作为乙公司是该土地唯一权利人的认定依据。甲公司与乙公司的合同明确约定,双方共同兼并取得案涉项目土地使用权,甲公司负责项目的开发建设并取得建设后的项目成果,而且合同履行过程中,甲公司实际支付了兼并费用、土地出让金等费用,并实际投资、实际控制项目建设,甲公司对包括土地使用权在内的案涉项目,享有物权性质的权利,且其对案涉土地的合法占有,亦应受到法律的保护。乙公司在未取得甲公司同意的情况下,与丙公司达成调解协议,处分案涉土地使用权的行为,损害了甲公司的民事权益。甲公司可以作为适格原告提起第三人撤销之诉。

【案例 3】 A 与 B 之间关于甲死后留有房屋一套的遗产继承纠纷经法院生效判决确定,甲生前留有的房屋归 A 继承。生效判决作出后,乙提出第三人撤销之诉,主张甲生前因向自己借钱已经把系争房产抵押给自己,请求法院撤销原判并对自己拥有抵押权予以确认或判令从系争房屋的处置中清偿自己对甲拥有的债权。

本案中,乙针对的 A 与 B 之间诉讼标的就不再是所有权,而是房产归属确定后所有人应承担的义务,其提出的请求为抵押物权的确认或债权的实现。一般而言第三人基于债权债务关系对诉讼标的享有债权请求权的情形,要求债权

---

① 案例来源:陕西昊雍房地产开发有限责任公司与陕西兴庆熙园物业管理有限公司第三人撤销之诉案(〔2014〕民申字第 719 号)。

具有优先受偿性或享有撤销权的债权。

第二，虚假诉讼中的被害人。按照主流观点，对有独立请求权第三人进行解读，会发现主体范围极为狭窄，可能仅存在于第三人享有物上请求权或债权请求权类型的案件。笔者认为，有独立请求权第三人参加诉讼的根据，还应当包括因本诉的诉讼结果将侵害第三人的合法权益的情形。对此，第三人可依法提起撤销之诉，以维护自己的合法权益。也就是说把有独立请求权第三人的主体范围扩展至涵盖大陆法系的"诈害防止参加之诉"，即"他人之间出于非法目的而进行诉讼且结果会使其利益受到损害"的第三人。

【案例4】① 　A提起第三人撤销之诉，理由是：A与B共同创建×公司后，财务、人事、经营等均由B控制，B还聘请其妻子C为公司董事长兼法定代表人。由于对上述状况不满，A于2008年向上海市嘉定区法院提出公司解散诉讼，该院立案受理并于2009年1月8日发出开庭传票。在此阶段，B与C为转移财产，联合D于2009年9月28日向上海市徐汇区法院起诉，要求×公司支付货款1098864.50元，并提供了《承包协议书》《声明书》《结算协议书》等证据。该案最终达成调解协议，×公司向D支付1098864.50元，并由法院出具××号民事调解书。后D向法院申请强制执行，已获取执行款项50余万元。A认为，B、C在他已向法院申请公司解散的情况下，未按公司章程将本案涉及的重大经济、诉讼状况告知他，且该诉讼系B、C、D三人虚构，所依据的事实并不存在，严重侵犯了A的合法权益。因此诉至上海市徐汇区法院，请求撤销该法院出具的××号民事调解书。法院判决认为：××号民事调解书确认D与×公司之间债权债务关系的事实依据为《承包协议书》《声明书》《结算协议书》，而现有证据表明上述3份书面协议系B、D等人于2009年4月补签，D与×公司之间实际不存在承包关系，即调解书所依据的承包事实系虚构。故涉案民事调解书确认的债权债务关系不成立，且事实上损害了作为×公司股东的申请人A的民事权益。因此，申请人A要求撤销××号民事调解书的请求于法有据，予以支持。

【案例5】② 　A与B系夫妻关系，感情稳定。A因做生意需要曾向C借款500万元，后因金融危机影响血本无归。为避免C向A与B追索债务，A与B

①案例来源：上海市徐汇区人民法院〔2013〕徐民二(商)初字第1488号民事判决书。
②案例来源：刘君博.第三人撤销之诉原告适格问题研究[J].中外法学,2014(1).

诉讼离婚,在庭审中双方达成协议:A 与 B 均同意离婚,A 同意将原本登记在自己名下的房屋、车辆等重要财产全部过户至 B 名下,并要求法庭出具调解书予以确认。A 在离婚后没有任何财产可供清偿对 C 的债务。

在上述案例中,当事人均进行了恶意串通,试图通过虚假诉讼的方式以"合法的"法院生效裁判逃避债务的履行,对案外一般债权人的合法权益造成损害。从关于我国对有独立请求权第三人的主流观点来看,上述案例中的案外人对前诉诉讼标的或标的物并不具有直接的民事实体请求权。针对这种情形,我国又尚未建立防止诈害的诉讼参加制度。笔者认为应借鉴法国、日本,以及我国台湾地区的情形,将"防止欺诈诉讼"作为第三人参加诉讼的根据,扩大案外第三人参加诉讼的范围,赋予受到诈害诉讼侵害的被害人以第三人撤销之诉原告资格。

(2)关于未参加诉讼的无独立请求权第三人作为适格原告问题

《民事诉讼法》第 56 条第 2 款规定,对当事人双方的诉讼标的,第三人虽然没有独立请求权,但案件处理结果同他有法律上的利害关系的,可以申请参加诉讼,或者由人民法院通知他参加诉讼。人民法院判决承担民事责任的第三人,有当事人的诉讼权利义务。这是我国立法关于无独立请求权第三人的规定。目前对无独立请求权第三人的解说处于理论研究的"学说分立"和司法实践的"尺度不一"现状①。因此给第三人撤销之诉适格原告的界定带来了更大的难度。

无独立请求权第三人并非仅指第三人对诉讼标的没有独立的请求权,更为核心的要件在于其与案件处理结果具有法律上的利害关系。在讨论是否应当赋予原告提起第三人撤销之诉的资格时,这种"法律上的利害关系"并非仅仅指生效裁判主文要求无独立请求权第三人直接承担民事责任,而应当指第三人与一方当事人之间的实体法律关系和原诉讼当事人之间的实体法律关系具有某种权利义务性质的牵连性。

第一,与案件处理结果存在义务性法律关系的无独立请求权第三人。无独立请求权第三人与原诉讼当事人之间存在某种义务性法律关系是司法实

①目前学界有将无独立请求权第三人划分为"辅助型第三人"和"被告型第三人"。其中"被告型第三人"系指被强制纳入诉讼而承担民事责任的第三人;"辅助型第三人"指与他人的诉讼结果有法律上的利害关系而申请参加诉讼辅助其中一方当事人的第三人。有划分为"准独立第三人"和"辅助参加的第三人"。其中"准独立第三人"在诉讼中可以提出权利主张或承担实体义务;而"辅助参加的第三人"不享有实体权利,法院也不判决其承担民事责任。有重构为"义务参加型第三人"和"辅助参加型第三人"。

践中最常见的情形。依据此类法律关系,原诉讼当事人一方败诉,无独立请求权第三人将承担民事义务或者赔偿责任。此时若第三人因未归责于自身的原因并未在前诉中参加诉讼,该第三人就应该具有第三人撤销之诉的原告资格。

【案例6】　甲房产公司与乙建筑公司签订建筑承包合同,由乙承建甲发包的某商住楼。该商住楼的建造包括一项厨房排气道及安装工程,由乙建筑公司通过招投标再次发包给丙公司负责设计、制造和安装。整幢大楼的建设完工后到了验收阶段,甲认为该项排气道的设计安装存在缺陷,未达到建筑承包合同约定的技术要求,经与乙公司交涉未获解决,遂以其为被告向法院提起追究合同违约责任的诉讼。乙公司在诉讼中提出该部分工程是由丙公司负责的,如果在没有通知丙公司参加诉讼的情况下就在判决中判令丙公司承担民事责任,则丙公司属于典型的义务性无独立请求权第三人。

第二,与案件处理结果存在权利性法律关系的无独立请求权第三人。无独立请求权第三人与原诉讼当事人之间存在某种权利性法律关系在司法实践中虽不常见,并且一般而言,此时的无独立请求权第三人享有权利,并无提起第三人撤销之诉的利益,但难保可能存在原诉讼当事人之间具有某些特定的关系致使一方当事人故意为不利于己的诉讼行为,以致发生败诉的生效裁判,使该第三人原本可享有的权利落空。

【案例7】　甲乙之间签订有房屋租赁合同,约定租期五年,租金每月2000元,租赁期内乙可以转租该房屋。乙在租赁期内因工作调动将房屋转租给丙。后甲觉得租金太低,遂起诉乙要求解除租赁合同。由于甲乙之间是亲戚,乙不好意思主张自己的权利,就达成了解除租赁合同的调解协议,法院制作民事调解书结案。本案中,虽然甲乙之间的民事调解书不需要丙承担义务,但使丙原本可享受的每月2000元租房的权利受到了损害,丙现在如果继续租该房屋,甲要收3000元的房租,故该案中丙就是典型的与案件处理结果存在权利性法律关系的无独立请求权第三人。

第三,"诉讼担当"中的被担当人。第三人替代诉讼标的之权利义务主体(或者与权利义务主体同时)持有当事人适格,并且该当事人承受的判决效力也及于权利义务主体的情形,就被称为第三人的诉讼担当。① 此时与案件无直接利害关系的第三人以当事人的资格,就该涉讼法律关系所产生的纠纷行使诉讼实施权。依据授权是否由法律明确规定,一般将诉讼担当分为法定的诉讼担当和任意的诉讼担当。我国民事诉讼中的诉讼担当均为法定诉讼担当,主要有:《破产法》关于破产管理人享有诉讼实施权的规定、被宣告失踪人财产管理人享有诉讼实施权的规定、遗产执行人在遗产管理或分割期间享有诉讼实施权的规定、《合同法》关于代位权人诉讼实施权的规定以及《著作权法》关于继承人保护著作权人相关权益的规定、《继承法》关于胎儿母亲诉讼实施权的规定。诉讼担当的被担当人不具有诉讼实施权,其可以以无独立请求权第三人的身份参加到诉讼中,辅助一方当事人。对于诉讼担当的被担当人而言,不论其是否参加诉讼,他都受到生效裁判的固有效力所及。② 当出现担当人与对方当事人恶意串通勾结损害被担当人利益的情形时,受生效裁判不利影响的被担当人可以通过第三人撤销之诉来维护自身权益。

【**案例 8**】 甲被人民法院宣告失踪,并指定乙为其财产代管人。乙在管理甲财产过程中,与丙恶意串通勾结,通过法院合法裁判损害甲的利益。此时的甲就属于"诉讼担当"中的被担当人。等甲出现时,发现生效裁判损害了自己的利益,其就是可以提起第三人撤销之诉的适格原告。

(3)在裁判结果侵害公共利益时,检察院可否作为第三人撤销之诉的原告问题

这个问题在法国,立法和司法判例给出不一样的答案。根据《法国民事诉讼法》第 423 条的规定,检察官有权对任何侵害公共利益的行为提起诉讼。照此规定,检察官理应有权提起第三人撤销之诉,前提是该判决侵害公共利益。但是,最高法院在 1981 年的判例中指出:检察官在任何情况下都不得以第三人的身份提起撤销之诉。这一判例意见被认为主要是出于司法独立的考虑,防止检察官干涉法官办案。③

---

① [日]高桥宏志.民事诉讼法制度与理论的深层分析[M].林剑锋,译.北京:法律出版社,2003:215—216.

② [德]汉斯-约阿希姆·穆泽拉克.德国民事诉讼法基础教程[M].周翠,译.北京:中国政法大学出版社,2005:331.

③ 巢志雄.法国第三人撤销之诉研究:兼与我国新《民事诉讼法》第 56 条第 3 款比较[J].现代法学,2013(3):164.

在我国,检察院是法律监督机关,法律规定检察院有权对民事诉讼实行法律监督,包括民事审判程序和民事执行程序。我国虽然对检察权的性质定位不一,但其"维护司法公正、维护司法权威、保障法制统一的本质"是毋庸置疑的①。随着价值取向和司法理念的演进和变迁,检察权的重心回归到对司法权、行政权等公权力的监督,其角色也从传统的"干预者"向司法公正的"督促者"转变。检察机关在履行监督职能时宜保持审慎和谦抑,应以公权力行使中的违法、失职、滥权为监督重点。因此检察院只有在发现生效裁判符合再审法定情形或调解书损害国家利益或社会公共利益时才开始发挥其监督的职责。此时法律赋予检察机关提出检察建议或提出抗诉的方式来履行其监督权。相较于以第三人身份提起撤销之诉,提起抗诉的方式对于公共利益的保护可能更有力度和威力。故笔者认为,在裁判结果侵害公共利益时,检察院不适合作为第三人撤销之诉的原告。

二、第三人撤销之诉的客体分析

第三人撤销之诉的客体,是指第三人撤销之诉中的第三人请求法院撤销的对象。我国现行法律以及司法解释以概括性规定、具体界定以及列举性排除的方式对撤销对象进行描述。根据我国《民事诉讼法》第56条第3款之规定,我国第三人撤销之诉的客体只能针对已经发生法律效力的判决、裁定、调解书。同时《民事诉讼法司法解释》第296条进一步具体界定为"判决、裁定的主文,调解书中处理当事人民事权利义务的结果"②;《民事诉讼法司法解释》第297条则反向排除了"适用特别程序、督促程序、公示催告程序、破产程序等非讼程序处理的案件"、"婚姻无效、撤销或者解除婚姻关系等判决、裁定、调解书中涉及身份关系的内容"、"对未参加登记的权利人对人数不确定代表人诉讼案件的生效裁判"以及"损害社会公共利益行为的受害人对公益诉讼案件的生效裁判",指明基于上述情形提起的第三人撤销之诉法院不予受理。立足于程序法理和民事诉讼法解释论,第三人撤销之诉客体及判断标准仍然需要进一步展开分析。

(一)关于可撤销判决

人民法院审理民事案件和非诉案件完结之时,会根据查明和认定的案件事

①杨立新.民事行政诉讼检察监督与司法公正[J].法学研究,2000(4):53—54.
②判决主文是指《民事诉讼法》第152条第1款第3项规定的"判决结果和诉讼费用的负担"部分;裁定主文是指《民事诉讼法》第154条第3款规定的"裁定结果"部分;调解书中处理当事人民事权利义务的结果是指调解书确认的当事人达成的调解协议中关于民事权利义务处分的内容部分。

实,正确适用法律,对案件的实体问题作出结论性的权威性判定,即为民事判决。民事判决的实质是将人民法院确认的当事人之间的权利义务关系,用法定的判定形式确定下来。根据不同的分类标准,民事判决主要可分为以下几种。①根据判决是否生效,民事判决可以分为生效判决和未生效判决。②根据制作判决法院的不同审级和审判程序,民事判决可以分为一审判决、二审判决和再审判决。③根据作出的判决的性质不同,民事判决可以分为给付判决、确认判决和变更判决。④根据判决内容是否涉及民事权益争议,民事判决可分为诉讼案件判决和非诉讼案件判决。⑤根据双方当事人是否都出庭,民事判决可以分为对席判决和缺席判决。

1. 可撤销判决必须是已经发生法律效力的判决

与我国台湾地区相关法例相同,在我国大陆未发生法律效力的判决不能作为第三人撤销之诉的客体。这与法国立法不同,《法国民事诉讼法》第 585 条规定,"除法律特别规定外,第三人撤销之诉可以对任何判决提起"。从原则上来看,法国立法规定对所有判决(tout jugement)都准许提起第三人撤销之诉。法国司法判例则根据立法精神对此处"判决"的外延进行了界定:商事法院、劳资调解委员会、农村租约对等法庭等专门法院的判决或裁决,与普通法院一样,都视为可提起第三人撤销之诉的"判决",可见其范围非常宽泛。但在法国,第三人撤销之诉不限于原判决已经确定,只要是终局判决,即可以提起。有学者分析,法国之所以这样认定,是因为在性质上,法国将既判力理论归属于实体法层面,即规定在《法国民法典》中而非《法国民事诉讼法》中,因此在法国,判决的效力往往等同于契约效力。也就是说,在法国法上,所有终局判决均有被推定为真实的效力。① 另法国法院的新近判例均准许第三人对临时判决和解释判决提起撤销之诉。认为虽然临时判决和解释判决未对任何实体问题形成既判力,但却有可能对第三人的利益产生重大影响。②

2. 对一审、二审及再审判决均可提起撤销之诉

对于一审、二审生效判决可提出第三人撤销之诉,实务部门理论界皆无异议。对于再审生效判决是否适用,研究论述虽不多,但却出现了不同的声音。有观点认为,由于第三人撤销之诉和再审之诉都是对错误裁判的纠正程序,适

---

①张卫平.民事诉讼的逻辑:第三人撤销之诉研究[M].北京:法律出版社,2015:164.
②巢志雄.法国第三人撤销之诉研究:兼与我国新《民事诉讼法》第 56 条第 3 款比较[J].现代法学,2013(3):162－163.

用对象原则上应当一致,以不适用再审的判决、裁定和调解书为妥。① 恰恰相反,有观点则认为再审的判决、裁定和调解书只要符合民事诉讼法及司法解释的相关规定,第三人也可以提起撤销之诉。②

笔者认为,对于再审判决(裁定、调解书)是否可成为第三人撤销之诉的客体,关键是看该生效法律文书是否会损害案外第三人的合法权益。再审程序是为了纠正已经发生法律效力裁判中的错误而对案件再次审理的程序。再审裁判则是经过再次审理以后所作的裁判,一般情况下发生错误的概率相当低,但世界是复杂的,情况是万变的,不能排除会出现这样的情况,对于第三人而言,只要其提出撤销之诉的其他条件符合法律规定,不应人为地对同是生效的判决因为审级的不同而差别对待。

3. 判决所涉及的民事权利类型应是财产型权利而非人身型权利

根据作出的判决的性质不同,民事判决可以分为给付判决、确认判决和形成判决。给付判决,是指人民法院作出的责令一方当事人向另一方当事人履行一定义务或者给付一定金钱、财物的判决。确认判决,是指人民法院作出的确认当事人间存在或者不存在某种民事权利义务关系或者某项法律事实的判决。形成判决,是指人民法院作出的变更或消灭当事人之间原来存在的无争议的民事法律关系的判决。有学者指出第三人撤销之诉的客体只能是前诉判决为变动物权关系的形成判决。理由是基于对《物权法》第 28 条进行的体系解释,《物权法》第 28 条规定,"因人民法院、仲裁委员会的法律文书或者人民政府的征收决定等,导致物权设立、变更、转让或者消灭的,自法律文书或者人民政府的征收决定等生效时发生效力"。该条规定虽然处于《物权法》中,却也同时具有诉讼法意义,其圈定了能够变动物权的民事生效裁判范围。据此,并非所有人民法院作出的法律文书都在生效时发生变动物权的实体法律效果。结合立法理由、条文释义与相关法院判例以及民法学者的理论观点进行补充,前诉生效裁判的类型为实体权益侵害型,具体仅包括合同被撤销后前诉当事人回复所有权和协议不成时请求法院分割共有财产两种情形。③

笔者对此持不同意见。司法实践中对于第三人权益的损害,不仅仅限于通过形成判决改变物权变动的形式,完全有可能在合同纠纷中通过给付之诉判令本不属于前诉当事人之间的物给付其中一方、通过确认判决确认根本不属于前

①最高人民法院民事诉讼法修改研究小组.《中华人民共和国民事诉讼法》修改条文理解与适用[M].北京:人民法院出版社,2012:106.

②江必新.最高人民法院民事诉讼法司法解释专题讲座[M].北京:中国法制出版社,2015:223.

③任重.回归法的立场:第三人撤销之诉的体系思考[J].中外法学,2016(1):151-154.

诉任何一方当事人的某项法律事实的存在,也就是说在三类判决中都有可能出现损害案外第三人的情形。因此前诉判决是形成判决还是给付判决或确认判决不影响对撤销之诉客体的认定。判断区分的核心是判决书中涉及的民事权利类型问题。不管是上述任何一种类型的判决,判决书中涉及的实体民事权利包括财产型权利或人身型权利。人身权包括人格权和身份权,一般具有专属性。在涉及当事人人身权的诉讼中,原则上不会存在法院作出的生效裁判损害案外人利益的理论可能,相关司法实践中也尚未出现人身权利侵害型虚假诉讼。故我国《民事诉讼法司法解释》第 297 条第 1 款第 2 项将"婚姻无效、撤销或者解除婚姻关系等判决、裁定、调解书中涉及身份关系的内容"排除在适用范围之外。现在需要解释的是涉及身份关系案件是否可以扩张解释为包括亲子关系、收养关系案件在内?

从比较法的视角考察,法国法规定某些特定类型的案件判决不宜被第三人申请撤销。这类特定案件主要集中在具有十分强烈的专属性特征的身份关系诉讼中,例如婚姻关系、亲子关系、亲属关系诉讼等。但由于涉及的具体情况较为复杂,司法判例亦未形成完全一致的看法。① 比如对于涉及人身权的判决所产生"次生效应"可以允许第三人提起撤销之诉。离婚判决会对夫妻双方以外的人产生影响,法国判例称之为"离婚判决的次生效应",正是因为存在这种次生效应,某些第三人对离婚判决提起撤销之诉仍是可能的。一种常见情形是离婚判决不合理地限制了祖父母对孙子女的探视权,祖父母因自己权利受损可以提起第三人撤销之诉。另一种常见情形是夫妻双方的债权人提起第三人撤销之诉,或者是因为离婚判决的共同财产分割安排妨碍其债权的实现,或者是因为离婚诉讼存在欺诈,故意逃避债务。普罗旺斯·埃克斯上诉法院甚至允许女儿对母亲与继父的离婚诉讼提起撤销之诉,因为该离婚判决侵害了她的财产继承权。② 但类似案件在我国台湾地区法院以原告就系争离婚确定判决并不具法

---

① 2005 年修订后的《法国民法典》第 324 条规定,"就亲子关系作出的判决,即使对于并非诉讼当事人的人,亦具对抗效力;如果并非诉讼当事人的人享有诉权,则有权在第 321 条规定的期限内对判决提出第三人异议";第八编"收养子女"第 353—2 条规定,"仅在有可以归咎于收养人的欺诈或舞弊行为时,对收养判决提出第三人异议始予受理"。(法国民法典[M].罗结珍,译.北京:北京大学出版社,2010:98、107)

② 巢志雄.法国第三人撤销之诉研究:兼与我国新《民事诉讼法》第 56 条第 3 款比较[J].现代法学,2013(3):163.

律上利害关系、当事人不适格为由判决其败诉。①

从人身权的专属性出发,涉及亲子关系、收养关系的案件一般不适用第三人撤销之诉程序,将第 297 条第 1 款第 2 项内容理解为一种"有限列举"进而对其进行扩张解释,法官在具体个案中依据当事人适格、诉的利益等要件逐案审查、具体判断。

4. 对于非讼案件判决不能成为第三人撤销之诉的客体

根据生效裁判文书的内容是否涉及民事权益争议,可以分为诉讼案件和非讼案件。法国作为撤销之诉对象的确定判决,不仅限于争讼程序所确定的判决,还包含非讼裁决。我国台湾地区则专指诉讼生效裁判。② 在我国,非讼案件主要指适用特别程序、督促程序、公示催告程序、破产程序处理的案件。《民事诉讼法司法解释》第 297 条第 1 项规定,对"适用特别程序、督促程序、公示催告程序、破产程序等非讼程序处理的案件"提起第三人撤销之诉,人民法院不予受理。有些学者对其提出了不同的看法,杨卫国博士认为,对非讼裁判是否适用第三人撤销之诉不宜"一刀切"。原因在于:第一,我国民事诉讼法对发生既判力的支付令、除权判决等没有规定相应的纠正或救济途径,将其纳入第三人撤销之诉对象更有利于保护第三人的合法权益。第二,《民事诉讼法司法解释》第374 条对特别程序裁判错误的救济作了专门的异议程序规定,而其与第三人撤销之诉没有本质区别,提起条件也无明显差异,完全可直接适用第三人撤销之诉的规定,以尽可能实现事后救济程序的统一。第三,全球目前出现诉讼非讼化现象,在诉讼与非诉讼之间应建立起一条转换的通道,以平衡诉讼经济、效率与程序保障、实体公正之间的关系,而不再是相互截然对立、泾渭分明。③

笔者认为有必要对我国法律中规定的各种非讼案件进一步地深入分析。在司法实践中,公示催告程序和破产程序都设有专门的公告或债权申报程序,如《民事诉讼法》第 219 条规定,"人民法院决定受理申请,应当同时通知支付人停止支付,并在三日内发出公告,催促利害关系人申报权利"。第 221 条规定,"利害关系人应当在公示催告期间向人民法院申报。人民法院收到利害关系人的申报后,应当裁定终结公示催告程序,并通知申请人和支付人。申请人或者

---

①在台湾地区曾有母亲诉请撤销子女离婚判决的案例(台北地院 93 年度家诉字第 140 号)。在该案中,母亲起诉要求撤销其子女的离婚判决并确认其婚姻无效,理由是身份判决具有对世效力,由于离婚分配财产使得其子女的扶养能力下降,影响其扶养权和将来可能的继承权。台北地方法院以原告就系争离婚确定判决并不具法律上利害关系、当事人不适格为由判决其败诉。

②胡军辉. 案外第三人撤销之诉的程序建构:以法国和我国台湾地区的经验为参照[J]. 政治与法律,2009(1):148.

③杨卫国. 案外第三人撤销之诉研究[M]. 北京:中国法制出版社,2015:211-213.

申报人可以向人民法院起诉"。《企业破产法》第 14 条规定,"人民法院应当自裁定受理破产申请之日起二十五日内通知已知债权人,并予以公告"。第 44 条规定,"人民法院受理破产申请时对债务人享有债权的债权人,依照本法规定的程序行使权利"。第 45 条规定,"人民法院受理破产申请后,应当确定债权人申报债权的期限。债权申报期限自人民法院发布受理破产申请公告之日起计算,最短不得少于三十日,最长不得超过三个月"。公告程序或债权申报程序的设置都是用以保护利害关系人或债权人利益的。另《民事诉讼法》第 223 条规定,"利害关系人因正当理由不能在判决前向人民法院申报的,自知道或者应当知道判决公告之日起一年内,可以向作出判决的人民法院起诉"。可见立法者在立法时意识到有一种情况存在,即利害关系人有正当理由不能在法院除权判决作出前申报权利,在不准其上诉又不能通过再审程序解决的情况下如何保护利害关系人的权利。根据本条规定,作出判决后,利害关系人可另行提起票据纠纷诉讼,这一规定对于解决票据纠纷,保障利害关系人的合法权益无疑是具有重要意义的。但同时该规定也存在着明显的缺陷:已经生效的除权判决与利害关系人另诉后法院作出的生效判决之间的关系如何处理。民事诉讼法以及相关的司法解释既没有规定法院在针对票据纠纷作出新判决时应解决除权判决的撤销问题,也没有规定新判决作出后除权判决视为撤销。为解决该条规定的缺陷,《民事诉讼法司法解释》第 459 条规定,"依照《民事诉讼法》第 223 条的规定,利害关系人向人民法院起诉的,人民法院可按票据纠纷适用普通程序审理"。第 461 条规定,"根据《民事诉讼法》第 223 条的规定,利害关系人请求人民法院撤销除权判决的,应当将申请人列为被告。利害关系人仅诉请确认其为合法持票人的,人民法院应当在裁判文书中写明,确认利害关系人为票据权利人的判决作出后,除权判决即被撤销"。应该说司法解释合理解决了新诉判决与原除权判决之间的矛盾。这种做法与德国、日本等国为利害关系人提供法律救济的手段相同,即允许其提起撤销除权判决之诉。原告为除权判决效力所及的利害关系人,被告则限于除权判决的申请人,诉讼目的在于保证利害关系人有主张合法权益的机会,并且要对除权判决是维持、变更还是撤销作出结论。①

督促程序是指,人民法院根据债权人提出的要求债务人给付金钱或有价证券的申请,向债务人发出支付令以催促债务人限期履行义务,如果债务人在法定期间内未履行义务又不提出异议,则支付令发生法律效力的程序。人民法院院长发现本院已经发生法律效力的支付令确有错误,认为需要撤销的,在提交

---

①江伟.民事诉讼法学[M].上海:复旦大学出版社,2002:474.

审判委员会讨论决定后,裁定撤销支付令,驳回债权人的申请。债权人可以根据支付令向人民法院申请强制执行。也就是说支付令的效力场在执行程序,对于执行程序中如果出现权利受损的案外第三人,则可以通过执行异议或执行异议之诉解决。法院院长的提请撤销权和案外人自身的异议权足已保护其自身的合法权益了。

非讼案件主要是适用特别程序的案件。现行《民事诉讼法》第15章规定了六类特别程序案件,包括原有传统的选民资格案件、宣告公民失踪或者宣告公民死亡案件、认定公民无民事行为能力或者限制民事行为能力案件、认定财产无主案件,人民法院在审查后均以"判决"作出裁判;新增加的确认调解案件和实现担保物权案件则以"裁定"作出裁判(将在下面关于裁定部分加以论述)。传统的四类特别程序案件的提起都是因为当事人请求法院确认某种法律事实或某种权利是否存在,不是因为当事人之间的民事权益发生纠纷而请求法院解决争议。具有无利害关系相冲突的双方当事人、审判组织的特殊性、案件审结期限较短、实行一审终审制、不适用审判监督程序等特点。对于此类案件判决能否成为第三人撤销之诉的客体,有学者认为:从制度设计的功能和程序保障的应然层面出发,对适用程序保障要求不高的判决,即人民法院适用特别程序审理的案件所作出的判决没有必要适用第三人撤销之诉。因为以宣告失踪、宣告死亡等为代表的非讼判决只是一种"法律上的或者事实上的推定",如果失踪人或被宣告死亡的人重新出现,当事人和利害关系人可以请求法院作出新的判决来撤销原判决,故不必适用作为事后程序保障措施的第三人撤销之诉。① 也有学者持相反意见,认为:在实然层面,针对非讼事件的生效裁判虽然并不存在实质民事争议,但在司法实践中也可能会损害案外第三人的合法权益。从比较法的角度考察,《法国民事诉讼法》第583条规定没有得到判决通知的第三人可以对非讼案件的判决提出第三人撤销之诉。当然,法国的制度设计具有一定的特殊性。法国的非讼程序具有"非讼事件诉讼化"的特征,表现为需要借助诉讼程序为非讼程序的主体提供必要的程序保障和救济途径。适用"特别程序"审理的非讼案件不涉及民事争议,民事诉讼法典赋予当事人的程序保障虽不及普通民事诉讼程序"优厚",但并不能排除当事人利用非讼程序损害第三人合法权益的可能性。特别是宣告失踪或者宣告死亡、认定公民无民事行为能力或者限制民事行为能力等案件的处理结果往往涉及被宣告失踪人、被宣告死亡人的财产处置和继承等问题,在司法实践中容易出现损害第三人合法权益的现象。事

---

① 王福华. 第三人撤销之诉适用研究[J]. 清华法学,2013(4):59.

实上,我国《民事诉讼法》对于非讼程序的主体所提供的程序保障仍然是不足的。所以认为非讼案件对于程序保障的要求不高故而没有必要适用第三人撤销之诉的论证方式似乎可待商榷。① 笔者认为,正当的程序设计和制度安排应当符合当事人所享有的程序保障与其从程序中获得利益相适应的基本原理。特别程序的特点在于快速、及时地实现当事人的权利,相较于普通民事诉讼程序而言,其提供的程序保障较弱。非讼判决不得上诉、对错误判决不适用审判监督程序均是基于上述原理所为的制度设计。从特别程序案件性质来看,一般不会产生损害第三人合法利益的问题,如选民资格案件直接关系到选民的选举权和被选举权,是关于公民个人政治权利的裁判并不会损害案外人的利益;宣告公民失踪案件中如果财产代管人有损害失踪人利益行为,其他利害关系人可以单独提起诉讼;宣告公民死亡案件中利害关系人具有顺位规定,本身体现的是立法对于亲属关系疏密程度的一种推定,进而排斥了后顺位的利害关系人对前顺位的利害关系人的权利进行"挑战";认定公民无民事行为能力、限制民事行为能力案件中如果被指定的监护人有虐待被监护人、侵占被监护人财产的行为,其他具有监护资格的人可以向法院申请变更监护人;认定财产无主案件中无主财产归国家和集体所有,一般也不会出现损害他人利益的情形。最为关键的是对于这些特别程序案件法律设置了特别救济程序。《民事诉讼法司法解释》第374条规定,"适用特别程序作出的判决、裁定,当事人、利害关系人认为有错误的,可以向作出该判决、裁定的人民法院提出异议。人民法院经审查,异议成立或者部分成立的,作出新的判决、裁定撤销或者改变原判决、裁定;异议不成立的,裁定驳回"。实际上为适用"特别程序"作出的非讼判决"创设"一项异议程序,相较于制度运行成本较高的第三人撤销之诉程序,对于适用特别程序审理的非讼案件而言,《民事诉讼法》第179条和《民事诉讼法司法解释》第374条所提供的权利救济和程序保障无疑更加契合非讼事件的性质和特征。

综上所述,笔者认为"适用特别程序、督促程序、公示催告程序、破产程序等非讼程序处理的案件判决"不能成为第三人撤销之诉的客体。

(二)关于可撤销裁定

人民法院在审理民事案件过程中和执行程序中,对所发生的程序上的问题以及个别实体问题作出的权威判定,即为民事裁定。我国现行《民事诉讼法》主要列举了11种情形:对原告的起诉不予受理,当事人对管辖权持有异议,驳回原告起诉,保全和先予执行,是否准许当事人撤诉,中止或者终结诉讼,补正判

---

① 郝振江.法国法中的非讼程序及对我国的启示[J].河南财经政法大学学报,2012(2):132-133.

决书的笔误,中止或者终结执行,撤销或者不予执行仲裁裁决,不予执行公证机关赋予强制执行效力的债权文书以及其他需要裁定解决的事项。对于哪些裁定可通过撤销之诉予以撤销是一个存有异议的问题,情形相对复杂。第三人撤销之诉主要是对实体权利的救济,而裁定主要是针对程序问题作出的,裁定中关于他人之间诉讼系属法院对于不予受理、管辖权异议、驳回起诉、中止或者终结诉讼、补正判决书的笔误、中止或者终结执行、撤销或者不予执行仲裁裁决、不予执行公证机关赋予强制执行效力的债权文书的裁定,一方面其是解决程序性问题,不具有既判力,裁定所设定的保护性措施也会随本案判决的生效而自然失效;另一方面这些裁定属于否定性裁定,产生的效果是使某些程序不能发生或继续,即使错误也不会发生损害第三人民事权益的结果,因此没有必要作为撤销之诉的客体。而其中涉及实体权利的裁定主要有保全裁定、先予执行裁定、确认调解案件裁定和实现担保物权案件裁定。保全裁定或先予执行裁定发生错误,一定是未符合保全或先予执行的适用条件,如将第三人财产进行保全或先予执行了第三人财产,出现这样的情况时,第三人都可以及时要求实施保全或先予执行的法院撤销该裁定;如果诉讼程序已经终结,第三人可以直接起诉要求申请人承担损害赔偿责任,而无需通过第三人撤销之诉这一特殊救济方式。关于新型的确定调解协议、准许实现担保物权两类非讼裁定,《民事诉讼法司法解释》第 374 条实际上已"创设"了异议程序,即利害关系人可以自知道或者应当知道其民事权益受到侵害之日起六个月内提出异议。其实这和第三人撤销之诉制度本质相近,在有异议程序保障案外人权利时无必要在此引入第三人撤销之诉。关于裁定不应该成为第三人撤销之诉的客体,王福华教授深入分析并解释原因如下:第一,民事裁定主要解决程序事项,不解决实体问题。即使存在涉及处分当事人实体权利的裁定也具有临时性和假定性的特征,不存在提起第三人撤销之诉的利益。第二,允许案外第三人针对裁定提起撤销之诉,则民事裁定便无法发挥对程序事项确认和维护的功能。第三,裁定的程序保障率较低,法院可以在当事人及案外第三人不参与的情况下作出民事裁定。因此,法定要件"因不能归责于本人的事由未参加诉讼"不能成为撤销裁定的依据。最后,裁定一经送达就发生法律效力,具有自己较为特殊的救济途径,提起第三人撤销之诉取消其效力没有必要。[1]

　　从以上分析,似乎没有裁定可成为第三人撤销之诉客体的,这也许是法国

---

[1]王福华.第三人撤销之诉适用研究[J].清华法学,2013(4):59.

和我国台湾地区不将裁定纳入撤销之诉客体的原因之一。① 张卫平教授认为，2012 年《民事诉讼法》将裁定纳入第三人撤销之诉的撤销对象，是以再审程序的客体要件作为参照下的选择。不过其指出上述分析是在规范使用裁定的角度，实践中可能出现不规范使用裁定的情形，这些情形可能成为撤销之诉的客体。② 立法对可能进行预设并非完全没有意义。

（三）关于可撤销调解书

调解书是我国民事诉讼法上一项颇具特色的制度设计。调解与判决一样是法院审结案件的方式，调解书与生效判决书一样具有同等法律效力。近年来随着司法政策向调解等非诉讼纠纷解决方式倾斜，人民法院通过调解结案的比例越来越高。不可避免带来的一个副作用是虚假诉讼中大量案件是以调解结案的。在此背景下，调解书作为第三人撤销之诉的撤销对象应该说具有强烈的现实意义。

从比较法的角度考察，我国的调解书与大陆法系的"诉讼上和解"最为类似。法国传统诉讼理论上是禁止将和解协议（contrat judiciare）作为撤销之诉的对象的，但随着法院司法调解的不断发展，法官越来越多地介入到当事人的和解之中，并对和解协议进行审查。因此，法国学界对能否就和解协议提起第三人撤销之诉似乎也不再固守原有的观点。③ 我国台湾地区 2003 年在修订"民事诉讼法"时并未将诉讼上的和解所达成的和解协议及法院调解所达成的调解协议明确规定为第三人撤销之诉的撤销对象。曾有学者认为，台湾地区"民事诉讼法"第 380 条仅是赋予诉讼上的和解以相同效力，侧重于禁止重复起诉，并非使和解协议完全等同于确定判决，因此其能否成为第三人撤销诉讼的对象是有疑问的。④ 台湾地区早期的司法实务对此问题亦持否定立场。台北地方法院曾在判决理由中提出，首先，第三人撤销之诉只能针对"确定判决"提起，"和解笔录"不符合法定要件；其次，原告也不具有法律上的利害关系。和解笔录的效力仅约束甲与乙，丙"仅具公益上之利害关系，而非其私法上地位因该和解笔录而受有何直接或间接之不利益，是原告就该和解笔录并无利害关系，是以，原告显非民事诉讼法第 507 条之 1 所称之'有利害关系之第三人'，其不得提起第三人撤销之诉"。但台湾地区 2012 年公布实施的"家事事件法"和 2013 年 5 月再

---

①但巴黎上诉法院曾有过大胆的判例，它甚至允许第三人对法官在审前准备程序中作出的裁定提起撤销之诉。

②张卫平.民事诉讼的逻辑：第三人撤销之诉研究[M].北京：法律出版社，2015：167.

③法国新民事诉讼法典（上册）[M].罗结珍，译.北京：法律出版社，2008：641.

④姜世明，李其融.第三人撤销诉讼之适用范围在实务上之发展[J].台湾法学杂志，2012(5)：53.

度修订的"民事诉讼法"已经明示民事诉讼和家事事件程序内的和解笔录、调解协议均可以成为第三人撤销之诉的撤销对象。[①]

根据《民事诉讼法司法解释》第 98 条和《民事诉讼法司法解释》第 151 条第 1 款之规定,作为第三人撤销之诉客体的调解书,应包括调解书、调解笔录和由当事人、审判人员、书记员签名或盖章后的调解协议。[②] 当然调解书中涉及身份关系的内容应当排除在外,如调解和好的离婚案件、调解维持收养关系的案件等。

(四)关于其他法律文书

(1)《民事诉讼法司法解释》第 297 条第 1 款第 3 项和第 4 项规定,对未参加登记的权利人对人数不确定代表人诉讼案件的生效裁判以及"损害社会公共利益行为的受害人对公益诉讼案件的生效裁判"提起的第三人撤销之诉不予受理。现行《民事诉讼法》第 54 条规定的人数不确定代表人诉讼,未参加登记的当事人在诉讼时效期间内起诉的,适用代表人诉讼的判决、裁定。按照最高人民法院的权威解读,未登记的当事人应当通过单独起诉的方式来保护其权益,如果认为法院裁定适用代表人诉讼裁判错误的,可以上诉或申请再审。

对于公益诉讼的生效裁判而言,一般可以认为其具有对世效力。但我国的公益诉讼立法和司法实践均刚刚起步,很多制度尚在摸索之中,目前《民事诉讼法司法解释》专章公益诉讼部分规定了行政前置程序、开庭前申请参加诉讼、和解或调解协议的公告制度,应该说目前司法实践对于公益诉讼还是采较谨慎的态度。公益诉讼案件的裁判发生效力后,其他具有适格原告资格的机关或有关组织另行起诉的,原则上不予受理。应当说,讨论公益诉讼相关问题的时机尚不成熟,第 297 条第 1 款第 4 项所采取的立场也算稳妥。

(2)关于仲裁裁决书可否成为第三人撤销之诉的客体问题。我国《民事诉讼法》和《民事诉讼法司法解释》未涉及仲裁裁决能否成为撤销对象的问题。法国判例认为,针对仲裁裁决书和外国仲裁裁决书的执行决定书也可以提起第三

---

① 刘君博.第三人撤销之诉撤销对象研究:以《民事诉讼法解释》第 296、297 条为中心[J].北方法学,2016,10(57):109—110.

②《民事诉讼法》第 98 条规定,下列案件调解达成协议,人民法院可以不制作调解书:(一)调解和好的离婚案件;(二)调解维持收养关系的案件;(三)能够即时履行的案件;(四)其他不需要制作调解书的案件。对不需要制作调解书的协议,应当记入笔录,由双方当事人、审判人员、书记员签名或者盖章后,即具有法律效力。《民事诉讼法司法解释》第 151 条第 1 款规定,根据《民事诉讼法》第 98 条第 1 款第 4 项规定,当事人各方同意在调解协议上签名或者盖章后即发生法律效力的,经人民法院审查确认后,应当记入笔录或者将调解协议附卷,并由当事人、审判人员、书记员签名或者盖章后即具有法律效力。

人撤销之诉。这一判例在 2011 年被规定在《法国民事诉讼法典》第 1501 条。[①] 大陆及台湾地区第三人撤销之诉的客体均不包括仲裁裁决。学界和司法实务部门都有主张将仲裁裁决纳入第三人撤销之诉撤销对象的观点。按照我国《仲裁法》第 58 条的规定,只有当事人可以在特定情形下向仲裁委员会所在地的中级人民法院申请撤销仲裁裁决。案外第三人只有在仲裁裁决进入执行程序后才可能申请执行异议、提出执行异议之诉。但当异议理由不成立被裁定驳回时,第三人会处于权利救济尴尬境地,因此应允许第三人对之提起撤销之诉。并且在司法实践中已经存在案外人申请撤销当事人之间仲裁裁决被人民法院裁定驳回的案例。[②]

扩大第三人撤销之诉撤销对象的范围是近年来法国和我国台湾地区司法实践发展的趋势,而且为了保护案外第三人免受生效仲裁裁决的不利影响,笔者认为有必要赋予第三人可以提起撤销之诉的权利救济途径。

---

①巢志雄.法国第三人撤销之诉研究:兼与我国新《民事诉讼法》第 56 条第 3 款比较[J].现代法学,2013(3):162.

②广东省佛山市中级人民法院〔2004〕佛中法民四初字第 133 号民事裁定书。

第五章　第三人撤销之诉制度的程序设计

一种新型诉讼制度的建立,因其不同于其他诉讼的特殊性,须有相应的程序设置予以配套,否则,其操作性必然成为影响其功能发挥的重要因素。在程序设计时,应利用系统论的观点以及程序完整性的视角将第三人撤销之诉放置在特殊救济程序的总系统内,从总系统和子系统的关系以及各要素、环境的相互联系的角度去分析问题和解决问题。同时应该考虑第三人撤销之诉作为一种特殊的救济程序,对前诉裁判文书的既判力产生影响,必须在注重维护第三人权益和司法权威之间、纠纷一次性解决与诉讼效益之间、救济的及时有效与防止权利滥用之间寻求利益的平衡点。

一、第三人撤销之诉的构成要件

在程序设计之前,有必要对法律规定的第三人撤销之诉的构成要件进行研究分析。构成要件是法律实施的核心要素,也是司法者操作法律规范时需要重点把握的要素集成,更是立法者设计程序时的前提基础。构成要件即法律要件,是当事人追求某种法律效果必须满足的法定的前提条件,缺一不可。我国《民事诉讼法》第56条的规定就承载着对第三人撤销之诉构成要件的表述。

(一)主体条件

1.原告适格

自然人、法人和其他组织,凡是具有诉讼权利能力的人都可以作为民事诉讼中的原告。但要成为一个具体案件的原告,还必须与本案有直接的利害关系或法律上的利害关系。而要成为第三人撤销之诉中的适格原告则需具备更多的要素,如必须符合是前诉当事人以外的案外第三人、具有撤销之诉的诉的利益、因不能归责于自己的事由而未获得适当程序保障等条件。关于原告主体适格问题具体参看第四章第三人撤销之诉制度的主体与客体部分,此处理论不再赘述,仅看两则案例。

【案例 9】① 陈某瑛第三人撤销之诉案。陈某瑛起诉称:陈某瑛与谢某铭于 1982 年结婚,讼争房屋坐落在某市某区鹰山路八巷三号,新建于 1993 年,是陈某瑛与谢某铭婚后共同所有的房屋,陈某瑛是该房屋产权共同所有人。陈某瑛从来没有向谢某铭委托、商量过要出卖该讼争房屋给黄某奋,更没有跟黄某奋商讨过该讼争房屋的买卖事宜,谢某铭与黄某奋之间不存在房屋买卖关系。黄某奋明知陈某瑛是该讼争房屋的共有人(陈某瑛与黄某奋之妻是同母异父姐妹关系),陈某瑛夫妻俩还通过手机短信、书面通知等向黄某奋夫妇提出不再借屋给他们使用,但黄某奋还是虚构房屋买卖关系,编造房屋装修、自编自演"入伙"等,向陈某瑛的丈夫谢某铭(该讼争房屋的共有人)提起对该讼争房屋的恶意诉讼,意图以极不合理的对价非善意夺取该讼争房屋。房屋买卖是建立在双方自愿、公平合理和等价有偿原则基础上的重大的商品买卖,法律要求必须采用书面形式和必须征得房产共有人同意。黄某奋意图虚构房屋买卖合同的成立,却拿不出书面协议和口头协议,更拿不出已向谢某铭支付所谓"房款"的收据,且没有合理的对价,这显然不合常理。但是,某市中级人民法院作出的〔2010〕阳中法民再字第 12 号判决将 18.5 万元(陈某瑛的丈夫谢某铭曾经向黄某奋家人的五次借款)推断为购房款,强迫当事人强买强卖该房屋,判决将陈某瑛夫妻共同财产的房屋过户给黄某奋,严重侵害了该房屋共有人陈某瑛和谢某铭的合法权益。经某省人民检察院粤检民抗字〔2011〕113 号抗诉,某省高级人民法院作出〔2012〕粤高法审监民提字第 129 号判决,该判决却维持了某市中级人民法院的再审判决。因〔2012〕粤高法审监民提字第 129 号再审过程中遗漏了陈某瑛,故向法院请求以第三人的身份撤销〔2012〕粤高法审监民提字第 129 号判决,维护其财产权益不受侵害。某省高级人民法院以陈某瑛提起本案诉讼,不符合《中华人民共和国民事诉讼法》第 56 条第 3 款关于"第三人因不能归责于本人的事由未参加诉讼"的规定,依照《中华人民共和国民事诉讼法》第 154 条第 1 款第 1 项的规定,裁定对陈某瑛的起诉不予受理。陈某瑛不服一审裁定,向最高人民法院提出上诉。最高人民法院经审理认为,陈某瑛与谢某铭系夫妻关系,讼争房屋亦是在其婚姻存续期间购买,为陈某瑛与谢某铭共同所有。因此,陈某瑛不是黄某奋与谢某铭房屋买卖合同纠纷案中的第三人,不管其是否曾申请参加该案诉讼,陈某瑛均不能提起本案第三人撤销之诉。此案即为典型的原告不适格情形,本案中陈某瑛作为讼争房屋的共有人,属于必要共同诉讼人,并不是案外第三人,只有能够成为前诉中有独立请求权的第三人或无独

---

① 案例来源:陈某瑛第三人撤销之诉案(最高人民法院〔2014〕民一终字 160 号民事裁定书)。

立请求权的第三人,才具有提起撤销之诉的主体资格。

【案例 10】① 赵某帅申请撤销的〔2012〕金中民二终字第 62 号案件系某县城区农村信用合作社(以下简称城区信用社)与某县农牧局抵押合同纠纷。该案一审原告城区信用社诉至某县人民法院后,某县人民法院于 2003 年 10 月 20 日作出〔2003〕永民初字第 573 号民事判决,已经发生法律效力。2011 年 3 月 28 日,某市人民检察院对某县人民法院〔2003〕永民初字第 573 号判决向某市中级人民法院提出抗诉,2011 年 3 月 30 日,某市中级人民法院作出〔2011〕金中民再字第 5 号民事裁定,指令某县人民法院再审。某县人民法院另行组成合议庭对案件再审,再审中追加某县农牧机械总公司(以下简称农机公司)为被告,农机公司的诉讼代表人赵某帅到庭参加诉讼。某县人民法院于 2012 年 9 月 28 日作出〔2011〕永民再字第 1 号民事判决。城区信用社不服该判决,向某市中级人民法院提起上诉,某市中级人民法院作出〔2012〕金中民二终字第 62 号民事判决。现赵某帅向某市中级人民法院就〔2012〕金中民二终字第 62 号民事判决提起第三人撤销之诉。某市中级人民法院裁定对赵某帅的起诉不予受理。赵某帅不服一审裁定,向某省高级人民法院上诉,某省高级人民法院裁定驳回上诉,维持原裁定。赵某帅不服某省高级人民法院民事裁定,向最高人民法院申请再审,最后最高人民法院经审查后驳回赵某帅的再审申请。法院审理过程中查明并确认农机公司性质为赵某帅个人投资开办的个体工商户。农机公司系名为集体企业,实为赵某帅个人承包经营的企业。各级法院之所以认定赵某帅的第三人撤销之诉请求不成立,主要理由在于案件审理过程中,赵某帅作为农机公司的诉讼代表人参加了诉讼。赵某帅与农机公司的法律人格具有同一性,赵某帅对案件事实认定和法律适用的意见和主张,可以以农机公司名义向法院陈述,并不存在无法参加诉讼,无法表达诉求的情况。此案即典型的原告不适格,本案中赵某帅与第二被告农机公司人格混同,其已经属于当事人一方的被告方,不属于前诉当事人以外的案外第三人,故不符合第三人撤销之诉的主体条件。

2.被告特定

在第三人撤销之诉制度中对于被告的确定较之普通民事案件更容易把握。普通民事案件要求有明确的被告,所谓明确的被告是指原告认为侵犯了自己权

---

①案例来源:赵某帅申请撤销某县城区农村信用合作社与某县农牧局抵押合同纠纷(最高人民法院〔2013〕民申字第 1572 号民事裁定书)。

益或与自己发生争议的公民、法人或者其他组织必须明确,不能泛泛而指。如果没有明确的被告,原告的请求就无人承认,法律关系就无法证实,人民法院也无法开始审判活动。司法实践中往往要求原告提供的被告的姓名或者名称、住所等信息必须具体明确,足以使被告与他人相区别,以此来认定有明确的被告。第三人撤销之诉旨在通过对前诉裁判或调解书的撤销或变更以消除对自身的不利影响,因此它势必打破原裁判所确定的双方当事人之间的权利义务,对涉及的权利义务关系重新加以调整,而原裁判是前诉当事人之间通过攻击防御等方式对抗拉衡形成的,因此为保证最终裁判的正当性,任何一方当事人都必须参加进来重新行使各种攻击防御手段,所以不管是从对前诉当事人提供程序保障权的角度还是纠纷一次性解决的角度,在第三人撤销之诉中被告就是前诉案件的双方当事人,包括原告(共同原告)和被告(共同被告)以及第三人。如果前诉裁判中并未要求前诉第三人承担民事责任,则在第三人撤销之诉中仍将其列为第三人。

（二）程序条件

"因不能归责于本人的事由未参加诉讼"是第三人撤销之诉提起的程序条件。关键要素有两点,一是第三人未参加诉讼;二是第三人未参加诉讼是不能归责于本人的事由。(1)第三人未参加诉讼,是指没有成为前诉的第三人,而不是指第三人未实际参与诉讼的过程。只要第三人在前诉中提起诉讼或参加诉讼,在诉讼中就依法享有诉讼权利和承担诉讼义务,进入诉讼后,第三人也就成为前诉的当事人,如果其在诉讼中放弃自己的诉讼权利,未实际参与诉讼过程,也不能认为其未参加诉讼。如第三人经人民法院传票传唤,无正当理由拒不到庭或未经法庭许可中途退庭的情形虽然可能未实际参与诉讼程序,但都应该被认定为是受到适当程序保障已参加过诉讼的情形。(2)不能归责于本人的事由,是指第三人未参加诉讼不是由于其自身过错造成的,而是由其他客观事由造成。包括:不知道诉讼而未参加的;申请参加未获批准的;知道诉讼,但因客观原因无法参加的;因其他不能归责于本人的事由未参加的。简言之,从程序条件考察,第三人撤销之诉排除的是已经参加前诉的第三人以及明知前诉存在且无正当理由未参加的有独立请求权第三人和无独立请求权第三人。

以【案例10】为例,假设第三人赵某帅和第二被告农机公司不存在法律人格同一性,即赵某帅并不是前诉案件当事人,赵某帅是否符合第三人撤销之诉构成要件呢?同样不符合。因为其不符合"因不能归责于本人的事由未参加诉讼"之情形,因为在案件审理过程中,赵某帅作为农机公司的诉讼代表人参加了诉讼,如果认为该判决侵害了其权益,完全可以以诉讼第三人身份申请参加到诉讼中去。故其不符合第三人撤销之诉的程序条件。

【案例 11】[①]　马某鲁诉杨某俊与白某伟等第三人撤销之诉案。杨某俊诉白某伟民间借贷纠纷案在某市中院一审审理期间，马某鲁即已知晓，某市中院一审承办法官表示马某鲁并未口头申请过参加诉讼，其亦不能提供证据证明曾在该案一审期间向法院申请过参加诉讼，在得知该案进入二审程序后，亦未向二审法院申请参加诉讼。该案中马某鲁明知前诉的存在而未以第三人身份参加诉讼，属于典型的因自身原因未参加诉讼情形。虽然马某鲁主张某市中院未将杨某俊与白某伟民间借贷纠纷案移送上海某市法院合并审理是造成其未参加诉讼的原因。但经法院查明，某市中院系因成某某律师提交了上海某市法院1630 号判决而得知该案的存在，当时上海某市法院 1630 号案一审判决已经作出，某市中院不应再将案件移送上海某市法院合并审理，某市中院未移送案件并不构成马某鲁未参加诉讼的原因。因此马某鲁属于典型的因自己原因未参加诉讼，故其不符合第三人撤销之诉的程序条件。

结合第四章对第三人撤销之诉适格原告的类型化分类，可能实践中比较难把握的是"与案件处理结果存在义务性法律关系的无独立请求权第三人"。此类无独立请求权第三人是司法实践中最常见的情形，通常是法院基于本诉被告的要求通知其参加诉讼，可能该第三人会被判决承担民事责任。在判决该第三人承担民事责任的情形下，如果该第三人既未收到过通知参加诉讼的法律文书也没有收到过一审判决书，则其符合第三人撤销之诉提起的程序条件；如果参加诉讼的法律文书未送达，而一审判决书送达给该第三人了，我们认为该第三人不符合第三人撤销之诉提起的程序条件，因为根据《民事诉讼法司法解释》第82 条"被判决承担民事责任的，有权提起上诉"之规定，该第三人已经被赋予了程序保障权，如果其认为该生效裁判侵害了其合法权益，可以通过上诉途径解决。

（三）实体条件

"有证据证明发生法律效力的判决、裁定、调解书的部分或全部内容错误，损害其民事权益"是我国对于第三人撤销之诉提起的实体条件规定。关于对发生法律效力的判决、裁定、调解书的具体认定参看第四章第三人撤销之诉制度

[①]案例来源：马某鲁与杨某俊等第三人撤销之诉案（最高人民法院〔2014〕民四终字第 46 号民事裁定书）。

的主体与客体部分,此处不再赘述。

对于实体条件的解读,目前国内比较通行的解释是:判决、裁定、调解书的部分或者全部内容,是指判决、裁定的主文,调解书中处理当事人民事权利义务的结果;内容错误仅限于实体处理内容,不包括程序内容。[①] 但对于实体条件的认定,我们认为还有许多地方值得商榷。

1. 如何理解判决、裁定、调解书的部分或全部内容错误中的"内容"?

虽然我国民事诉讼法司法解释明确规定内容仅限于裁判主文,但国内学界仍存有两种观点,一种认为仅指生效裁判文书的主文,一种认为既应包括主文部分,也应包括裁判理由中关于事实认定和法律适用的结论。因为被生效裁判确认的事实,在后诉中极有可能拘束法官的心证状态,导致第三人在后诉中全部或部分败诉,从而损害案外第三人的权益,因此该案外第三人具有撤销原诉讼之诉的利益。法国立法及实务认为内容除主文外也包括判决的理由,而且在某些情况下,法国判决的理由也有既判力。[②] 我国台湾地区则规定第三人撤销之诉只能针对判决的主文提起,判决理由不能成为撤销之诉的对象。其原因在于判决理由只是对第三人造成损害的可能原因,而不是直接依据。[③] 但是我国台湾地区法院判例既有坚持既判力仅就主文判断,又有承认判决理由中判断具有拘束力的判例,并且在学界对于判决理由中之判断是否具有拘束力争议较大。台湾学界反对判决理由中之判断具有拘束力理由主要为:第一,违背相关条例之明确意旨;第二,判决理由中何部分具有拘束力不具有明确性及可预见性,恐招致对当事人之偷袭,或使纷争扩大;第三,若当事人欲就判决理由中判断发生既判力,利用中间确认之诉即可;第四,前诉讼之判决理由中判断可能错误,后诉讼法院若仍须受到拘束力,则将使裁判之错误继续存在。相反,另一派则认为:判决理由中关于特定争点之判断,于当事人受有与诉讼标的之审理、判断上相当之程序保障后,基于自己责任,宜承认具有相当于既判力之拘束力,且具有遮断效。此项拘束力之承认,不仅是为了维护当事人之利益,亦可避免同一争点之纷争重复再燃,而具有公益层面之考量,因此宜界定为法院职权调查事项。就此而言,亦可说是既判力扩张及于判决理由中之判断。但不同于既判力的是判决理由中之判断非均有拘束力,限于经法院践行争点整理程序,而于

---

①江必新. 最高人民法院民事诉讼法司法解释专题讲座[M]. 北京:中国法制出版社,2015:224;《民事诉讼法司法解释》第296条也明确了错误内容仅限裁判主文或调解书结果。

②张卫平,陈刚. 法国民事诉讼法导论[M]. 北京:中国政法大学出版社,1997:138.

③胡军辉. 案外第三人撤销之诉的程序建构:以法国和我国台湾地区的经验为参照[J]. 政治与法律,2009(1):148.

调查证据前,向当事人所晓喻之争点,并经当事人为充分之辩论,受有相当于诉讼标的法律关系之程序保障,且经法院实际上为判断者。①

　　究其实质,双方争议的焦点在于判决理由是否具有拘束力问题,争点效是否有类似于既判力效果以及是否扩张及于案外第三人的问题。判决理由中的判断不产生既判力,但是会产生争点效的效果。所谓的争点效,是指"在前诉中,被双方当事人作为主要争点予以争执,而且,法院对该争点进行了审理并作出判断,当同一争点作为主要的先决问题出现在其他后诉请求的审理中时,前诉法院对于该争点作出的判断所产生的通用力"。依据这种争点效的作用,后诉当事人不能提出违反该判断的主张及举证,同时后诉法院也不能作出与该判断相矛盾的判断。② 关于争点效理论,一个要考虑的问题是,当事人对判决主文满意的情况下,对判决理由中的判断不服,能不能仅仅为了要求修正判决理由中的判断而提起上诉? 同样我们也可以提出一个问题,案外第三人对于前诉的判决主文是认同的,但认为判决理由判断错误损害其民事权益,是否允许其提起第三人撤销之诉? 首先,一般而言争点效很少会及于第三人,即使及于第三人,其效力也很弱,可在后诉中被推翻,无需通过提起撤销之诉来否定。如我国《民事诉讼法司法解释》第 93 条的规定被看作是争点效的体现,其中第 2 款就规定,"已为人民法院发生法律效力的裁判所确认的事实"当事人有相反证据可以推翻。其次,争点效不同于既判力的一点是既判力属于法院职权调查的事项而争点效必须经当事人援用才能被适用,也就是说在后诉中是否使用该判决理由之判断存在不确定性,仅仅出于防备"是否会发生尚不明确的后诉"之目的允许第三人提起撤销之诉,有浪费该程序制度之嫌。最后,第三人以前诉判决理由中的法律适用之争点判断损害其民事权益为由提起撤销之诉更不具有诉之利益。因为"法律适用是专属于法官的职责,在前后诉讼之原因事实不同,或者同类之原因事实,但有同一之法律问题争议时,前诉判决中所持见解,原则上对于后诉之法官并无拘束力,后诉之法官亦必须依法裁判③"。因此,笔者对于生效裁判内容错误中的"内容"认为仅限于裁判主文,不包括裁判理由中的事实认定和法律适用。

①沈冠伶,等.民事判决之既判力客观范围与争点效:从新民事诉讼法架构下之争点集中审理模式重新省思[J].法学丛刊,2009(2).
②[日]高桥宏志.民事诉讼法制度与理论的深层分析[M].林剑锋,译.北京:法律出版社,2003:519.
③沈冠伶,等.民事判决之既判力客观范围与争点效:从新民事诉讼法架构下之争点集中审理模式重新省思[J].法学丛刊,2009(2).

2.如何理解"民事权益"的具体内涵及外延？

关于民事权益是指现实损害还是损害威胁、包括物质损害还是精神损害、仅指实体性利益还是包括程序性利益，由于立法简单的"民事权益"四字让实践中生出诸多的解读。按照法国和我国台湾地区的司法实践，这里的损害既包括对民事权益的现实损害，也包括对民事权益的损害威胁，并不以明确造成损害为限，区别在于，法国即使为精神上的利益亦可，而我国台湾则不包括感情上或其他事实上之利害关系。① 国内学界关于"民事权益"的分歧侧重点则在于是否包括程序性利益。一种观点认为民事权益不包括程序性权利，仅指实体性质的权益，即财产性、人身性以及身份性权益。因为从遏制虚假诉讼的立法目的、第三人撤销之诉的特殊救济程序性质以及正常诉讼程序的安定性考虑，如果原诉中没有实体方面错误给第三人造成实体利益的损害，那么第三人不能仅因原诉确定判决存在程序上的瑕疵而提起撤销之诉。② 法国法即采此立场，认为第三人撤销之诉的目的主要是保护第三人的实体权益，故第三人实体法上的利益受到损害，才具有诉之利益。另一种观点认为，应包括程序利益（程序上的处分权）和实体利益。③ 有学者还将其进行了类型化分类，包括程序权利侵害和实体权益侵害，程序权利侵害又分为不可另诉和本可另诉两类，实体权益侵害包括合同被撤销后前诉当事人回复所有权和协议不成时请求法院分割共有财产。④

对"民事权益"内涵及外延的界定关系到第三人撤销之诉的事由。事由的设定应当与第三人撤销之诉的基本定位协调，既要充分考虑第三人利益保护的必要范围又要把对生效裁判效力的突破限制在合理的范围内，以维护法律秩序的安定性。第一，第三人撤销之诉实质是第三人请求消除生效裁判效力扩张对其带来的不利益，而他诉裁判效力中只有裁判的既判力、形成力和反射效力可能及于第三人，有损第三人权益。按照既判力、形成力以及反射效理论，作用场在实体权利义务领域，一般不会作用于程序性权利。第二，诉权虽是实体元素和程序元素的合一，但第三人撤销之诉的诉权本质在于通过法律赋予的程序撤销权保护其背后的第三人的实体权益。从纠纷解决角度来看，第三人撤销之诉是解决第三人与原诉当事人之间因他人之间的生效裁判损害其权益的纠纷，这一纠纷的产生与他诉解决原当事人之间的法律结果有直接的关系，纠纷的实质仍是对第三人实体权益的侵害。由此撤销之诉的事由必须以实体法规定的权

---

①陈计男.民事诉讼法论(下)[M].5版.台北：三民书局股份有限公司,2010：428-431.
②持此观点的有：杨卫国.案外第三人撤销之诉研究[M].北京：中国法制出版社,2015.
③持此观点的有：邱联恭.民事诉讼法修正后的程序法学(一)[J].月旦法学杂志,2003(9).
④任重.回归法的立场：第三人撤销之诉的体系思考[J].中外法学,2016(1)：154.

利的范围和种类确定的实体权利为限。第三,从第三人撤销之诉的性质而言,它定位于特殊的事后救济程序,如果仅出现程序性利益损害就允许提起第三人撤销之诉,则该程序可能会被频繁启用,不利于正常诉讼秩序和法院裁判安定性的维护。因此在我国刚刚设立该项制度之初,在相关配套制度与措施尚不尽完善之时,把"民事权益"界定在"民事实体权益"范围内更符合该制度设立的初衷,也更契合目前我国的现状。根据《侵权责任法》第2条的规定,民事权益包括生命权、健康权、姓名权、名誉权、荣誉权、肖像权、隐私权、婚姻自主权、监护权、所有权、用益物权、担保物权、著作权、专利权、商标专用权、发现权、股权、继承权等人身、财产权益。民事权益包括民事权利和民事利益,既包括人身权利、财产权利,也包括人身利益和财产利益。民事权利包括但不仅限于法条列举的内容,如法条未列举的身体权、名称权、配偶权、亲权、亲属权等其他人身、财产权利也在侵权责任法所保护的范围之内。对于普通债权,原则上不适用第三人撤销之诉保护。对于法律明确规定给予特别保护的债权,可以适用第三人撤销之诉:一是法律规定的享有法定优先权的债权,主要有《合同法》第286规定的建设工程价款优先权,《海商法》第21条、第22条规定的船舶优先权。二是法律明确规定享有法定撤销权的债权,《合同法》第75条规定的债权人的撤销权,《企业破产法》第31条、第32条规定的破产债权撤销权。[①]

【案例12】[②]　李某某起诉某市美兰区白龙街道办事处(以下简称白龙街道办)、东方创业开发公司(以下简称东方公司)第三人撤销之诉一案。李某某起诉称:2000年12月25日,东方公司与原海口市白龙乡政府(即现在的白龙街道办)签订《合作建设白龙农贸市场合同书》,约定白龙乡政府出地,东方公司出资兴建"白龙农贸市场"。合同签订后,东方公司于2004年1月将白龙农贸市场建成并开业。白龙街道办和某市美兰区经济贸易合作局于2003年3月28日分别出具"市场建成后,由东方公司管理经营三十五年"的证明,证明东方公司在上述合同履行期内对白龙农贸市场享有35年经营管理权。2004年1月至2007年7月,东方公司先后将白龙农贸市场所有铺面和摊位的经营管理权对外出租,并一次性收取35年全部租金。其中,二、三楼共计6600m²铺面全部出租给李某某。白龙街道办与东方公司经营合同纠纷一案,某市中级人民法院、某

---

①江必新.最高人民法院民事诉讼法司法解释专题讲座[M].北京:中国法制出版社,2015:224—225.

②案例来源:李某某诉某市美兰区白龙街道办事处、东方创业开发公司第三人撤销之诉案(最高人民法院〔2014〕民一终字第267号民事裁定书)。

省高级人民法院分别作出〔2007〕海中法民二初字第 24 号、〔2008〕琼民二终字第 60 号、〔2011〕琼民再终字第 14 号民事判决,均判决:一、解除白龙街道办与东方公司签订的《合作建设白龙农贸市场合同书》;二、东方公司于判决生效 10 日内将白龙农贸市场的经营管理权移交给白龙街道办。李某某认为,上述判决损害了其合法权益。两审法院在审理该案过程中,明知东方公司已将白龙农贸市场的经营管理权对外出租,且一次性收取 35 年全部租金,仍判决东方公司将已经对外出租的经营管理权归还白龙街道办,审判错误明显,直接损害李某某的合法权益,违反《中华人民共和国合同法》第 229 条规定的"买卖不破租赁"的法律原则。2013 年 12 月 27 日,白龙街道办在白龙农贸市场发布通知,要求相关铺面和摊位业主申报权益,拟依据〔2008〕琼民二终字第 60 号民事判决强制执行,李某某才知道合法权益受到侵害,故特依据《中华人民共和国民事诉讼法》第 56 条的规定提起诉讼,请求:一、依法撤销〔2007〕海中法民二初字第 24 号、〔2008〕琼民二终字第 60 号、〔2011〕琼民再终字第 14 号民事判决;二、依法确认李某某与东方公司 2004 年签订的《铺面租赁合同书》及其补充合同真实、合法、有效,并判令白龙街道办继续履行。该案经某省高级人民法院审理后认为起诉人的起诉不符合第三人撤销之诉,故裁定不予受理。李某某对该裁定不服,上诉至最高人民法院,最高人民法院审理后认为:〔2011〕琼民再终字第 14 号民事判决解决的是白龙街道办与东方公司之间因《合作建设白龙农贸市场合同书》的签订、履行及解除引发的纠纷,李某某和东方公司与白龙街道办之间就该纠纷没有共同的诉讼标的,且李某某和东方公司之间就该纠纷也没有共有或连带关系,李某某不是白龙街道办与东方公司之间的诉讼标的的权利义务主体。李某某以〔2011〕琼民再终字第 14 号民事判决的结果导致东方公司与李某某之间签订的《铺面房屋租赁合同书》无法继续履行,直接损害了李某某的合法权益为由,请求撤销〔2011〕琼民再终字第 14 号民事判决,该诉讼请求及理由与〔2011〕琼民再终字第 14 号民事判决仅仅是单纯的事实上、经济上的联系,并不能构成法律上利害关系。李某某不符合《中华人民共和国民事诉讼法》第 56 条规定的第三人条件。

笔者同意上述两审法院的裁定结果,但理由略有不同。笔者认为李某某在该案件中属于前述第四章原告适格类型化中"与案件处理结果存在权利性法律关系的无独立请求权第三人"。由于前诉生效判决影响了李某某享有的租赁权的行使,但该租赁权属于一般债权,原则上不适用第三人撤销之诉保护。故不符合"有证据证明发生法律效力的判决、裁定、调解书的部分或全部内容错误,损害其民事权益"之实体条件规定。

3.如何理解"内容错误"以及"内容错误"和"损害其民事权益"之间的逻辑关系？

《民事诉讼法》第 56 条第 3 款规定"有证据证明发生法律效力的判决、裁定、调解书部分或全部内容错误，损害其权益的"可以提起诉讼。那么原裁判错误和损害第三人民事权益之间是什么关系？前者与后者之间是因果关系吗？通过对现行《民事诉讼法》条文的搜索考察，发现条文中出现裁判错误的表述主要集中于第二审程序和审判监督程序部分。《民事诉讼法》在第 170 条第 1 款第 2 项将一审未生效裁判经二审人民法院审理后，因"认定事实错误"或"适用法律错误"的，以判决、裁定方式依法改判、撤销或者变更。另一处就是在《民事诉讼法》第 198 条、第 199 条规定的"人民法院发现已经发生法律效力的判决、裁定、调解书确有错误"以及"当事人对已经发生法律效力的判决、裁定，认为有错误的"①。由于第三人撤销之诉也是针对已生效的裁判或调解书，故学界或实务部门对第三人撤销之诉处的"内容错误"习惯于与再审事由并提讨论。再审事由和第三人撤销之诉事由的关系，学界大致有两种观点：第一种等同说。这类学者多主张把第三人撤销之诉纳入再审程序，通过扩大再审申请主体完善再审程序，再审事由等同于第三人撤销之诉的事由。第二种包含说，即第三人撤销之诉的事由即为再审事由中的实体事项，认为第三人撤销之诉的目的是保护第三人的实体利益，因此提起事由只包括实体事项而不包括原诉讼的程序事项。② 笔者认为，从对原生效裁判既判力的突破的角度，再审和第三人撤销之诉在提起事由上存在某些相通之处，但二者的功能和对既判力突破的不同程度决定了第三人撤销之诉的事由应该不同于再审事由。再审是一种非常态救济程序，是以监督权为基础纠正错误裁判的程序，以在一定程度上牺牲裁判终局性、

---

① 具体的再审事由为《民事诉讼法》第 200 条之规定，当事人的申请符合下列情形之一的，人民法院应当再审：(一)有新的证据，足以推翻原判决、裁定的；(二)原判决、裁定认定的基本事实缺乏证据证明的；(三)原判决、裁定认定事实的主要证据是伪造的；(四)原判决、裁定认定事实的主要证据未经质证的；(五)对审理案件需要的主要证据，当事人因客观原因不能自行收集，书面申请人民法院调查收集，人民法院未调查收集的；(六)原判决、裁定适用法律确有错误的；(七)审判组织的组成不合法或者依法应当回避的审判人员没有回避的；(八)无诉讼行为能力人未经法定代理人代为诉讼或者应当参加诉讼的当事人，因不能归责于本人或者其诉讼代理人的事由，未参加诉讼的；(九)违反法律规定，剥夺当事人辩论权利的；(十)未经传票传唤，缺席判决的；(十一)原判决、裁定遗漏或者超出诉讼请求的；(十二)据以作出原判决、裁定的法律文书被撤销或者变更的；(十三)审判人员审理该案件时有贪污受贿，徇私舞弊，枉法裁判行为的。

② 蔡虹.民事再审程序立法的完善：以《中华人民共和国民事诉讼法修正案(草案)》为中心的考察[J].法商研究,2012(2):22—31.

法律关系的稳定性为代价,为维持司法裁判的正当性,在"有限纠错"价值理念的指导下纠正错误裁判①。第三人撤销之诉则是以第三人的诉权为基础,为了解决第三人与原诉当事人因原当事人之间的生效裁判损害其实体权益的纠纷,是依据新事实提起的新诉,是法律为第三人在权利受侵害时提供的第一次救济途径,原则上只能要求撤销前诉判决对第三人不利的部分,与第三人利益无关的部分在原当事人之间依然有效。第三人撤销之诉只是对前诉裁判既判力的部分突破,不是对前诉法律关系的重新审理和确立。为了维持既判力的稳定和实现司法公正之间的平衡,再审事由以原裁判是否存在错误为核心,必须受到严格限制,再审事由包括存在重大瑕疵的事实证据错误、法官渎职行为和程序适用错误等。相反,第三人撤销之诉是对前诉既判力的相对否定,其事由应围绕前诉裁判是否侵犯第三人权益设定,二者不是等同或包容的关系,应各自有独立的事由。因此,第三人撤销之诉中对于"内容错误"的审查,更应关注的是第三人民事权益是否受到侵害,而不是原生效裁判是否内容错误。

由此,对于二者的关系,笔者认为未必要形成因果关系。一方面,裁判效力扩张与第三人利益的情形既有有利的情形也有不利的情形。有利于第三人利益的情形,并不允许第三人以前诉裁判存有错误提起再审或撤销之诉,因为缺少诉之利益;只有不利情形下的裁判损害第三人利益时,才允许打破裁判的稳定性,以追求裁判的公正。另一方面,有损第三人利益的裁判不限于错误裁判,也包括正确的裁判。他人裁判是基于其既判力的扩张而影响第三人利益,只要是侵害第三人权益的裁判都可以提起撤销之诉。这是第三人撤销之诉的诉的利益决定的。第三人起诉的依据是他人之间的生效裁判损害第三人的实体权益,从而产生对该实体权益保护的必要,而不是该生效裁判在作出过程中是否存在程序上的瑕疵或实体依据的缺失。第三人撤销之诉解决的是第三人与原诉当事人之间对生效裁判的内容是否侵犯第三人权益之间的纠纷,而不是原诉当事人之间的争议,更不是原诉裁判的事实基础是否错误或者程序是否存在瑕疵。第三人的诉讼请求是请求改变或撤销侵犯到第三人的权益的那部分的裁判内容,原裁判是否存在错误只能作为一个撤销理由。② 同理,法院允许第三人提起撤销之诉,只是因为有必要在将第三人的民事权益考虑在内的前提下重新审查前诉裁判,而不是因为其对原审诉讼标的裁判内容有错误。把生效裁判存有错误作为判断是否侵犯第三人权益的前提条件,将大大限制第三人撤销之诉

---

①张卫平.民事诉讼的逻辑:再审事由规范的再调整[M].北京:法律出版社,2015:190.
②陈利红.第三人撤销之诉提起事由剖析[J].贵州社会科学,2015(4):96.

中撤销生效裁判对第三人的效力范围,难以实现对第三人利益的有效保障。第三人撤销之诉是阻碍生效裁判对第三人的效力,只要存在对抗生效裁判对已扩张效力的事由就可以启动撤销之诉。

(四)时间条件

与普通民事案件随时可以起诉不同[①],对于第三人提起撤销之诉,我国民事诉讼法司法解释规定了 6 个月的期间,即"应当自知道或者应当知道其民事权益受到损害之日起 6 个月内"提出。6 个月的期间属于不变期间,不适用延长、中止、中断的规定。提起撤销之诉的起算,自第三人知道或者应当知道其民事权益受到损害之日起算。"知道"是指实际知晓,即第三人通过各种信息渠道得知法院裁判或调解书的确定内容,比如生效裁判或调解书送达第三人、一方当事人依据生效裁判向第三人主张权利等;"应当知道"是基于日常生活常识常理对第三人应尽的注意义务所作的推断,比如依据第三人与案件当事人之间的关系推断出第三人应当知道等具体情形。

在法国,旧《民事诉讼法》对第三人提出撤销之诉的期间没有作出任何规定,原因在于立法者认为很难确定谁是第三人,因而不太可能通过送达判决而针对并不知道的第三人开始计算期间。后来新《民事诉讼法》在立法上进行了改革,针对不同的情况设立了不同的期间。《法国民事诉讼法》第 586 条规定,"第三人撤销之诉,除法律另有规定外,可以在判决宣判后 30 年内,通过起诉的方式提起(第 1 款)。对于在其他诉讼程序中被提及的判决,当事人对该判决提出质疑和撤销请求不受上述期限限制(第 2 款)。在诉讼案件中,如果判决已经向第三人送达,除判决书已提出期限和方式有明确规定外,该第三人可以在判决送达后的 2 个月内提出撤销之诉。在非讼案件中,被送达终审裁决的第三人也可以在裁决送达后的 2 个月内提出撤销之诉(第 3 款)"。根据第 1 款的规定,单独提出的第三人撤销之诉的时限为 30 年。这一时限规定并非立法的产物,因为早在 1975 年《法国民事诉讼法》修订之前,法国最高法院就通过判例形成了这一规则。最高法院在 1974 年的判例中进一步解释了第三人撤销之诉的提出时限为 30 年的理由:未被送达判决的第三人无从知悉争议判决的存在,不应对提出期限进行过多限制,但是民事判决的执行时限为 30 年,逾期则丧失了执行力,不会对第三人利益造成影响。因此,最高法院将第三人撤销之诉的提

[①] 对于普通的起诉,各国一般都不设置程序性的期限,但案件受理后经审查或对方行使实体性抗辩权,认为起诉时已超过诉讼时效,则实体权益将得不到司法保护。

出时限规定为 30 年。① 在我国台湾地区,"民事诉讼法"所规定的期间为不变期间。第三人要提起撤销之诉,必须在 30 日之不变期间内提出。此项期间,自判决确定时起算,如果判决在送达前已经确定的,自送达时起算;如果第三人申请撤销原判理由发生在送达作出之后或者在送达之后才知悉的,从自知悉时起算。但自判决确定后已经超过 5 年者,不得提起(准用第 500 条第 1 项、第 2 项)。②

以此我们可以发现,大陆第三人撤销之诉的提起期间比台湾地区的规定长但远远短于法国法所规定的提起撤销之诉的期间。究其原因,主要在于各国对于对第三人利益的保护和维护生效裁判的既判力以及维护诉讼秩序之间利益取舍的价值取向不同。法国法以及司法实践更注重对第三人实体权益的保护,这与法国设立第三人撤销之诉制度是为了第三人实体利益损害提供救济的目的是吻合的。我国关于 6 个月期间规定的立法理由无从而知,但笔者认为:第一,对第三人撤销之诉的提出期间进行规定,并不是对第三人诉权行使的限制,而是为了更好地敦促第三人及时行使权利,尽量降低执行回转带来的风险;同时又可避免法律关系长期处于不确定状态而导致的交易安全等社会关系不稳定。第二,规定第三人在知道或应当知道生效裁判、调解书损害其利益的 6 个月内提起撤销之诉,立法者应该考虑了实践中第三人知道后的后续准备阶段,为其预留了充足的证据收集整理及准备起诉材料等时间,借鉴再审申请期间 6 个月,是符合司法实践规律的。第三,对于第三人撤销之诉提出期间存续的绝对期间,我国立法未予以规定,基于生效裁判稳定性价值考虑,可以借鉴法国立法规定,设置权利保护的最长期间。法国法规定 30 年,我国台湾地区相关条例规定 5 年,比较而言,期限越短越有利于维护判决效力和法律秩序的稳定性,但不利于第三人利益的充分保护。本书认为,可以参考我国民法关于诉讼时效最长保护期为 20 年的规定,在法律中明确,"自生效裁判或调解书确定后已经超过 20 年的,不得提起"。

(五)管辖法院

第三人撤销之诉的管辖法院属于专属管辖,现行民事诉讼法规定,撤销之诉应向作出生效判决、裁定、调解书的人民法院提起。作出生效判决、裁定、调

---

① 巢志雄.法国第三人撤销之诉研究:兼与我国新《民事诉讼法》第 56 条第 3 款比较[J].现代法学,2013(3):167.

② 胡军辉.案外第三人撤销之诉的程序建构:以法国和我国台湾地区的经验为参照[J].政治与法律,2009(1):149.

解书的人民法院可能是一审人民法院也可能是二审人民法院。

　　法国第三人撤销之诉可分为单独提起的第三人撤销之诉和在诉讼过程中附带提起的第三人撤销之诉，两种形式的管辖法院法律对其有着不同的规定。我们重点考察的是单独提起第三人撤销之诉管辖法院的确定。《法国民事诉讼法》第 587 条规定，"以起诉方式提起的第三人撤销之诉，应当向作出系争判决的法院提出。第三人撤销之诉可以由作出系争判决的相同法官审理和判决（第 1 款）。对非讼案件的裁决提出第三人撤销之诉，其提出、审理和裁判参照前述规定（第 2 款）"[①]。在我国台湾地区，第三人撤销之诉的管辖原则上专属于作出原判决的法院。对于审级不同之法院就同一事件所为之判决合并提起第三人撤销之诉，或仅对上级法院所为之判决提起第三人撤销之诉者，专属原第二审法院管辖。其未经第二审法院判决者，专属原第一审法院管辖。[②]

　　可见立法中设置第三人撤销之诉制度的国家和地区，在管辖法院确定方面基本趋同，即专属于作出原生效裁判的法院。这样规定，一是方便相关当事人的起诉及应诉；二是考虑到作出原生效裁判、调解书的人民法院比较了解案情，有利于案件的审理，同时案件卷宗由该人民法院保管，调阅方便，有利于受案法院迅速查清案件事实、分清是非责任；三是可以充分发挥原审法院的自身纠错功能，同时又可以保证把第三人撤销之诉对原判决既判力的损害控制在最小的范围之内；四是避免出现下级法院撤销或者变更上级法院作出的生效裁判、调解书的尴尬局面。[③]

　　对第三人撤销之诉的构成要件进行分析，其意义在于从理论上对真正的第三人撤销之诉进行识别。也就说，只有符合上述五个要件的诉，才是严格意义上的第三人撤销之诉。问题是，要证明第三人所提起的诉为真正的第三人撤销之诉只有待实体审理结束之后才能判断，那么在起诉受理阶段法院的审查应该控制在什么程度呢？其实，在诉讼法学理论中，诉的构成要件都有自己的程序归属，法院在某个程序阶段可以处理认定哪些要件，然后又可以作出什么样的裁定，诉讼阶梯推进（诉讼程序的阶段）理论都已给出明确的结论。其大致内容是，诉讼程序呈现明显的三阶段（立案、诉讼审理和实体审理）结构特征，与诉讼

　　①巢志雄. 法国第三人撤销之诉研究：兼与我国新《民事诉讼法》第 56 条第 3 款比较[J]. 现代法学，2013(3)：167.

　　②胡军辉. 案外第三人撤销之诉的程序建构：以法国和我国台湾地区的经验为参照[J]. 政治与法律，2009(1)：149.

　　③董少谋. 第三人撤销之诉的具体运用[N]. 人民法院报，2013-07-10(007).

程序三阶段对应,诉的构成要件可以分为起诉要件、诉讼要件以及权利保护要件,①法院应在对应的程序阶段分别把握这三类要件。在第三人撤销之诉中运用诉讼阶梯推进理论以及构成要件与诉讼程序阶段的对应关系,可以优化起诉—立案—审理各个阶段的规范性和条理性,增加诉讼程序的可预期性,对第三人撤销之诉的程序制度构建具有明显的指导意义。

二、第三人撤销之诉的起诉与受理

(一)第三人撤销之诉的起诉条件

起诉,是指公民、法人或其他组织认为其民事权益受到侵害或发生民事争议,依法以自己的名义向法院提出请求司法保护的诉讼行为。根据《民事诉讼法》第119条的规定,起诉必须符合下列条件:原告是与本案有直接利害关系的公民、法人和其他组织;有明确的被告;有具体的诉讼请求和事实、理由;属于人民法院受理民事诉讼的范围和受诉人民法院管辖。第三人撤销之诉作为一种独立的诉,从原则上而言应符合起诉的各项条件,但由于第三人撤销之诉与普通民事案件不同,它是对前诉生效裁判、调解书的再次审理,是一种特殊的救济程序,故起诉条件有其特殊性。从严格意义上来看,第三人提起撤销之诉必须符合前述的第三人撤销之诉构成要件,但在起诉的时候是否需要严苛原告符合所有构成要件,世界各国均采取宽松政策。对于第三人撤销之诉而言,原告起诉时只要符合下列起诉条件即可,(1)原告自称是前诉案件的第三人,前诉生效判决或调解书的内容部分或全部错误损害其民事权益。我国法律对于第三人撤销之诉中的"第三人"的规定,除了属于前案的第三人之外,还有具体的限定条件,如"因不能归责于本人的事由未参加诉讼"、"损害其民事权益"等。这些条件从形式上看起来具体明晰,但如果将它们放在现实的程序过程中即可发现,其实际上衍变为一种循环证明的逻辑难题。在第三人撤销之诉起诉时,这些限定条件只能表现为当事人的单方陈述。② (2)被告明确为前诉案件的当事

---

①起诉要件就是"诉"能够适法提起(成立)的基本条件。诉讼要件是从诉讼法角度判断"诉"是否合法、有效的标准和根据(其与实体法规定的要件没有直接联系),一般称为程序要件或诉讼要件。诉讼要件主要涉及法院、当事人和诉讼标的三个方面的要求,包括法院的主管、管辖权,"当事人"要具备当事人资格和诉讼行为能力,原告对诉讼标的享有诉的利益等。权利保护要件(本案要件)是当事人诉讼请求本身能够成立(获得法院判决承认)必须满足的实体性条件。参见:[日]中村英郎.新民事诉讼法讲义[M].陈刚,林剑锋,郭美松,译.北京:法律出版社,2001:152—157.

②许尚豪.程序审查与实体审理:第三人撤销之诉的二阶程序结构研究[J].政治与法律,2015(12):139.

人。(3)案由为第三人撤销之诉,有具体的诉讼请求和事实理由。作为原告的当事人一般应当提出两项诉讼请求,一是程序上的请求,即撤销前案裁判或调解书的请求;二是实体上的请求,即实体权利诉求。因为第三人撤销之诉的目的,并不仅仅局限于前案判决的纠纷,而且还在于对第三人实体权益的保护。第三人撤销之诉中,第三人提出的撤销前案裁判是手段,实体诉求是目的,没有实体支撑的撤销之诉没有意义,反之如果只有实体诉求而无撤销诉求,第三人会因受制于前案判决的既判力而缺失法律手段导致实体权利的无法救济。(4)属于人民法院主管和受诉人民法院管辖,管辖法院为专属管辖,即作出生效裁判或调解书的法院。

《民事诉讼法》第120条规定,"起诉应当向人民法院递交起诉状,并按照被告人数提出副本。书写起诉状确有困难的,可以口头起诉,由人民法院记入笔录,并告知对方当事人"。可见法律对于一般诉讼案件起诉状采取书面为原则口头为例外的方式,但第三人撤销之诉涉及对前诉生效裁判以及调解书的再次审查,较为复杂,因此第三人撤销之诉的起诉状应以书面形式提出,不允许口头起诉。台湾地区有学者认为起诉状的内容应该包括:当事人及法定代理人;声明不服之判决及提起撤销之诉陈述;应于如何程度撤销原判决及就本案如何判决之说明;撤销理由及关于撤销理由,并遵守不变期间之证据。撤销诉讼状内,宜记载准备本案言词辩论之事项,并添具确定终局判决缮本或影本。① 国内有学者提出,第三人撤销诉讼的诉状要准用当事人申请再审的规定,具体须包括以下事项:原告(第三人)与对方当事人(原审当事人)的基本情况;原审人民法院的名称,原判决、裁定、调解文书案号;第三人申请撤销的法定情形及具体事实理由;具体的撤销及变更判决的内容。② 还有研究者提出,起诉书应包括以下内容:当事人基本情况,包括原告(第三人)和被告(原审当事人);原生效判决、裁定、调解书基本情况;诉讼请求和所根据的事实理由,即原告所提出的全部撤销或部分撤销原判决、裁定、调解书的请求以及提出请求的客观基础——事实理由,以便受诉法院了解其起诉的具体原因和依据;证据和证据来源、证人姓名和住所。证据主要针对原生效判决、裁定、调解书的错误提出。③ 第三人撤销之诉起诉状应参照一审起诉状样板还是准用再审申请书模式,笔者认为,因为第三人撤销之诉既不同于普通民事案件起诉又有别于再审申请,故起诉状内容应有自身特点,应包括以下内容:①双方当事人的基本信息,具体包括原告和被告

①吴明轩.第三人撤销之诉程序[J].法官协会,2004(1):6.
②王福华.第三人撤销之诉适用研究[J].清华法学,2013(4):55.
③张丽丽.第三人撤销之诉研究[M].北京:知识产权出版社,2016:147.

的姓名、性别、年龄、民族、职业、工作单位、住所、联系方式,法人或者其他组织的名称、住所和法定代表人或者主要负责人的姓名、职务、联系方式。②案由为第三人撤销之诉。③具体的诉讼请求。第三人撤销之诉的诉讼请求包括两点,第一点即明确要求撤销或部分撤销原判决、裁定、调解书(应标明原审人民法院的名称、原案号),这是必不可少的诉讼请求;第二点即提出确认其民事权利的主张。④事实理由。所谓事实即指原生效裁判调解书错误损害其民事权益的事实;同时还包括证明案件事实存在的证据事实。所谓理由,就是原告向人民法院提出具体诉讼请求的主要依据。第三人向人民法院提交起诉状同时应附有符合起诉条件的相应的证据材料,即应当提供存在"因不能归责于本人的事由未参加诉讼"、"发生法律效力的判决、裁定、调解书的部分或者全部内容错误"、"发生法律效力的判决、裁定、调解书内容错误损害其民事权益"情形的证据材料以及诉讼主体资格的证明材料,还有应当将前诉的生效裁判或调解书作为证据材料提交。

(二)第三人撤销之诉的审查与受理

受理是指人民法院认为原告的起诉符合法定条件,决定立案审理的一种诉讼活动。受理之前人民法院需对当事人起诉的情况进行审查。2015 年《民事诉讼法司法解释》在立案环节最核心的变化是将立案审查制改为立案登记制。虽然官方对立案登记制给予了高度的评价,但实务部门以及民事诉讼法学者认为这样的改革只是换了一个让普通老百姓更易接受的名称,事实上最后是否立案还是需通过审查是否符合起诉条件来决定,当然我们也承认这样的改革杜绝了"三不"现象(不接诉状、接了诉状不回复、不立案也不出具书面裁定),其意义是积极的。

通常来说,普通诉讼案件在程序之初法院并不进行实质性审查,只要符合法律规定的起诉条件,人民法院就会立案受理。第三人撤销之诉则与此不同,第三人撤销之诉对当事人的诉求内容有特殊的要求,并不能像通常之诉那样由当事人自行决定,而必须符合法律的规定,然而是否符合法律的规定,在诉讼程序上要经过法院的审查,否则,就无法确定所立之案是否为第三人撤销之诉。由于第三人撤销之诉不同于普通民事案件,故在立案受理阶段,人民法院应以"复式审查"的方式完成立案阶段的工作。具体而言,原告起诉至人民法院立案庭之初,法院仅审查第三人撤销之诉是否符合其起诉条件,如原告是否以第三人撤销之诉案由提起诉讼,被告是否是前诉案件当事人,诉状中是否有具体的诉讼请求和事实理由(诉讼请求至少包括撤销前诉裁判或调解书或进一步提出确认其民事权益的主张),是否提交符合起诉条件的相应证据。这一步的审查为形式审查,审查通过后进行受案登记,进行预立案,发给预立案登记号。在完成第一次审查后,根据《民事诉讼法司法解释》第 293 条规定,人民法院应当在收到起诉状和证据材料之日起五日内送交对方当事人,对方当事人可以自收到起诉状之日起十日内提出书面意见。人民法院应当对第三人提交的起诉状、证据材料以及对方当事人的书面意见进行审查,必要时,可以询问双方当事人。经审查,符合起诉条件的,人民法院应当在收到起诉状之日起三十日内立案。不符合起诉条件的,应当在收到起诉状之日起三十日内裁定不予受理。至此立案工作完成。《民事诉讼法司法解释》第 293 条规定的审查即为第二次程序审查。为了保证审查的可靠性,第二次程序审查应注意以下四点。第一,程序保障。程序保障的要求体现在两个方面,一是保障第三人的程序权利,二是保障前诉当事人程序权利。故民事诉讼法司法解释规定,对方当事人可以提出书面意见,并规定必要时法院可以询问双方当事人。第二,审查内容。该审查应采实质审查的原则,是对诉讼要件的审查,即一方面第三人要证明其因不能归责于本人的事由未参加诉讼,另一方面证明前诉生效裁判侵害其民事权益,提供足够的证据达到让法院对已生效的裁判文书产生合理怀疑的程度,同时还要审查是否在允许提起期限内等。第三,审查期限。不同于普通民事诉讼的七日立案,现有的司法解释将审查期限限定为三十日,因为与普通民事诉讼案件审查不同,与第三人撤销之诉的第一次形式审查也不同,此时审查的不仅是当事人符不符合起诉条件问题,而是审查当事人提起的诉讼符不符合第三人撤销之诉构成要件的问题。第四,审查机构。在司法实践中,对第三人撤销之诉的审查主要集中在受案审查而非程序审查,因而主要是由立案庭承担第一次审查工作。但对于第二次审查,已非简单的形式审查,而是是否符合第三人撤销之诉要件的程序实质审查,其中,既有前案主体的问题,亦有前案裁决是否适当的问题,这种问题已经超出了立案庭的审查范围。对于第二次程序实质审查的机构,应由谁完成,各种观点较多。其中一种意见是,第三人撤销之诉和案外人申请再审,都是通过诉讼程序撤销原生效的法律文书的一种程序设置。因此,第三人撤销之诉在立案阶段的程序应当参照当事人申请再审的程序设置,依照再审审判流程设置,由院长提请审判委员会讨论后决定是否立案。[1] 还有意见认为,应当由相关的审判业务庭进行审查。或为公正起见,由审判监督庭进行审查。[2] 人民法院立案受理阶段对于第三人撤销之诉的第二次审查在审判实务中

①刘干.第三人撤销之诉之实践分析[N].人民法院报,2013-11-13(008).
②许尚豪.程序审查与实体审理:第三人撤销之诉的二阶程序结构研究[J].政治与法律,2015(12):143.

发挥着重要的功能,其既区别于第一次形式审查,又有别于接下来审理阶段的实体审查。它起着过滤器的作用,将不符合第三人撤销之诉构成要件中程序条件、时间条件以及明显不符合主体条件和实体条件的案件排除在程序救济之外,捍卫了前诉当事人的利益、维护了生效裁判的权威性。对于这种比较特殊的案件类型,审查起诉的司法实务需要处理较一般案件更为复杂的程序问题,即必须对以原告适格为代表的一系列特殊事由或要件作出判断。① 因此对审查机构的考察,笔者认为,关键不是看放在哪个部门,而看是否有专门的人员能承担起程序实质审查的重担。从目前我国法院内部机构设置以及职能分工的均衡负担来看,目前第三人撤销之诉立案受理阶段的第二次审查,机构设置在审判监督庭更为合适。理由一,我国目前已经全面实行立案登记制,最高人民法院《关于适用〈中华人民共和国民事诉讼法〉的解释》、《关于人民法院推行立案登记制改革的意见》及《关于人民法院登记立案若干问题的规定》一脉相承地强调"对于符合法律规定的起诉、自诉和申请,一律接受诉状,当场登记立案",禁止"既不立案又不作出裁定或决定"等。如果立案登记制下,能够做到对不符合立案要求的,均"出具书面的裁定或决定",那么,立案登记制下,基本不存在不能登记的情形,立案登记制实质上就是有诉必有案。在这样的大背景之下,立案庭的主要工作就是收下起诉状材料后进行形式审查,进行受案登记,并仅此一项工作任务量已相当大。理由二,其他民事业务庭虽有专业人员,但一方面本身案件审理的任务重;另一方面该业务庭可能产生接下来审理该案的合议庭,程序审查和后续的实体审查集于一身,有失公允。理由三,法院原已设置审判监督庭,配备有专门的业务人员;另一方面由于审判监督程序属于非常规的事后救济程序,因此相对而言在整个法院系统内该部门工作量相对较轻,从任务的均衡负担而言,把第二次审查任务放在审判监督庭最合适。

三、第三人撤销之诉的审理

(一)第三人撤销之诉的审理程序

关于第三人撤销之诉的适用程序主要涉及两个问题,第一,应该适用一审程序还是再审程序。第二,应该适用一审普通程序还是简易程序。

1. 第三人撤销之诉应该适用一审程序

法国是将第三人撤销之诉放在非常上诉程序中,属特别救济程序;我国台湾地区则规定第三人撤销之诉准用其"民事诉讼法"第 500 条第 1、2 项,第

---

① 王亚新.第三人撤销之诉原告适格的再考察[J].法学研究,2014(6).

501—503 条,第 505 条,第 506 条的规定,即在审理第三人撤销之诉时很多问题,如"有关提起诉讼之期间限制、提起之程式、对不合法或显无理由诉讼之裁判、审理范围、诉讼程序及善意第三人利益之保护等准用再审之诉相关规定",①从再审程序中寻找第三人撤销之诉的审理程序规则。

关于第三人撤销之诉适用程序问题,在我国民事诉讼法正式确立该项制度之前,学者们基于该诉讼对既判力的突破与再审之诉性质相似而普遍认为应当适用再审程序。在《民事诉讼法》修改过程中对该问题也有过讨论,但最后民事诉讼立法中未予规定,民事诉讼相关司法解释也未提及。我们从立法体例安排来看,在《民事诉讼法》中我国将第三人撤销之诉放在第三人制度中予以规定;在《民事诉讼法司法解释》中第三人撤销之诉在第一审程序和第二审程序之间规定,可见立法者的意图是将第三人撤销之诉当作普通案件按照一审程序审理。毕竟第三人撤销之诉是一种独立的诉,同时又是对第三人权利的初次救济,如果按照再审程序审理会出现剥夺案外第三人上诉权、损害其审级利益的可能。因此在我国应规定第三人撤销之诉适用第一审程序审理。②

2. 第三人撤销之诉应该适用一审普通程序

我国民事案件一审审理程序包括普通程序和简易程序。第三人撤销之诉是否可以适用或当事人约定适用简易程序审理? 本书认为,第三人撤销之诉虽是对第三人权益的初次救济,但它毕竟是特殊的事后救济程序,会对原审裁判或调解书的既判力、原审当事人之间的法律关系以及司法权威产生较为激烈的冲击,且涉及多方利益主体,矛盾关系比较复杂,而简易程序针对的是事实清楚、权利义务关系明确、争议不大的简单民事案件,因此,第三人撤销之诉不宜适用简易程序审理。

（二）第三人撤销之诉的审判组织

鉴于第三人撤销之诉适用第一审普通程序审理,其审判组织应是合议庭的形式。我国《民事诉讼法司法解释》第 294 条对比予以了肯定。③该合议庭是原

---

①姜世明.民事诉讼法判解导读[M].台北:新学林出版股份有限公司,2011:893.

②我国民事诉讼法虽然规定了再审程序,但就实体审理而言,并无专门的程序规定,或是按照一审程序或是按照二审程序。《民事诉讼法》第 207 条规定,人民法院按照审判监督程序再审的案件,发生法律效力的判决、裁定是由第一审法院作出的,按照第一审程序审理,所作的判决、裁定,当事人可以上诉;发生法律效力的判决、裁定是由第二审法院作出的,按照第二审程序审理,所作的判决、裁定,是发生法律效力的判决、裁定。依此,如果第三人请求撤销的生效裁判为二审法院所作,则当事人无权上诉。

③《民事诉讼法司法解释》第 294 条规定,人民法院对第三人撤销之诉案件,应当组成合议庭开庭审理。

审判组织继续审理还是另行组成合议庭审理,我国现行法律未予规定,台湾地区"民事诉讼法"也没有明确规定。《法国新民事诉讼法典》第 587 条规定,第三人以本诉请求对判决提出异议的,应当向作出受到攻击的判决法院提出;对第三人提出的异议,得由同一司法官作出裁判。国内一些学者提出前诉案件审判人员回避,参照再审程序另行组成合议庭的理由主要在于担心这些人员先入为主,不利于案件的公正审判。在司法实践中也出现了最高人民法院作出的"审理前诉的法官应当在旨在撤销前诉的第三人撤销之诉案件中回避"案例。① 但笔者认为,第三人撤销之诉作为一种特殊的救济程序,与再审程序最大的区别是第三人撤销之诉并非一定是纠错,也并非是对前诉全部内容的审查处理,引起第三人撤销前诉裁判的原因也并非是前诉案件中法官认定事实错误或适用法律错误乃至徇私枉法,需要考虑更多的是法官对原来没有考虑的第三人因素进行考量,所以不必担心法官的先入为主;相反,参与前诉案件审理的法官因为对前诉法律关系事实等的掌握,能更快地查清案情,更快地理顺第三人与前诉案件当事人之间的法律关系,反而能提高诉讼效率。所以,在没有特别的情况下,前诉案件的审判组织就是该第三人撤销之诉案件的审判组织或者前诉案件的独任审判员加入到当前诉讼的合议庭中。

我国第三人撤销之诉的合议庭组成具体形式可以这样设置:撤销之诉的原审是第一审的,按照第一审程序组成合议庭审理,由审判员、陪审员共同组成合议庭或者由审判员组成合议庭;原来是第二审的,按照第二审程序组成合议庭审理,必须由审判员组成合议庭,不吸收陪审员参加。

(三)第三人撤销之诉的审理范围

根据民事诉讼处分原则和辩论原则的要求,原告以其实体权利为依据,需

---

① 案例参见最高人民法院张某兴与某名都房地产开发有限公司等合资合作开发房地产合同纠纷案(〔2015〕民一终字第 114 号):最高人民法院认为,本案为第三人撤销之诉,张某兴提起本案第三人撤销之诉认为,贵州省高级人民法院就某名都公司与志诚公司合作开发房地产合同纠纷一案作出的〔2014〕黔高民终字第 20 号民事判决(以下简称 20 号判决)存在错误且损害其民事权益。《最高人民法院关于审判人员在诉讼活动中执行回避制度若干问题的规定》(法释〔2011〕12 号)第 3 条规定:凡在一个审判程序中参与过本案审判工作的审判人员,不得再参与该案其他程序的审判。对该规定中所称的"本案",不应简单机械地从当事人范围、诉讼标的等方面进行理解。当事人提起第三人撤销之诉的实体权利能否得到支持,依赖于对业已发生法律效力的法律文书是否存在错误,是否损害第三人民事权益问题所作的判断结果。所以,尽管原诉讼与第三人撤销之诉在案件当事人范围、诉讼标的等方面并不相同,但在评价相关法律文书是否存在错误的问题上,第三人撤销之诉与二审、再审诉讼程序具有相同性质和功能。据此,基于第三人撤销之诉产生的案件属于前述司法解释规定中所称的"本案",第三人撤销之诉属于前述司法解释规定中所称的"该案其他审判程序"。本案一审合议庭成员之一,曾经参与了 20 号判决一案的审判工作。根据前述司法解释的规定,该审判人员应当回避。

要法院审理、裁判的范围应限于原告诉讼请求的范围,与此无关的事项不列入审理和裁判范围。第三人撤销之诉作为一种特殊的事后的救济程序,必然要遵守民事诉讼的处分原则和辩论原则等基本原则,也就是撤销之诉应该采用有限审查原则,只应就当事人申请撤销的部分来审理,而不必采用全面审查原则,对于整个民事争议的处理是否正确进行处理。第三人撤销之诉审理范围仅限于第三人请求撤销的部分,即以原告(第三人)的诉讼请求为依据,不得超出该请求的范围。但若第三人申请撤销的部分和本诉密不可分,只能是撤销全部判决。

值得注意的是,在第三人撤销之诉审理过程中,如果发现第三人撤销之诉虽然不成立,但原生效裁判或调解书确有错误的情况,或第三人请求成立,其请求撤销的是 A 判决事项,但经法院审理发现 B 判决事项也有错误,该如何处理?笔者倾向于仍然只是对第三人申请撤销的部分进行审理。如果本诉中存在损害国家利益和集体利益抑或其他第三人利益的情形,可在第三人撤销之诉审理完毕后,另行由法院院长提请审判委员会讨论后作出是否按照审判监督程序处理的决定。

(四)第三人撤销之诉的审理期限

第三人撤销之诉既然是按照一审普通程序审理,其审理期限也应当符合一审普通程序的有关法律规定。根据《民事诉讼法》第 149 条的规定,人民法院适用普通程序审理的案件,应当在立案之日起六个月内审结。有特殊情况需要延长的,由本院院长批准,可以延长六个月;还需要延长的,报请上级人民法院批准。

四、第三人撤销之诉的裁判

(一)第三人撤销之诉的裁判处理

1. 撤销判决还是改变判决

《民事诉讼法》第 56 条第 3 款规定,人民法院经审理,诉讼请求成立的,应当改变或者撤销原判决、裁定、调解书;诉讼请求不成立的,驳回诉讼请求。据此《民事诉讼法司法解释》第 300 条第 1 款对其进行细化规定,对第三人撤销或者部分撤销发生法律效力的判决、裁定、调解书内容的请求,人民法院经审理,按下列情形分别处理:(1)请求成立且确认其民事权利的主张全部或部分成立的,改变原判决、裁定、调解书内容的错误部分。(2)请求成立,但确认其全部或部分民事权利的主张不成立,或者未提出确认其民事权利请求的,撤销原判决、裁定、调解书内容的错误部分。（3）请求不成立的，驳回诉讼请求。对于上述法律规定的解读比较有影响力的是江必新法官主编的《民事诉讼法司法解释专题讲座》，其中作者对于如何处理改变判决或撤销判决的关系提出了几点意见：（1）应当以撤销判决为原则。认为从第三人撤销之诉的性质和目的而言，只要撤销原裁判或调解书相应内容即足以达成第三人撤销之诉的目的。如果将第三人其他民事权利主张与撤销诉讼请求合并审理，势必造成该程序的复杂，影响第三人撤销之诉的诉讼效率。另外，由于多数第三人撤销之诉是针对二审生效判决提起，如一律将第三人的其他民事权利主张合并审理，而且作为第一审程序审理，实质上在审级上上提了一级，会造成上级法院审判压力，也不符合四级法院职能定位。从司法实践来看，大多数法院仅撤销判决，其他实体权利义务则要求第三人另行起诉。（2）改变判决的适用应当有严格的限制条件。首先，改变判决必须以第三人撤销请求为限。其次，第三人撤销之诉诉讼请求改变原裁判、调解书的内容，提出的独立民事权利主张应当与撤销内容直接关联，也即与原诉讼标的相关。（3）适用改变判决时，根据原生效判决是一审还是二审生效判决区别对待。对于一审生效判决提出撤销可以直接作出改变判决，对第二审生效判决提出撤销之诉，原则上仅作撤销判决。[①] 有学者也提出类似观点，根据第三人的请求仅判决撤销裁判文书对自己的不利益，也可以根据第三人的请求判决撤销裁判文书对自己的不利益后，进一步按第三人的请求对相关权利义务或法律地位一并作出新的裁判，前提是原裁判的诉讼标的与撤销之诉的诉讼标的是合一的，否则应告知第三人另行起诉。[②]

笔者对上述的解读有不同的看法。前面我们已经分析，第三人提起撤销之诉其诉讼请求包括两项，一是请求撤销原生效判决、裁定、调解书的部分或全部内容；二是进一步提出自己的民事权利主张。实践中第三人仅提出撤销的主张未提出其他诉讼请求，应视为"当事人处分权的范畴，只是'诉讼请求'发生'量'的变化（减少或增加诉讼请求），'诉讼标的'没有发生变更，还是原诉"[③]。即使原裁判的诉讼标的与第三人的诉讼标的不合一，也不允许其另行起诉，因为另行起诉的诉讼标的与撤销之诉的诉讼标的仍是同一的，另行起诉有违"一事不

---

① 江必新.最高人民法院民事诉讼法司法解释专题讲座[M].北京：中国法制出版社，2015：231－232.

② 田平安，张妮.论第三人撤销之诉的完善[C]//中国民事诉讼学研究会2013年年会论文集——新民事诉讼法的理解与适用（上册），2013.

③ 邵明.现代民事诉讼基础理论：以现代正当程序和现代诉讼观为研究视角[M].北京：法律出版社，2011：172.

再理",也不利于纠纷的一次性解决,增加当事人诉累也浪费司法资源。因此对于第三人撤销请求成立并且其民事权利主张得到部分或全部确认的,就应该改变原判决、裁定、调解书错误的部分;第三人的撤销请求成立,但其民事权利主张不成立或其未提出确认其民事权利请求的,则撤销原判决、裁定、调解书即可。不应以原裁判的诉讼标的与撤销之诉的诉讼标的是否合一、撤销的原裁判是一审还是二审而有所区别。

2.一律适用判决还是区分适用裁定

人民法院在民事案件的审理过程中及审理完结时,会根据查明的案件事实和有关的法律,就当事人之间的民事实体权利义务关系以及诉讼中发生的各种程序性问题和特定事项作出结论性的权威判定,即为法院裁判。民事诉讼中的法院裁判,一般包括民事判决、民事裁定和民事决定等。判决是指人民法院在审理民事案件和非诉案件完结之时,对案件的实体问题作出结论性的权威性判定,是最重要的法院裁判形式。民事判决的实质是将人民法院确认的当事人之间的权利义务关系,用法定的判定形式确定下来。裁定是指人民法院在审理民事案件过程中和执行程序中,对所发生的程序上的问题以及个别实体问题作出的权威判定。关于判决和裁定最主要的区别是处理对象不同,民事判决主要是解决民事实体问题,而民事裁定主要是解决民事案件的程序问题。有研究者据此提出,对于判决的撤销应使用判决,对于裁定的撤销应适用裁定。[①] 笔者认为,应一律适用判决。从第三人撤销之诉法院审理内容来看,均是对原裁判或调解书涉及实体问题的处理,因此基于对实体问题的终局性裁判使用判决这一法理,第三人撤销之诉在裁判形式上均应适用判决作出。从第三人撤销之诉的客体而言,我们前面研究过作为撤销对象的裁定(详见第四章),其实从法理分析几乎没有裁定可成为第三人撤销之诉客体的,如果有可能就发生在不规范使用裁定处理实体性问题上,因此涉及的也是实体问题,通过撤销原裁判同时对第三人的实体权利主张作出确认,通过判决形式作出当然不存在问题。

3.第三人撤销之诉可否适用调解结案

法院调解作为我国民事诉讼中的一项基本原则,其贯穿于民事诉讼的全过程。它不仅是一种审理方式,也是一种结案方式。根据我国民事诉讼法规定,法院调解既可以在一审普通程序或简易程序中进行,也可以在第二审程序或审判监督程序中进行。关于法院调解能否在第三人撤销之诉中适用,我国法律未予明确规定,司法实践中也未出现过调解结案的案例。造成这种情形的原因并

---

① 刘干.第三人撤销之诉之实践分析[N].人民法院报,2013-11-13(008).

不是当事人没有调解的意向,而是审判实务中对调解是否能够适用于第三人撤销之诉存在疑惑。有诸多研究者认为从第三人撤销之诉的性质而言,对于涉及第三人提出要求撤销原生效裁判的诉讼请求,只能通过判决的方式回应。因为法院生效裁判文书是人民法院审理民事案件作出的权威性判定,是人民法院行使国家审判权的基本标志和主要方式,是国家审判权的最终体现,也就是说法院生效的裁判文书是公权力的象征,其已经超出当事人处分权的范畴。对于原生效的裁判文书是否应当撤销只能由掌握国家审判权的法院通过法定程序运用公权力严格作出,而不能由当事人合意决定,因此,对于第三人提起撤销之诉仅请求撤销原生效裁判的诉讼请求,没有适用调解结案的基础。而对于第三人进一步提出的对实体权利义务进行重新分配与确定的请求则涉及私法权益,系第三人可行使处分权的范畴,当事人之间可以通过合意解决。①

笔者亦同意上述学者的观点,即应允许第三人撤销之诉中三方当事人在自愿合法的基础上对实体权利义务的处理等私法权益进行调解。但现在需要考虑的是,调解结案后如何制作法律文书问题。在普通民事诉讼中,若调解结案则直接制作调解书结案即可。但是对于第三人撤销之诉这一特殊复合性诉讼,采取何种形式的法律文书结案合适?目前主要有以下四种主张:一是对于调解内容仅出具一份调解书即可,在调解书中增加载明一项主文:撤销原裁判,随后再确认调解协议的具体内容;二是调解结案时,出具一份调解书即可,仅将调解协议予以确认,参照上诉审和再审中调解结案,调解书的生效就视为对原生效裁判的撤销②;三是调解结案时,出具一份判决书即可,判决撤销原裁判,同时在判决书中将调解协议的内容予以确认;四是针对撤销原裁判的内容制作判决书,针对调解部分单独制作调解书。③ 对于前三种主张,笔者认为均存在一定问题:对于第一种调解书中载明撤销原裁判的内容,会让人误以为通过当事人合议可以撤销国家权威裁判,损害了司法权威。第二种参照上诉审和再审中调解书的生效即视为原裁判的撤销,也存在问题。因为上诉审、再审是以前诉一审或二审为基础的继续案件审理,前后诉之间存在承接性,故其所作出的判决可以覆盖原判决;而第三人撤销之诉是一个独立的新诉,与前诉是两个独立存在

---

① 李潇潇. 调解在第三人撤销之诉中的适用[J]. 烟台大学学报(哲学社会科学版),2015(2):61.

②《民事诉讼法》第172条规定:"第二审人民法院审理上诉案件,可以进行调解。调解达成协议,应当制作调解书,由审判人员、书记员署名,加盖人民法院印章。调解书送达后,原审人民法院的判决即视为撤销。"

③ 魏都区人民法院. 第三人撤销之诉能否适用调解方式结案[EB/OL]. (2016-06-12). http://wdqfy. hncourt. gov. cn/public/detail. php? id=4361.

的诉讼,从理论上说两个独立诉讼的裁判结果亦是相互独立的,如果没有相关链接不会主动互相产生影响。第三种在判决书中对调解协议的内容予以确认,因调解书与判决书的对象不同、两者发生法律效力的时间不同、调解书中当事人有反悔权等,因此也不宜将二者一并作混同处理。

笔者赞同采取第四种形式即分别制作判决书和调解书结案。同一案件判决书、调解书并存的情况,并不违反法律规定。并且我国在司法解释中对于分别制作法律文书有先例。例如,《最高人民法院关于适用〈中华人民共和国婚姻法〉若干问题的解释(一)》第9条即规定,"人民法院审理宣告婚姻无效案件,对婚姻效力的审理不适用调解,应当依法作出判决;有关婚姻效力的判决一经作出,即发生法律效力。涉及财产分割和子女抚养的,可以调解。调解达成协议的,另行制作调解书。对财产分割和子女抚养问题的判决不服的,当事人可以上诉"。《最高人民法院关于适用〈中华人民共和国婚姻法〉若干问题的解释(二)》第4条亦规定,"人民法院审理无效婚姻案件,涉及财产分割和子女抚养的,应当对婚姻效力的认定和其他纠纷的处理分别制作裁判文书"。从上述条款均可以看出,我国法律允许同一案件中调解书、判决书并存。但我们需要强调的是第三人撤销之诉中对于调解的适用一定要遵循自愿合法原则。

(二)第三人撤销之诉的法律效果

第三人撤销之诉的法律效果包括两个方面:一是第三人提出撤销之诉的诉讼行为所产生的法律效果,称之为诉讼效果;二是第三人撤销之诉的判决具有的法律效果,称之为判决效果。

1.诉讼效果

(1)第三人提起撤销之诉,法院裁定不予受理或驳回起诉所产生的效果。如果第三人提起的撤销之诉经法院审查不符合起诉条件或诉讼要件,被法院裁定不予受理或驳回起诉,则前诉生效法律文书的既判力未受任何影响,继续有效。在国外此时第三人可能因为恶意提起诉讼而被罚款或被拘留,相关问题我国法律没有规定,具体将在本书第七章予以论述。(2)第三人提起撤销之诉,法院决定立案受理并进入审理阶段会否产生原生效裁判停止执行的效果。第三人提起撤销之诉能否中止系争判决的执行,这是第三人提起撤销之诉的关注焦点。对此问题,《法国民事诉讼法》第590条规定,"以起诉或附带方式提起的第三人撤销之诉,审理法官可以中止系争判决的执行"。第三人撤销之诉是特别救济程序,根据《法国民事诉讼法》第579条规定,特别救济程序的启动不产生中止执行判决的效力,但法律另有规定的除外。法国民事诉讼立法对第三人撤销之诉例外地、有条件地赋予中止执行诉争判决的效力,是否中止执行,听凭审理法官的决定。这是法官的自由裁量权,但该项权力的行使应受判例规则的非正式制约。杜埃上诉法院 1904 年的判例认为,"假如继续执行诉争判决将导致第三人承担无法弥补的不利后果,法官受理第三人撤销之诉后,应当裁定中止执行"。这一源于判例的裁判标准沿用至今。① 我国台湾地区"民事诉讼法"第507 条之三规定,"第三人撤销之诉无停止原确定判决执行之效力。但是法院因必要情形或者依申请定相当并必要之担保,得于撤销之诉申明之范围内对第三人不利部分以裁定停止原确定判决之效力"。② 从上述比较法的角度来看,法国和我国台湾地区都规定,第三人撤销之诉的提起原则上不中止执行原判决,但法官对此拥有自由裁量权,法官在必要情况下或第三人提供担保的情况下,可以裁定中止执行原生效判决中对第三人不利的部分。关于此问题,我国《民事诉讼法司法解释》第 299 条规定,受理第三人撤销之诉案件后,原告提供相应担保,请求中止执行的,人民法院可以准许。笔者认为该条规定是一条不完整的规定,只规定了原告提供担保后,人民法院可以中止执行一种情形。首先,第三人撤销之诉原则上无中止原生效裁判执行的效力。第三人撤销之诉作为赋予第三人未因归责于己之原因而未参加诉讼的特殊救济程序,原则上不影响原生效裁判在原当事人之间的效力,原当事人依据该生效裁判申请执行时,并不会因第三人提起撤销之诉有所影响。据悉,在民事诉讼法司法解释草案中曾明确规定,第三人撤销之诉受理后,不停止原生效裁判的执行。后又将该规定删掉,主要是考虑第三人撤销之诉采用适当实质审查立案制度后,在一定程度上收紧了入口,在中止原生效裁判的执行中可以考虑适当放宽标准;如果一律规定不中止原生效裁判的执行,会排除人民法院依案件情况依职权中止执行的可能。③其次,原告提供相应担保的,人民法院可以准许中止执行。为了避免执行程序于第三人撤销之诉判决确定前已终结,致第三人权益受损而难以回复,只要原告提供了充分有效的担保,法院可准许中止执行。这样做既保护了第三人可能受损的利益,也保护了前诉案件当事人的利益。再次,在特殊情况下,人民法院可以依职权中止原生效裁判的执行。至于是否要求原告提供担保,由人民法院结合案件具体情况决定。(3)在法国源于判例的程序法规则,第三人撤销之诉的另一个诉讼效果是"有限的移审效力"。移审效力是指法院对案件的事实和

---

① 巢志雄.法国第三人撤销之诉研究:兼与我国新《民事诉讼法》第 56 条第 3 款比较[J].现代法学,2013(3):169.

② 胡军辉.案外第三人撤销之诉的程序建构:以法国和我国台湾地区的经验为参照[J].政治与法律,2009(1):150.

③ 江必新.最高人民法院民事诉讼法司法解释专题讲座[M].北京:中国法制出版社,2015:229.

法律问题重新进行审理,例如,上诉具有完全的移审效力。与上诉相比,第三人撤销之诉仅具有有限的移审效力,其有限性表现在:第三人撤销之诉的审理范围仅限于在诉争判决宣判前假设第三人参加诉讼时可以主张的事由。该程序法规则在我国第三人撤销之诉制度中也未被重视,在界定我国第三人撤销之诉审理范围时应考虑该规则的效果。

2.判决效果

第三人撤销之诉的判决效果因为第三人胜诉或败诉的不同结果产生的法律效果也不同。如果第三人败诉,则诉争判决的既判力被确认,提起撤销之诉的第三人可能被判处罚金和承担民事赔偿责任;如果第三人胜诉,诉争判决侵害第三人权益的争点判决将被撤销或变更,而其他争点的既判力不受影响。

(1)第三人败诉的判决效果

假如第三人败诉,此时产生的效果与诉讼效果中第三人提起撤销之诉被法院裁定不予受理或驳回起诉所产生的效果类似,诉争判决的既判力继续有效,第三人可能被认定为滥用诉权,被法院处以罚金或拘留,对方当事人亦可以要求第三人承担损害赔偿责任。如《法国民事诉讼法》第 581 条规定,"当事人以拖延诉讼为目的或滥用诉权,法官可以对该当事人处以 3000 欧元以下的罚款。该罚款不影响对方当事人向第三人提出利益损害赔偿"。相关问题我国法律没有规定,具体问题本书将在第七章予以论述。

(2)第三人胜诉的判决效果

第三人胜诉,就会出现前诉和撤销诉讼两个裁判结果。如何处理两个裁判之间的关系其实就是解决这两个裁判结果在第三人和前诉当事人之间产生何种法律效力问题。《法国民事诉讼法》对此问题作出了详细规定。《法国民事诉讼法》第 591 条规定,"若第三人撤销之诉有理,仅可对诉争判决侵害第三人利益之争点予以撤销或变更。诉争判决,包括被撤销的争点,仍对其当事人有效(第 1 款)。但是,第三人撤销之诉的生效判决对于依本法第 584 条传唤之所有当事人有效(第 2 款)"。《法国民事诉讼法》第 584 条规定,"诉争判决涉及不可分的多位当事人时,第三人撤销之诉应当传唤全部当事人参加诉讼,才能进行审理"[①]。也就是说,在法国第三人提出撤销之诉且胜诉时,前诉判决将被撤销或改判,但并非对所有人都取消或改判。前诉裁判涉及第三人利益的判决内容不再对第三人产生法律效力,而与其利益无关的其他内容仍然对前诉当事人

[①]巢志雄.法国第三人撤销之诉研究:兼与我国新《民事诉讼法》第 56 条第 3 款比较[J].现代法学,2013(3):170.

有效。根据第三人撤销之诉的诉讼本质,第三人撤销之诉不会审理前诉裁判中与第三人利益无关的争点。除非在不可分之诉的情形下,第三人撤销之诉的撤销判决法律效力及于全体当事人。① 我国台湾地区"民事诉讼法"第 507 条之四规定,"法院认为第三人撤销之诉有理由者,应撤销原确定终局判决对该第三人不利之部分,并依第三人之声明,于必要时,在撤销之范围内为变更原判决之判决。前项情形,原判决于原当事人间仍不失其效力。但诉讼标的对于原判决当事人及提起撤销之诉之第三人必须合一确定者,不在此限"②。可见,法国的立法和我国台湾地区的相关条例在第三人撤销之诉判决对原判决的效力问题上意见是一致的。它们均不是全面否认前诉判决,而只是针对前诉裁判中对第三人不利的部分予以撤销或变更,未撤销或未变更的部分有关原当事人之间的权利义务仍旧有效。这样的规定对于维护生效裁判的稳定性以及最大限度地降低第三人撤销之诉对原判安定性的冲击具有积极意义。但我国台湾地区也有学者对该规定提出了质疑,他们认为,"就'民事诉讼法'第 507 条之四规定而言,第三人撤销之诉之第三人(原告当事人)既然限于判决效力所及之第三人,该第三人欲推翻之判决内容,实即原确定判决不正确内容。若该第三人之第三人撤销诉讼有理由时,即系原确定判决不正确而不合法律正义,基于判决效力之统一内容之必要,第三人撤销诉讼之判决效力,自无采取判决相对性原则之余地。由于第 507 条之四之规定采取判决相对性原则之结果,形成原确定判决内容与第三人之胜诉判决内容两者矛盾现象。足见过分强调第三人之程序保障目的,在理论上所造成之条文设计发生不妥当之问题。其实,第三人胜诉之判决,所造成之结果,不仅确保第三人之正当权利,同时亦保护原确定判决中败诉当事人之权利。岂有置原应受正确保护之原一方当事人仍然忍受不正确之原确定判决之理?显见第 507 条之四规定判决相对性原则颇有问题"③。"在第三人撤销之诉,法院所为撤销或变更之判决,复不能使本诉讼之确定判决对于

---

①根据法国最高法院 1960 年的判例,"不可分之诉"被定义为"不可能同时执行两份判决"。这一定义被沿用至今。当涉及所有权、身份权等绝对权(对世权)时,由于上述权利的排他性和绝对性,只要第三人证明其是财产的所有权人,法官作出确认其为所有权人的判决对所有的诉讼当事人都产生法律效力。又如,诉争判决判令履行合同,而第三人撤销之诉判令撤销合同,那么该撤销合同的判决也对全体当事人有效。但需注意的是,根据《法国民事诉讼法》第 591 条第 1 款和第 584 条的规定,不可分的第三人撤销之诉应当传唤全体当事人参加诉讼,以保证他们在撤销之诉中有机会行使诉讼权利。参见:巢志雄.法国第三人撤销之诉研究:兼与我国新《民事诉讼法》第 56 条第 3 款比较[J].现代法学,2013(3):170.

②胡军辉.案外第三人撤销之诉的程序建构:以法国和我国台湾地区的经验为参照[J].政治与法律,2009(1):150.

③陈荣宗.第三人撤销诉讼之原告当事人适格[J].月旦法学杂志,2004(12):193.

原当事人失其效力,亦随原确定判决于原当事人之间之既判力及执行力依然存在,何以仍须以原当事人两造为共同被告提起第三人撤销之诉?殊无以前诉讼受败诉确定判决原当事人为被告之必要。且既认法院所为撤销或变更之判决并不影响确定判决原当事人间之效力,复得撤销或变更原确定判决中对于原告不利部分之判决,将同一确定判决之效力强为割裂,岂非自相矛盾。"①

关于第三人提出撤销之诉获胜诉后,前诉与第三人诉讼裁判在第三人和前诉当事人之间产生何种法律效力问题,我国《民事诉讼法》第 56 条未明确规定,《民事诉讼法司法解释》第 300 条也仅根据不同情形提出了改变或撤销原判决、裁定、调解书内容错误的部分,未涉及撤销之后前诉当事人之间本已解决的法律纠纷又回到纷争状态该如何解决问题。尤其在第三人提出的撤销请求成立,但法院审理后确认第三人提出的民事权利主张不成立或第三人起诉时仅提出撤销并未进一步提出自己民事主张的情况下,原审当事人之间以及第三人与原审当事人三方之间的权利义务关系如何处理等问题,都没有明确的法律依据。对此学界有不同的观点,有人认为原生效裁判文书全部或部分内容被撤销的,则原生效裁判文书全部或部分丧失法律效力,第三人与前诉当事人的实体权益争议可通过另行起诉解决。也有观点认为,案外第三人提出的撤销理由若成立,则由受案法院撤销原生效裁判文书中对其不利部分,并同时对第三人与原审当事人之间、原审当事人双方之间的实体权利义务关系重新作出裁判。② 对于第三人仅提起撤销前诉而未进一步提出权利主张的,有研究者认为应当视为原告自行处分放弃,不得再另行起诉。③ 对于第三人撤销之诉中第三人胜诉后所作出的判决效果如何及于第三人、前诉当事人,笔者认为既要考虑原生效裁判的安定性,又要兼顾一次性解决纠纷的诉讼效率问题,同时还要保障第三人、前诉当事人的合法权益,要在充分考虑各方因素的基础上,选择合适的应对措施。故建议,第三人提起撤销之诉理由成立时,我国立法应根据不同情况明确规定:(1)第三人请求撤销并进一步提出其民事权利主张获法院支持的,人民法院应撤销错误部分并予以相应改判,改判时应就撤销后原审重新处于争议状态的部分一并审理;前诉未撤销部分在前诉当事人之间仍然有效,撤销部分对第三人以及前诉当事人不发生法律效力。(2)第三人请求撤销但未提出进一步的民事权利主张或民事权利主张未被人民法院确认的,人民法院应撤销错误部分;前诉未撤销部分在前诉当事人之间仍然有效,撤销部分对第三人以及前诉

---

① 吴明轩.第三人撤销之诉程序[J].法官协会,2004(1):8.
② 张丽丽.第三人撤销之诉研究[M].北京:知识产权出版社,2016:168-169.
③ 杨卫国.案外第三人撤销之诉研究[M].北京:中国法制出版社,2015:254.

当事人不发生法律效力;撤销后原审重新处于争议状态的部分以及第三人与前诉当事人之间的纠纷,人民法院庭审中作出释明后,第三人不愿增加或改变民事权益主张的,各方当事人可以另行起诉解决。此外,我们还需关注撤销之诉判决对善意第三人的效力。在第三人撤销之诉中,若第三人胜诉,则法院所作出的判决对于该当事人以外的善意第三人效力如何?对此问题,法国的立法和我国台湾地区相关条例有相同规定,都认为第三人撤销之诉判决对于原审结束后善意第三人依法取得的权利不产生效力。[①] 笔者也认为,民事法律关系中善意第三人的合法权益理应得到尊重和保护,在第三人撤销之诉中同样适用。在司法实践中,原生效判决、裁定、调解书作出后,相关标的物可能已经依法转让,对于善意取得该标的物的权利人而言,不能因为原裁判或调解书被第三人撤销之诉改变或撤销而权利受损,这也是维护交易安全的需要,撤销之诉判决对于善意第三人不发生法律效力。此时,人民法院在查清案件事实后,应在庭审中进行释明,建议第三人诉讼请求调整为损害赔偿,并就损害赔偿请求作出判决。

(三)第三人撤销之诉的救济途径

我国《民事诉讼法司法解释》第 300 条第 2 款规定,当事人对第三人撤销之诉的裁判不服可以提起上诉。该规定与法国以及我国台湾地区一致。《法国民事诉讼法》第 592 条明确规定,"对于第三人撤销之诉的判决,其救济途径与该法院作出的其他判决相同"。在法国民事诉讼制度里,普通判决的救济途径通常有上诉、异议、复核审、再审四种。换言之,对于第三人撤销之诉的一审判决,第三人和系争判决的全体当事人都有权提起上诉、提出缺席判决之异议、提出复核审申请和再审申请。

我国将第三人撤销之诉作为一种独立的诉,适用一审普通程序审理,按照诉的规律,所作判决为一审未生效判决,理应像其他适用一审普通程序案件一样,赋予当事人不服判决时上诉的权利。其法理依据在于第三人撤销之诉是对实体性利益受到原判损害的第三人设置的第一次救济程序,不应该限制其上诉的权利。对于原告(第三人)赋予其上诉权不存在问题,对于被告(前诉当事人)是否也具有上诉的权利?有观点认为,前诉的当事人在原审判决作出后,不管其是否出于虚假诉讼的目的,均已经放弃上诉的权利,基于此种情形,第三人撤销之诉中不应该再一次赋予上诉权利。也有观点认为,第三人撤销之诉对于前诉当事人也是属于新的诉讼,基于民事诉讼双方当事人权利平等的原则,也应

---

① 我国台湾地区"民事诉讼法"第 506 条规定,"再审之诉之判决,于第三人以善意取得之权利无影响"。

该赋予其上诉的权利。本书认为被告(前诉当事人)上诉的前提是法院判决第三人胜诉,因为第三人胜诉将产生撤销或变更原裁判的后果,对重新回到纠纷未决状态的前诉当事人之间的争议重新作出裁判,势必影响到前诉当事人的实体权利义务,应该给予他们上诉的救济。但如果法院判决第三人撤销请求不成立,驳回诉讼请求,则前诉裁判继续发生效力,并不会影响到前诉的双方当事人,或者说前诉双方当事人如果认为裁判有错误的,应该在前诉的诉讼系属中寻求救济。法国最高法院 1973 年的一个判例也作出了类似的规定,即系争判决的当事人不得对第三人撤销之诉的败诉判决提出上诉、异议、复核审和再审,因为败诉判决意味着系争判决未被撤销,系争判决对全体当事人的既判力得以维持。

　　对于已经生效的第三人撤销之诉判决是否允许双方当事人申请再审,笔者认为此时需要考虑其特定的程序功能定位,毕竟它是特殊的事后救济手段,已经具有类似再审的既判力突破功能,对此判决如果还允许双方当事人申请再审,将导致循环诉讼的恶相。但是笔者认为还是应当留有其他进入审判监督程序的渠道,如法院自身启动的再审或检察院通过抗诉引起的再审。

第六章　第三人撤销之诉制度
与其他制度的界域

　　为保护案外第三人的合法权益,我国民事诉讼立法已建立起一个涵括事前第三人诉讼制度和事后的案外人执行异议制度、第三人撤销之诉制度、案外人申请再审制度以及贯通事前事后的第三人另行起诉制度在内的全方位、多路径系统保护第三人合法权益的法律救济体系,如图 6-1 所示。由于各项救济途径都承载着保护第三人权益的目的,因此各项制度之间存在着近似性,而且彼此之间还存在着交集。在目前我国民事诉讼法缺乏相近制度冲突时适用规则的现实下,如何区分各项制度的效能,理清第三人撤销之诉制度与其他相关制度的界限,对于正确适用第三人撤销之诉以及避免与其他制度之间发生矛盾和冲突所带来的功能消弭起着重要的作用。

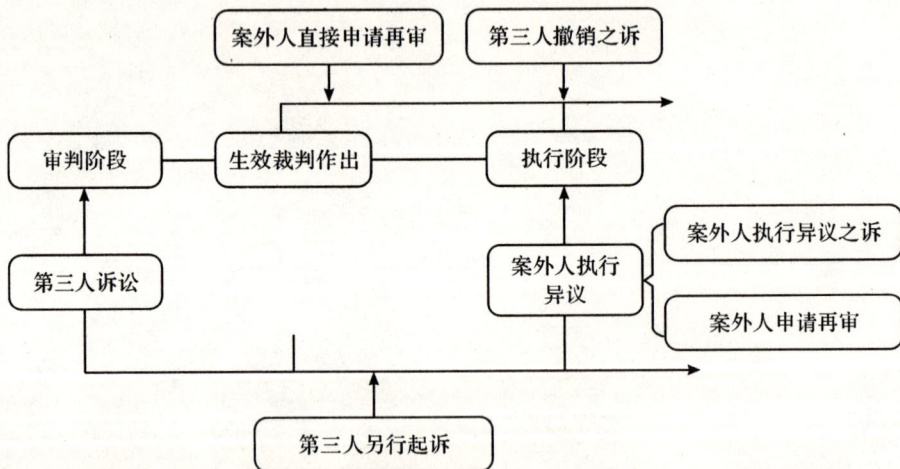

图 6-1　民事诉讼第三人权益救济体系

一、第三人撤销之诉与其他事前救济途径功能之辨析

(一)与第三人诉讼

理论上,对第三人最有利的程序保障方式就是判决效力相对性原则,也就是让第三人成为诉讼中的第三人,在诉讼中对争议的诉讼标的进行攻击或者防御,通过参与程序来让判决的既判力及于他们。因此世界各国大都在第三人权益救济保护体系中确立了事前的第三人诉讼制度。如英美法系国家,其法律文化中权利意识凸显,公民维权意识强烈,任何权利受损的主体都可以成为案件的当事人。因此英美法系国家主要通过事前程序将可能损害第三人利益的情形尽可能消除,故通过审前诉答确定当事人之间的争点并对具有法律上利害关系的所有主体进行权利告知,同时扩大当事人外延,规定详尽的第三人介入诉讼制度。大陆法系的法国,在民事诉讼中将第三人参加分为任意参加(根据参诉目的分为独立参加和辅助参加)和强制参加(根据参诉方式分为当事人追加第三人为被告、共同被告参加和法官依职权命令强制参加),第三人在第一审或上诉审均可任意参加,也可是强制参加。① 德国在其民事诉讼法中规定了第三人参加诉讼的方式,包括主参加、辅助参加以及告知参加。主参加具有"主当事人"的地位,主参加人以本诉的原、被告为共同被告,在参加之诉中相当于原告的地位;辅助参加一般不具有"主当事人"地位,告知参加中第三人类似于辅助参加人的地位。② 在日本,法律中规定的第三人参加诉讼制度包括辅助参加、独立当事人参加以及共同诉讼参加(相当于德国的主参加)。其中独立当事人参加,包括诈害防止参加(指第三人主张其权利因诉讼结果而遭受侵害的情形)和权利主张参加(指第三人主张全部或部分诉讼标的之权利关系为自己所有的情形)。此外,日本民事诉讼法还规定了诉讼告知制度,规定在诉讼系属中,当事人对能参加的第三人,可以向其告知该诉讼。受诉讼告知的人,可以再为诉讼告知。诉讼告知,应当向法院提出记载其理由及诉讼进行程度的书状。③ 比较域外相关立法,尽管两大法系各国在第三人参加诉讼制度上采取模式不同,但究其实质都体现了当事人权利保障理念。尤其在诉讼通知上,各国都注意到诉讼通知对第三人程序保障的重要作用,被两大法系广泛应用于涉及既判力可能

①主要法律依据为:《法国新民事诉讼法典》第 66 条、第 327 条、第 329 条、第 330 条、第 332 条、第 522 条;《法国民法典》第 311-10 条、第 311-11 条。

②主要法律依据为:《德国民事诉讼法》第 64 条至第 72 条。

③主要法律依据为:《日本民事诉讼法》第 42 条至第 53 条。参见:日本新民事诉讼法[M].白绿铉,编译.北京:中国法制出版社,2000:45-47.

向第三人发生扩张的具体制度之中。如美国集团诉讼中的法院强制通知制度，德国具有普适性的诉讼告知制度以及主要针对人事诉讼案件的传唤制度，前面提到过的日本的诉讼告知制度，我国台湾地区独创性设置的与第三人撤销之诉相配套的职权通知制度，等等。

反观我国第三人诉讼制度，目前立法中的规定仅有《民事诉讼法》第56条第1款及第2款之规定，立法上的简约加之理论上的学术杂陈，导致司法实践中对第三人认定标准的多重不一，这就是目前我国第三人诉讼制度的现状。《民事诉讼法》第56条增设第3款确立的第三人撤销之诉与第三人诉讼在适用时间、程序阶段、制度性质以及法律效果等方面存在明显的差异。具体而言，第三人诉讼发生在他人之间的诉讼已经开始但尚未结束期间，是对案外第三人民事权益的事前保障机制；而第三人撤销之诉发生在本诉的裁判已经生效后，是对案外第三人民事权益的事后救济机制。一般情况下，两者适用时不会发生选择竞合问题，两者辨析的关键是如何各自发挥应有功能，实现第三人权益保护的同时维护法律秩序的安定性。笔者认为应当遵循事前保障机制优先适用的原则，维护事后机制启动的必要性和严格性。第三人撤销之诉对既判力的冲击、对程序安定和司法权威的损害，决定了其不应当成为保障第三人权益的常态机制或主要渠道，为减少第三人撤销之诉所带来的负面影响需要限制该项制度适用，而应当最大限度地发挥事前预防机制的保障功能。换言之，应当优先适用普通的第三人诉讼制度，通过规范第三人诉讼制度以及强化法院的职权告知义务等方式，最大限度地确保可能受到裁判结果影响的第三人，在生效裁判作出前就能够知悉其权益可能受损的相关情况，参加到诉讼系属中进行防御抵抗，从而最大化地发挥事前保障制度的应有功能。因此，第三人撤销之诉构成要件中对程序条件的要求需相当严格，必须是"因不能归责于本人的事由未参加诉讼"，如果知悉前诉的存在或有机会参加前诉而主观上不愿参加等，都将导致第三人撤销之诉适用不能。

（二）与第三人另行起诉

从民事诉讼法理而言，当自然人、法人或其他组织认为自己的民事权益受到侵害时，都可以有以自己的名义向人民法院提出请求司法保护的权利。同理，当案外第三人（在中国语境下，仅指有独立请求权的第三人）认为他人之间的诉讼损害了自己合法权益时，也可以随时提起诉讼。同理，因为有独立请求权第三人享有实体上的请求权，即使其没有参加诉讼，该第三人仍然可以在他人之间的判决、裁定和调解书生效后，向他人主张权利，以本诉当事人为共同被告或其中一人为被告，单独起诉以普通诉讼程序维护自己权益。有独立请求权第三人可以另行起诉也得到了相关司法解释的确认。① 相对于已经存在或已经结束的双方当事人之间诉讼而言，第三人提起诉讼我们习惯上称之为（有独立请求权）第三人另行起诉。严格来说，第三人另行起诉不应归属于事前救济措施中，因为第三人另行起诉可以发生在整个诉讼程序期间，包括审判阶段、执行阶段乃至执行阶段之外，它可以融汇于事前裁判作出之前以及事后裁判作出之后的整个诉讼阶段。作为都是第三人权益救济途径的第三人另行起诉以及第三人撤销之诉两种救济途径而言，对于第三人来说应是独立的平行救济途径，区分适用阶段不同后，第三人可以自由选择另行起诉或对于生效裁判或调解书提起第三人撤销之诉。上述是基于理论层面的探讨，但在审判实务中，有独立请求权第三人另行起诉的情形非常少见，我们在前述第二章中已分析另行起诉在我国现有制度环境下存在的障碍，如因为原生效民事判决、裁定所确认的事实与起诉所依据的事实冲突而被驳回，重复审理造成裁判矛盾损害司法权威，不同层级法院难以处理，不同的两个生效裁判难以协调，等等。有些学者借此提出，在法律上确立了第三人撤销之诉制度后，第三人另行起诉制度无其存在的必要。笔者认为，民事主体在其合法民事权益受到侵害之后有请求法院予以司法保护的权利，这是宪法赋予公民的一项基本人权。起诉不同于其后续的上诉、申请再审，也不同于第三人撤销之诉、执行异议之诉等特殊之诉，是司法保护途径中最基本的一种程序保障制度，因此当案外第三人认为自己的权益受到侵害后行使诉权，这应是民事诉讼法理的应有之义，该权利不能因现实中存在种种障碍而被剥夺。故有学者提出，"第三人撤销之诉解决了案外第三人另诉不畅的问题，但这种方法却存在以特别程序代替一般程序的趋向和风险。为了充分保障案外第三人的程序权利和实体权益，应当重视和坚持案外第三人另行诉讼的程序权利。"②至于适用过程中的优劣比较，交于第三人自己权衡选择，应充分尊重当事人的意思自治。因此第三人另行起诉制度虽然实践中利用率低，但其存在有着特殊程序意义，笔者认为应该保留。当然要使第三人另行起诉真正发挥其功能，我国民事诉讼法应借鉴德国、日本民事诉讼法中的自然遮断理论，基于该理论，与原先的生效裁判有利害关系的案外人，可以以原判决的双方当事人为被告提起新的诉讼，若胜诉则后判自然遮断原判的效力并取而代之，

①《最高人民法院关于第三人能否对管辖权提出异议问题的批复》规定，"有独立请求权第三人主动参加他人已经开始的诉讼，应视为承认和接受了受诉法院的管辖，因而不发生对管辖权提出异议的问题；如果是受诉法院依职权通知他参加诉讼，则他有权选择是以有独立请求权的第三人的身份参加诉讼，还是以原告身份向其他有管辖权的法院另行起诉"。
②任重.论虚假诉讼:兼评我国第三人撤销诉讼实践[J].中国法学,2014(6):259-260.

甚至出现在我国目前法律理念下难以接受的一审裁判替代原二审裁判的现象。

二、第三人撤销之诉与其他事后救济途径竞合之选择

从民事诉讼第三人权益救济体系图可见,第三人撤销之诉与案外人执行异议、案外人申请再审之间存在交叉竞合。下文将从各项制度自身功能出发,理顺各自场域,并对各项制度的应然地位和适用顺位进行解析,为探寻第三人权益救济体系内各项制度效能最优化提供基本依据和方向指引。

(一)与案外人执行异议

案外人执行异议是对第三人实体上的执行救济,是指第三人认为权利人的主张与权利的应然状态不符,或者有足以抗辩权利人请求执行的实体事由存在,从而请求对实体法律关系进行裁判,以排除执行的救济方法。比如第三人认为执行标的物应为自己所有等情形。根据我国《民事诉讼法》第 227 条规定,执行过程中,案外人认为人民法院对执行标的物的执行侵害了自己的实体权利,可以向执行法院提出书面异议,执行法院应当自收到书面异议之日起 15 日内审查,理由成立的,裁定中止对该标的的执行,即可以快速有效地阻止对执行标的物的继续执行,阻止执行标的物的转让、交付等,从而切实维护第三人的合法权益。可见案外人执行异议只可阻却执行,但不能直接确认被执行财产的权利归属。关于案外人执行异议制度的特点以及局限性,我们在前述第二章关于事后救济途径的局限性是第三人撤销之诉设立的现实基础因素之一部分已分析,此处不再赘述。此处我们要探讨的是进入执行阶段,案外第三人意识到自己权益受损时,案外人该如何选择适用案外人执行异议和第三人撤销之诉这两项功能重合的制度。

问题一,进入执行阶段,第三人发现其权益受损,是可以自由选择执行异议或第三人撤销之诉,还是两者在适用时有先后顺位? 在这一问题上,我国台湾地区的规定是第三人撤销之诉必须在穷尽其他救济途径后才能适用,即将第三人撤销之诉作为第三人权益救济的最后一道屏障,而我国立法并未如此规定。①从理论上来说,进入执行程序后,第三人认为生效裁判错误损害其民事权益的情形,第三人可选择提起执行异议也可选择提起第三人撤销之诉(除生效调解书侵害其权益的情形,由于执行异议的对象仅针对生效裁判,故生效调解书出现损害其民事权益的情形只能提起第三人撤销之诉)。有研究者也主张两种程序可以并列适用,具体理由:一是案外人执行异议程序是不完整的临时性救济

①张丽丽.第三人撤销之诉研究[M].北京:知识产权出版社,2016:26.

程序。案外人对执行异议裁定本身也不能获得进一步的上诉或者复议救济。二是法院对执行异议作出的最终处理属于是否裁定中止执行问题,而不会有进一步的实体性裁决,因而在司法实践中不会造成第三人撤销之诉裁决与执行异议裁决相互冲突的问题。三是案外人提出执行异议所能救济的法律权利限于对标的物本身主张实体权利,而第三人撤销之诉所要救济的权利是先前判决对其造成的各种损害。两种救济程序所能救济的法律权利范围明显不一样。四是这两种程序的受案法院并不一致。第三人撤销之诉的受案法院是作出侵害第三人权益判决的原审法院,而案外人异议之诉是执行法院,两种程序的受案法院不一定是同一法院。① 但是从实际运行来看,在执行阶段,案外第三人维护自身权益最为迅捷、有效的方法是申请执行异议,通过对执行标的主张所有权或者有其他足以阻止执行标的转让、交付的实体权利,向执行法院提出不应执行的异议,法院审查后 15 天内就必须作出裁定。可是,执行异议制度不是一个终局性裁判,其仅仅是个中间环节,最后实体权利的归属还是要通过其他如再审程序或执行异议之诉解决。而与此相反,第三人撤销之诉制度在权利保护上具有终局性和彻底性的特点,因而有可能出现的情况是,执行程序中案外人为谋求一步到位径行提起撤销之诉而不去利用执行异议,从而将使执行异议束之高阁,案外人执行异议制度被架空。问题的关键是,如果不为两者确定使用上的顺序,那么极有可能出现案外人都涌向第三人撤销之诉的轨道上去解决问题的现象,使简便易行的执行异议沦为弃之不用的制度,这不能不说既是司法资源的浪费,也是对法安定性不必要的挑战。② 而在事实上,执行程序中很多涉及案外人权益的争议通过执行异议就能获得解决,但此时如果提起第三人撤销之诉,则执行法院与第三人撤销之诉受理法院不一致时它们之间的关系、第三人撤销之诉与执行的关系如何处理、执行法院是否中止执行等问题都将成为棘手难题。③ 笔者认为,在执行阶段,应当以制度创设时的核心功能和保护对象为中心,确立执行救济机制优先适用的原则。只有当执行领域的专门性救济机制无法发挥应有功能时,才允许第三人撤销之诉的有限适用,通过第三人撤销之诉的限制性适用来使程序各司其职,并实现维护判决稳定性的目的。我们可借鉴我国台湾地区的做法,将执行异议之诉置于优先适用的地位,让第三人撤销之诉尽量成为一个备而不用的撒手锏。

　　问题二,案外人已提起执行异议,经审查后法院认为理由成立,裁定中止对

---

① 胡军辉. 论第三人撤销之诉与周边程序的协调[J]. 政治与法律,2015(8):148.

② 王福华. 第三人撤销之诉适用研究[J]. 清华法学,2013(4):57.

③ 杨永清,赵晋山. 新《民事诉讼法》之法院应对[J]. 法律适用,2012(11):55.

原裁判执行,此时如果原案当事人不提起审判监督程序请求纠正原裁判错误,案外第三人可否对原生效裁判提起撤销之诉?对于执行异议法院审查后认为理由成立的,将裁定中止对标的物的执行。原当事人对中止执行裁定不服,如果认为原判决裁定错误,可依照审判监督程序办理。法院重新审理当事人之间的实体权利义务关系,对原生效裁判有重新的界定。但问题是如果原案当事人不提起审判监督程序请求纠正原裁判错误,由于此时的裁定仅仅是阻止执行,原生效裁判的效力依然存在,仍可能影响案外第三人的利益,此时案外第三人如何寻求救济?笔者认为,此时的第三人,只要其符合第三人撤销之诉的构成要件,就应允许其通过第三人撤销之诉途径来保护自己的合法权益。

问题三,案外人已提起执行异议,经审查后被法院驳回,此时案外人可否提起第三人撤销之诉?这个问题,我国《民事诉讼法》第227条以及《民事诉讼法司法解释》第303条已给出明确答案,即案外人对人民法院驳回其执行异议裁定不服,认为原判决、裁定、调解书内容错误损害其合法权益的,应当根据《民事诉讼法》第227条规定申请再审,提起第三人撤销之诉的,人民法院不予受理。也就是说,第三人选择执行异议失败后,就不能选择适用第三人撤销之诉。笔者认为立法这样的规定是合理的,理由正如问题一中所述,此时通过申请再审寻求救济可以避免第三人提起撤销之诉所带来的种种棘手问题难以解决的尴尬。具体理由将在下文与案外人申请再审竞合选择处阐述。

问题四,案外人提起第三人撤销之诉后,能否再提起执行异议?根据《民事诉讼法司法解释》第303条规定,第三人提起撤销之诉后,未中止生效裁定、判决和调解书执行的,可向执行法院提出执行异议。执行异议被驳回,第三人申请对原判决、裁定、调解书再审的,人民法院不予受理,而应该继续通过第三人撤销之诉处理。也就是第三人选择了第三人撤销之诉后,除了发挥执行异议的临时中止执行的功能外,不能再选择其他的如申请再审的方式。针对问题三和问题四,我国立法的规定都在向外界传递着这样的适用规则,即第三人在事后救济体系中选择了其中一项救济途径便不得启用另一救济途径,即发生制度功能竞合时,只能按照启动程序的先后择一适用。笔者认为这是基于避免因对第三人权益双重重复保护导致司法资源浪费的角度考虑的,有其立法的合理性。

综上所述,在处理第三人撤销之诉和执行异议竞合时,应遵循执行阶段,执行救济机制优先适用以及竞合时按照启动程序的先后择一适用原则。相比之下,第三人撤销之诉与案外人异议之诉在制度目的上存在较大区别。一般而言,《民事诉讼法》第227条规定的案外人异议之诉,其主要目的在于处理解决同原生效法律文书无关,仅仅是围绕被执行的具体财产权利归属而发生的争议。此类情况因为不符合第三人撤销之诉构成要件中的实体要件,故不会涉及第三人撤销之诉。

(二)与案外人申请再审

一直以来,第三人撤销之诉和案外人申请再审关系处理是学界争论重地,也是司法实务急需面对解决的现实问题。从理论高度理清两者界域,为实务操作提供理论指引是研究者们努力的方向和目标。第三人撤销之诉与案外人申请再审两者之间既有共同点又有区别。第三人撤销之诉虽是一种独立的救济程序,但从目的和功能来看,两者都是向案外人提供的事后救济纠错程序,[①]对生效判决的既判力均有一定的冲击。也正是在此意义上,不少国家民事诉讼法都将第三人撤销之诉程序作为再审程序的一种特殊情形,仅对第三人撤销之诉的特殊性作出规定,其他则准用再审程序的相关规定。但这并不意味着这两种程序是完全相同的,恰恰相反,这两种程序存在着重大差别:(1)程序目的不同。表面上看,两者目的都是一样的,都是通过纠正原裁判的错误达到保护第三人利益的目的,实则不然。撤销之诉只需通过对原裁判的审理达到阻止他人之间的裁判效力扩张于第三人即可,即达到"止错"和裁判效力不能发生就可以了,无需在"止错"之余再纠正错误。再审程序则不同,其目的不仅仅是"止错",而且重在"纠错"。(2)提起事由不同。前者只是对原裁判"侧击"以"止错",对理由的要求就不太严格。法律只是笼统地规定,生效裁判或调解书因错误而损害非因归责于自己原因未参加诉讼之第三人权益的即可;后者有所不同,因其旨趣在于全面推翻原裁判以"纠错",将会从根本上挑战和动摇已产生既判力的裁判的稳定性。我国《民事诉讼法》第 200 条明确将当事人发动再审的事由规定为 13 种,如果不具备这 13 种事由的其中一种,就不能发动再审,即再审提起需以原裁判存在重大瑕疵为前提。(3)具体保护的权益不同。前者主要是保护第三人的实体权益;后者保护第三人的合法权益,既包括实体权益也包括程序权益。如果前诉中仅存在程序方面的瑕疵,而没有实体方面的错误或不当,第三人不能提起撤销之诉。(4)适用程序不同。前者作为新的独立的诉讼,适用第一审普通程序,遵循两审终审,当事人在第三人撤销之诉程序中享有上诉权;后者程序则不一样,顾名思义,再审是原来审理程序的继续,已经过了第一审或第二审,在管辖上,基于再审公正性的考虑,一般会由原审法院的上一级法院管辖。如果原生效裁判是第一审程序作出的,再审将按照第一审程序进行;如果原生效裁判为第二审程序作出,再审必须按照第二审程序进行,裁判的结果为

---

① 王福华.民事诉讼法学[M].北京:清华大学出版社,2012:334.

生效裁判,不得上诉。(5)对原裁判产生的影响不同。前者只是对原生效法律文书错误部分纠正,而非对原审法律关系的全面审理,可能改变原裁判,也可能不改变;可能改变原裁判的全部,也可能只是改变其一部分;可能对原裁判当事人之间的法律关系有影响,也可能没有影响。后者是对案件的全面重新审理来纠正原裁判错误,往往会全面颠覆前诉裁判,是对原裁判法律关系的重新塑造。(6)在是否需要中止执行方面效力不同。前者一般情况下不产生原判中止执行的效力,除非原告(第三人)提供相应担保请求中止或法院依职权中止;后者只要在再审程序开始后,原判决、裁定、调解书原则上均应中止执行。正是基于第三人撤销之诉与案外人申请再审存在以上重大差别,世界各国(地区)根据自己法律文化传统和现实需求的不同作出了各自不同的选择。我国现行民事诉讼框架内,就形成了第三人撤销之诉与案外人申请再审并存适用的格局。在目前没有现成规则可循的情况下,我们应当作出怎样的选择呢?

关于第三人撤销之诉与案外人申请再审的区分及适用,学界和实务部门主要有两种代表性的观点,即"选择适用说"和"替代适用说"。"选择适用说"认为,在现有法律规定的前提下,案外第三人为保护自己的合法权利,应享有对两种程序的选择权,但不能同时选用两种程序,即既提起再审之诉,又提起撤销之诉。① 当然,也不能先后选择适用两种程序,只能选择其中的一种程序适用,不允许"一条路不行再走另一条"那样的选择。② "替代适用说"主张以第三人撤销之诉取代案外人申请再审。他们认为第三人撤销之诉的立法目的意在取代案外人再审申请制度,将遗漏必要共同诉讼人等情形也列入撤销之诉范围,不赋予案外人选择适用并行的案外人申请再审的权利,可以避免实践中产生混乱。③ 虽然二者在功能上有相似之处,但相比之下,"第三人撤销之诉"的提法更为准确,也更能实现民事司法救济的目的。④ 在技术层面,最高人民法院2008年《审判监督程序若干问题的解释》第5条规定的案外人申请再审的适用前提之一是"无法提起新的诉讼解决争议的",第三人撤销之诉作为新民诉法的一全新制度符合"新的诉讼"的条件,当第三人撤销之诉和案外人申请再审制度发生竞合时,应将第三人撤销之诉作为"新的诉讼"而排除适用案外人申请再审制度。⑤

---

① 吴兆祥,沈莉.民事诉讼法修改后的第三人撤销之诉与诉讼代理制度[J].人民司法,2012(23);袁巍,孙付.第三人撤销之诉的法律适用与程序构建[J].山东审判,2013(1).

② 王亚新.第三人撤销之诉的解释适用[N].人民法院报,2012-09-26(007).

③ 高民智.关于案外人撤销之诉制度的理解与适用[N].人民法院报,2012-12-12.

④ 蔡虹.民事再审程序立法的完善:以《中华人民共和国民事诉讼法修正案(草案)》为中心的考察[J].法商研究,2012(12).

⑤ 李瑜.对第三人撤销之诉制度的若干思考[J].中国审判,2013(9).

第三人撤销之诉与案外人申请再审这两种程序并存适用的局面是不正常的,基于司法成本的考量,也更为了法律适用的统一,为解决同一个实际问题,在诉讼领域不需要设置两个性质基本相同的救济程序。在扩大第三人撤销之诉适用范围的前提下,统一适用撤销之诉程序对案外第三人进行救济,废止案外第三人申请再审程序的运作。①

笔者认为,要理顺第三人撤销之诉和案外人申请再审两者之间的关系,必须先理清两项制度的本质以及各自产生的背景。按照目前我国相关民事诉讼法及司法解释的规定,案外人申请再审包括案外人执行中的申请再审制度(现行《民事诉讼法》第 227 条之规定)和不局限于执行程序中的案外人申请再审制度,也被学界称为"案外人直接申请再审"(《审判监督程序若干问题的解释》第 5 条之规定)。新民事诉讼法增设第三人撤销之诉之前,对案外人能否提起再审之诉,民事诉讼法典和最高人民法院的司法解释表明了不同的程序策略。旧民事诉讼法将案外第三人排除在申请再审的主体之外,即便他们有证据证明自己的权利因生效裁判的错误而受到侵害,他们仍然无权申请再审,从而无法通过再审程序纠正原裁判而获得事后的救济;相应地,申请再审的事由也不包括案外第三人的权益被侵害的情形。但最高人民法院在实践中却出于实现个案正义的考虑承认了案外第三人再审申请权,《审判监督程序若干问题的解释》有条件地允许案外第三人在穷尽权利救济措施之后申请再审,其中第 5 条规定,案外人对原判决、裁定、调解书确定的执行标的物主张权利,且无法提起新的诉讼解决争议的,可以在判决、裁定、调解书发生法律效力后二年内,或者自知道或应当知道利益被损害之日起三个月内,向作出原判决、裁定、调解书的人民法院的上一级人民法院申请再审。凭借这个规定,最高人民法院为第三人提供事后救济打开了大门。案外第三人与当事人一样有权申请再审。然而,新民事诉讼法并没有将最高人民法院尝试的第三人申请再审的方案提升到基本法律的层面,而是另辟蹊径设置了第三人撤销之诉制度,赋予第三人以提起撤销诉讼的权利,让他们能够以诉的方式去维护受到生效裁判损害的权益。因此,如何协调案外人申请再审与第三人撤销之诉制度的关系,成了法律留给实践的难题。

第一,第三人撤销之诉与案外人直接申请再审的协调。最高人民法院 2008 年就审判监督程序的适用而发布的司法解释第 5 条规定,对原判决、裁定、调解书等法律文书确定的执行标的物主张权利的案外人,以"无法提起新的诉讼解决争议"为条件,在一定期限内可向法院申请再审。该条司法解释从诞生之日

---

①许少波.第三人撤销之诉与申请再审的选择[J].河南大学学报(社会科学版),2015(1).

起就备受争议,主要在于其突破了再审制度的原有之义并扩大了立法解释。尤其在第三人撤销之诉制度确立后,这种案外人再审申请的目的及功能在很大程度上与第三人撤销之诉重合。关于案外人直接申请再审规定的去留,学界分为泾渭分明的两派。认为应该仍然保留该项规定的理由主要有:王亚新教授指出这项制度与第三人撤销之诉适用的对象领域仍有不相重合的部分,例如,第56条第3款的规定并不能适用于这样的情形:目的在于转移财产而串通制造的虚假诉讼在先,然后原诉的当事人一方再与第三人进行交易等,造成事后对其利益的侵害。显然,此类情况下的第三人并不在第56条可以覆盖的对象范围之内,因而只能通过案外人再审申请来寻求救济。① 还有研究者提出,对于那些需要立即停止执行的案件来说,案外人申请再审制度能够中止原裁判的执行这一优势是第三人撤销之诉不可媲美的。② 笔者属于另外一派,认为在民事诉讼法确立第三人撤销之诉制度之后,案外人直接申请再审规定可以取消。我们先考察2008年这一司法解释出台的特殊历史背景:在我国利益关系日趋多元化的形势下,特别是在人民法院加强民事调解工作后,案外人合法权益遭受危害的现象日益突出。一方面,案外人权益亟须救济,另一方面,在案外人申请再审案件大量增加的情况下对其也必须规范。所以在征求立法机关意见后,《审判监督程序若干问题的解释》对案外人申请再审进一步作出了具体规定,配套于2007年《民事诉讼法》第204条的规定。③ 在当时背景下,这一规定对于维护案外人合法权益具有一定的积极作用。但是该规定在实际的适用过程中是受到严格限制的,比如何为"执行标的物",优先受偿权、金钱等不特定物不属于执行标的物,确认之诉、形成之诉判决不能适用再审申请。又如对"执行标的物"主张何种权利,实务上一般理解为仅限于物权;案外人因对生效法律文书涉及的标的物主张债权而申请再审的,一般不予受理。再如严格启用条件,即"无法提起新的诉讼解决争议",也就是说,如果案外人可以通过新的诉讼解决其争议,就不允许动用作为特殊救济手段的再审程序。这般克制足见司法解释在规定案外人直接申请再审时的无奈,一方面因为司法解释将这种保护扩大到执行程序之外备受身份合法性的质疑,另一方面,在当时又没有其他更优势的途径解决实务中大量案外人权利受损的状况。第三人撤销之诉制度出台,后比较发现两项制度相当接近,都是为了保护没有参加原审诉讼的案外人的实体权益,保护的方式都是推翻生效裁判的既判力,让相关实体权利义务关系恢复到裁判之

---

① 王亚新.第三人撤销之诉的解释适用[J].人民法院报,2012-09-26(007).
② 张丽丽.第三人撤销之诉研究[M].北京:知识产权出版社,2016:35.
③ 沈德咏.民事诉讼司法解释理解与适用[M].北京:法律出版社,2009:456.

前的状态；同时第三人撤销之诉不仅限于原裁判是给付之诉、确认之诉还是形成之诉，也不仅限于对执行标的物主张权利。所以，以一种更合法的更优势的方式代替原有司法解释规定的案外人直接申请再审制度，何乐不为呢？另外，王亚新教授提出的之所以保留案外人申请再审，是因为其可涵括对虚假诉讼中权利受损案外人的权利救济，这是第三人撤销之诉涵括不了的。其实，虚假诉讼本身不是案外人申请再审的法定事由，也不是这一制度的预设功能。但是，主张原审当事人制造虚假诉讼侵害案外人合法权益，在案外人申请再审中可以说相当常见。实践中因虚假诉讼导致再审的，多数是由人民检察院抗诉提起再审或者由人民法院依职权启动再审，案外人超越《审判监督程序若干问题的解释》第5条，直接以虚假诉讼为由申请再审的，往往因证明不能而落空。成功确认虚假诉讼的案件多数有公安、检察机关的介入，甚至直接以确认罪行的刑事判决作为基础。① 倒是第三人撤销之诉，立法者最初宣示的目的就是规制通过虚假诉讼、恶意诉讼侵害他人权益的行为。虽然《民事诉讼法》第56条第3款并没有出现"虚假诉讼"或者"恶意诉讼"之类的语词，但这类案件是需要考虑纳入其制度保护范畴的。我们在前述第四章对有独立请求权第三人的类型化分析中提到，虚假诉讼的受害人也是可依法提起撤销之诉的第三人。也就是说把有独立请求权第三人的主体范围扩展至涵盖大陆法系的"诈害防止参加之诉"，即"他人之间出于非法目的而进行诉讼且结果会使其利益受到损害"的第三人。另有研究者所说案外人申请再审比第三人撤销之诉的优势是可中止原判决的执行，更有利于保护第三人利益，所以需保留案外人申请再审制度。笔者认为，这并不是问题的关键，在第三人撤销之诉中，第三人提供担保的情形下，法院也可以中止执行，我们也提出在特殊情况下，法院也可依职权中止执行，以更好保护第三人权益。

　　第二，第三人撤销之诉与执行过程中案外人申请再审的协调。《民事诉讼法》第227条规定，在执行程序中，案外人对执行标的提出书面异议，对人民法院驳回其异议的裁定不服，认为原裁判有错误的，依照审判监督程序办理，法条明确了此种情况下，案外人享有申请再审的权利。如果此时该案外人符合第三人撤销之诉的构成要件，案外人是否可以选择提起第三人撤销之诉呢？在《民事诉讼法司法解释》起草和研究过程中，出现了不同的观点：一种观点认为，在此情况下应赋予第三人程序选择权，由第三人自由选择适用何种程序。另一种观点认为，从提高诉讼效率的角度而言，不宜由第三人选择，应当优先适用再审

①吴泽勇.第三人撤销之诉的原告适格[J].法学研究,2014(3):155.

程序。笔者同意后一种观点，理由主要在于：首先，从节约司法资源的理念出发，救济程序应该是有限的，原则上对同一种情形只能适用一种救济程序。如果允许当事人选择，易造成程序运用上的扯皮现象，反而不利于当事人合法权益的保护。其次，第三人撤销之诉相对于再审程序是一种一般规定，再审程序是特别规定，根据法律适用原则，特别规定应当优先于一般规定适用。再次，申请再审程序相较于第三人撤销之诉，其一次性解决纠纷的优势更凸显，适用再审申请有利于提高纠纷解决的效率。最后，从司法实践来看，案外人知道其合法权益受损往往多数发生在原裁判文书的执行环节，如果此时提起第三人撤销之诉，则执行法院与第三人撤销之诉受理法院不一致时它们之间的关系、第三人撤销之诉与执行的关系如何处理、执行法院是否中止执行等问题都将成为棘手难题，而选择案外人申请再审可避免难题难以解决的尴尬。综上，此种情况下选择案外人申请再审更具有合理性。我国法律在设置执行异议以及执行程序中的第三人申请再审制度时，未将生效调解书作为适用对象。笔者揣测，立法者认为双方当事人通过调解结案的，一般会主动履行义务，不会进入执行程序。但据有关数据显示，调解结案的案件进入执行程序的比例有逐年提升的趋势。按照目前我国现行法律的规定，在执行阶段，第三人认为双方原生效调解书损害其民事权益的，在符合条件的情况下，只能通过撤销之诉解决。

综上所述，随着第三人撤销之诉制度的完善，对于执行程序外案外人直接申请再审可以取消；对于在执行程序中，如果第三人事先选择了执行异议，而执行异议经人民法院审查理由不成立被驳回，则其不能选择提起第三人撤销之诉，必须通过再审程序救济自己的权益；如果第三人未提起执行异议或提起执行异议被法院支持，则可提起第三人撤销之诉。

三、第三人撤销之诉与当事人申请再审之衔接

（一）当事人申请再审吸收第三人撤销之诉

依照民事诉讼法的规定，第三人撤销之诉与当事人申请再审两种程序依法可以分别启动，相互之间并不影响。但第三人撤销之诉程序与再审程序都启动后，由于两个诉的对象为同一法律文书，审理范围上会产生交叉，如果完全独立进行，可能会出现裁判矛盾的情况；同时让当事人就同一诉讼对象进行两个不同的程序，诉讼负担会增大。基于这些原因，我国《民事诉讼法司法解释》第301条规定，第三人撤销之诉案件审理期间，人民法院对生效判决、裁定、调解书裁定再审的，受理第三人撤销之诉的人民法院应当裁定将第三人的诉讼请求并入再审程序。但有证据证明原审当事人之间恶意串通损害第三人合法权益的，人

民法院应当先行审理第三人撤销之诉案件,裁定中止再审诉讼。司法解释通过诉的合并方式一次性解决两个诉,对于第三人而言,只要其权利得到充分保障,是用第三人撤销之诉还是再审之诉无诉讼上的实质差异。通过再审一次性解决三方之争议,符合特别规定优于一般规定的法律原则,也符合纠纷解决彻底性的要求。再审审理吸收第三人撤销之诉的前提是两个案件均被法院受理,即作出生效裁判的人民法院已经受理了第三人撤销之诉,前诉也已经进入再审程序。第三人撤销之诉的诉讼请求并入再审程序一并审理的方式,如果属于同一法院审理的,可以通过诉的合并处理。如果分属不同法院审理,第三人撤销之诉案件审理法院应通过裁定方式将案件送交审理再审案件的人民法院。《民事诉讼法司法解释》第302条规定,按照第一审程序审理的,人民法院应当对第三人的诉讼请求一并审理,所作的判决可以上诉。此种情况下,将第三人直接列为第三人,其在其撤销请求范围内享有当事人的权利义务。人民法院应当对再审诉讼请求和第三人撤销请求同时审理,一并作出判决。按照第二审程序审理的,人民法院可以调解,调解达不成协议的,应当裁定撤销原判决、裁定、调解书,发回一审法院重审,重审时应当列明第三人。在按照第二审程序审理时,第三人也直接列为第三人,对再审请求和撤销请求在各方当事人自愿的原则下进行调解,调解成功直接制作民事调解书,调解不成则只能裁定发回重审,裁定中列明第三人情况,重审时,人民法院直接将第三人列为案件第三人,对第三人的民事权利主张与原诉当事人之诉讼请求一并进行审理。

（二）例外之规定

第三人撤销之诉并入再审程序也有例外,即有证据证明原诉当事人之间恶意串通损害第三人利益的情况,应当先行审理第三人撤销之诉案件,裁定中止再审诉讼。

四、第三人撤销之诉与外部救济途径关系协调

前面所述是针对第三人权益内部救济体系中各项制度之间协调选择展开的,那么在整个民事诉讼中,作为一项新的具有特殊事后救济功能的独立之诉,其程序地位如何呢?是学习法国立法将其放置于非常上诉程序还是借鉴我国台湾地区相关条例将其放置于再审程序中,笔者认为都不合适。笔者建议在一审程序、二审程序之后,单独设立救济程序一篇,在此篇中把我国民事诉讼法中现有的救济制度按照提起救济主体不同重新构建,具体分为两部分:第一部分以国家机关（法院、检察院）为主体提起的救济程序,主要包括法院提起再审、检察院提起抗诉,即真正意义上的审判监督程序;第二部分以公民个人为主体提

起的救济程序,主要包括当事人申请再审(即严格意义上的再审之诉)、执行程序中案外申请再审和第三人撤销之诉。① 在处理第三人撤销之诉与外部救济措施之间关系时,笔者认为应遵循内部救济优于外部救济原则,即民事权益主体申请救济优先于法院依职权启动救济和检察监督救济。

(一)与法院依职权启动再审救济程序之协调

根据《民事诉讼法》第 198 条的规定,对于已经发生法律效力的判决、裁定、调解书,人民法院发现确有错误的,可依职权决定启动再审程序。根据相关规定,人民法院提起再审的程序有:(1)各级人民法院院长提起的再审程序。各级法院享有审判监督权的是法院院长和审判委员会,他们对本院主审法官、合议庭的审判工作有权进行监督。因此,法院院长对本院已经发生法律效力的判决、裁定、调解书,发现确有错误,认为需要再审的,应当提交审判委员会讨论决定。(2)最高人民法院提审或者指令下级人民法院再审的程序。最高人民法院是国家最高审判机关,对地方各级人民法院的审判工作享有审判监督权。因此,发现地方各级人民法院已经发生法律效力的判决、裁定、调解书确有错误的,有权提审或指令下级人民法院再审。(3)上级人民法院提审或者指令下级人民法院再审的程序。根据法律规定,上级人民法院对下级人民法院的审判工作享有审判监督权。因此,上级人民法院发现下级人民法院已经发生法律效力的判决、裁定、调解书确有错误的,有权提审或者指令下级人民法院再审。

一直以来,法院依职权启动再审受到了部分学者的诟病,认为法院依职权启动再审违背了民事诉讼"不告不理"的基本原则,过度干预了当事人的处分权,违反了裁判的中立原则和诉审分离原则,造成了当事人申请审判权利的虚化以及旁落,违背了民事诉讼的目的以及既判力理论,易造成"终审不终"的局面等,故主张废除该制度。② 笔者认为在处理第三人撤销之诉与法院依职权救济关系时,应先穷尽主体的自我救济,在当事人之间诉讼造成第三人权益损害时,第三人作为民事权益主体应当积极主动地援引救济程序,在第三人可以自行援引救济程序来保护其合法权益时,法院不应当依职权介入。只有在当事人不具备申请第三人撤销之诉法定条件或依法提出申请被驳回时,才允许第三人申请法院依职权启动再审程序。

---

① 此处想法受崔萌萌,易萍.论第三人撤销之诉:以第三人撤销之诉的构建为中心[J].法制博览,2013(2)启发。

② 胡军辉.论第三人撤销之诉与周边程序的协调[J].政治与法律,2015(8):147.

(二)与检察监督救济之协调

检察机关是我国法律监督机关,《民事诉讼法》明确规定,"人民检察院对民事诉讼实行法律监督",包括对审判程序和执行程序的监督。在审判阶段,对于已经发生法律效力的判决、裁定,人民检察院发现有《民事诉讼法》第200条规定的情形或发现调解书损害国家利益、社会公共利益的,可以抗诉的方式提起再审。根据《民事诉讼法》的规定,民事抗诉的提出主要有以下几种情形:(1)最高人民检察院对各级人民法院已经发生法律效力的判决、裁定,发现有法定情形之一的,或者发现调解书损害国家利益、社会公共利益的,应当提出抗诉。(2)上级人民检察院对下级人民法院已经发生法律效力的判决、裁定,发现有法定情形之一的,或者发现调解书损害国家利益、社会公共利益的,应当提出抗诉。(3)地方各级人民检察院对同级人民法院已经发生法律效力的判决、裁定,发现有法定情形之一的,或者发现调解书损害国家利益、社会公共利益的,可以向同级人民法院提出检察建议,并报上级人民检察院备案;也可以提请上级人民检察院向同级人民法院提出抗诉。根据《民事诉讼法》第209条规定,符合条件时,当事人可以向人民检察院申请检察建议或者抗诉。此时会出现对于生效裁判,第三人认为侵害其合法权益,是选择提起第三人撤销之诉,还是向检察院申请抗诉问题。民事检察监督权作为检察权的组成部分是我国《宪法》赋予检察机关的法律监督职能之一已成共识。虽然学界对于检察权的性质定位不一,但其"维护司法公正、维护司法权威、保障法制统一的本质"是毋庸置疑的。随着价值取向和司法理念的演进和变迁,检察权的重心回归到对司法权、行政权等公权力的监督,其角色也从传统的"干预者"向司法公正的"督促者"转变。[①]检察机关在履行监督职能时宜保持审慎和谦抑,应以公权力行使中的违法、失职、滥权为监督重点。因此在诉讼主体内部成员能够并且愿意启动救济程序的情况下,检察监督机关是不宜启动相关救济程序的。具体而言,在生效裁判作出之后启动执行程序前,第三人认为利益受损时,第三人应当优先选择提起第三人撤销之诉,只有在援引这一程序不足以救济其权利时,才被允许申请检察监督救济,在第三人对于第三人撤销之诉裁决不服时,其应当优先选择常规的上诉救济,而不应当被允许未经上诉而申请检察监督。[②] 也就是说第三人对于人民法院作出的第三人撤销之诉的生效裁判不服,申请再审被人民法院驳回或人民法院逾期未对再审申请作出裁定或再审判决、裁定有明显错误的,此时第

[①]韩艳.民事执行检察监督的范围[J].浙江工商大学学报,2016(1):48.
[②]胡军辉.论第三人撤销之诉与周边程序的协调[J].政治与法律,2015(8):148.

三人才能向人民检察院申请检察建议或者抗诉。

此处还需要注意的一个问题是,我国现行《民事诉讼法》增设第 235 条,明确规定人民检察院有权对民事执行活动实行法律监督。并且在最高人民检察院发布实施的《人民检察院民事诉讼监督规则(试行)》中规定,检察机关对民事执行行为进行监督的具体方式是提出检察建议。检察机关对民事执行的检察监督范围为欠缺程序要件的违法执行行为或不符合实体正义的违法执行行为,如人民法院作出的民事执行裁定、决定、通知等法律文书涉嫌违法,人民法院执行活动中的具体实施行为涉嫌违法,人民法院涉嫌不履行或怠于履行执行职责等,①而第三人撤销之诉是对实体权益侵害的保护,两项制度不存在适用竞合问题,亦不会产生适用中的冲突。

制度之间各司其职和相互协同,使公平和公正的价值追求能够在具体程序和个案中得以实现。自洽的第三人救济体系使第三人民事权利受到法律多方位的保护,立法和司法中贯穿始终的公正价值追求才能真正落到实处。

---

① 韩艳.民事执行检察监督的范围[J].浙江工商大学学报,2016(1):52.

第七章　滥用第三人撤销之诉制度的防范与规制

法律在设立一项权利时，既要设置该项权利的保护机制，又要考虑设置防止滥用该项权利的机制。我国民事诉讼法司法解释对第三人撤销之诉的起诉主体条件、程序条件和管辖法院作了明确的规定，但仍然存在第三人与他人恶意串通，伪造债权债务关系，虚构事实使得"案件处理结果同他有法律上的利害关系"的情形。对此，立法上应当结合司法实践的实际情况，进一步完善第三人撤销之诉，明确该制度的内涵和外延，在诉权保障和防范诉权滥用之间寻求平衡。

第三人撤销之诉的滥用不仅会侵害对方当事人的合法权益，同时也会严重浪费司法资源，扰乱正常的司法秩序，损害司法的公信力。为保护当事人的合法权益，维护诉讼秩序的良性运行，需要对第三人撤销之诉的行使加以关注和重视，并通过制度规范加以规制，对第三人撤销之诉的正确行使进行必要的限制和对滥用行为给予惩戒，从而使有限的司法资源发挥其定纷止争、维护正当权益的价值，使诉讼的效益得到最大限度的实现，让司法满足社会大众的广大需求。

一、第三人撤销之诉规制的必要性

民事诉权行使的不当必然会给社会公序良俗造成负面影响。从社会个体的角度来看，其侵犯了个人的合法权益；从司法的角度来看，其浪费了司法资源，损害了司法的严肃性与权威性；从社会的角度来看，其扰乱了正常的社会秩序，造成法律关系的非正常化。所以，对第三人撤销之诉规制的探讨，目的在于根据其本质属性对其法律效果予以评价。

（一）预防第三人假借撤销之诉而损害原诉当事人的利益

在规制第三人撤销之诉中，其中危害程度最大的是第三人滥用撤销之诉的行为，滥用第三人撤销之诉的直接影响主要体现在对原诉当事人权益的侵害。无论其主观意图如何，追求胜诉裁判，抑或阻却生效裁判的执行，抑或拖延时间等，意在诈害原诉当事人合法权益的滥用撤销权行为，都会对原诉当事人实体权益有很大的影响；即使是不追求胜诉裁判的滥用行为也会使原诉当事人卷入无为的诉讼之中。因此，建立第三人滥用撤销权的配套惩罚机制，有助于防止第三人假借撤销之诉而损害原诉当事人的利益。

尽管我国现行《民事诉讼法》的第 112 条增加了有关规定,对处罚虚假诉讼、调解侵犯他人合法权益的行为进行了规制[①],但该规定主要关注的是对虚假诉讼、恶意调解加强规制,侧重于对第三人利益的保护,而对原诉当事人之间利益的保护则被忽视。同时,该条规定以当事人之间恶意串通为恶意诉讼、调解的构成要件,缺乏对一方当事人或者第三人单方自行滥用起诉权或者上诉权的侵犯他人合法权益情形的规制。

虽然第三人撤销之诉的立法目的和当前的实践状况更应当解决的是第三人合法权益得不到有效保护的问题,但对于原诉当事人因第三人撤销之诉而权益可能受到侵害的问题也不能完全无视,有必要采取相应的措施予以规制。

同时,第三人撤销之诉有着保障第三人合法权益的积极的制度目的,但其本身也存在被滥用的危险,它有着"双刃剑"的两面性。一方面,其可以为第三人提供事后权利救济的途径;另一方面,也可成为第三人意图恶意阻却生效裁判既判力的工具。

因而,第三人撤销之诉既具有惩戒恶意诉讼功能,也有可能被恶意利用。因此,应当对第三人撤销之诉的适用、程序等加以规制,以实现其设置的目的和良性的运行,在保障第三人权益的同时,兼顾维护原诉当事人的利益。

(二)实现第三人撤销之诉所追求的公平正义的价值

第三人撤销之诉制度作为一项事后救济制度,是立法者在实体正义和司法裁判的权威性这两者价值冲突之下,权衡利弊所作出的选择。我国现行民事诉讼法中设立了第三人撤销之诉,有利于保护无辜受损的第三人的权益,也有利于法院实现公平正义,及时纠正错误的裁判。

第三人撤销之诉作为一项新的诉讼制度,特别是作为能够冲击原生效判决既判力的制度,不仅在实践中应当严格把握适用条件,控制适用范围,促使该项制度符合法治要求的方向发展,而且还应当在制度设计中尽可能科学合理,杜绝其缺陷,消除其负面因素,以求最大化地实现该制度的正当性价值和现实意义。

(三)实现民事诉讼目的,维护司法秩序和司法公信力

首先,民事诉讼目的是指以观念形态表达的国家设立民事诉讼制度所期望达到的目标或结果。根据民事诉讼目的理论,国家设立民事诉讼的目的是保护权利、解决民事纠纷、维护和实现社会秩序。滥用第三人撤销之诉的案件中,第

---

①我国《民事诉讼法》第 112 条规定:当事人之间恶意串通,企图通过诉讼、调解等方式侵害他人合法权益的,人民法院应当驳回其请求,并根据情节轻重予以罚款、拘留;构成犯罪的,依法追究刑事责任。

三人提起诉讼请求司法权力予以保护的权利,是一种有瑕疵的权利,属于不受法律保护的权利。第三人滥用诉权意图实现其非法利益,背离了民事诉讼的目的,不应受到司法的保护。

无论哪一种诉讼都是以某种正当的价值追求作为立论基础的。设立第三人撤销之诉的立法意图在于,由于非归责于第三人的原因或法院在职权诉讼告知方面的失误,使得第三人未能行使诉讼权利的情形下给予第三人的程序保障,既是体现程序保障的制度,同时又是事前程序保障的配套制度,是为了弥补事前程序保障之不足。在发生滥用的情况之下,第三人撤销之诉的行使是有瑕疵的,这种情形下启动的诉讼程序,在目的方面就会发生偏离。

其次,第三人撤销之诉的不当行使会造成诉讼程序资源的浪费和损害司法公信力。正如弗里德曼所说:"从理论上说,诉讼理由是无止境的。但是国家只提供一定数量的法官、律师和法庭。如果诉讼人数突然增加,制度会被严重打乱,供应和需求的缓慢相互作用将不再行得通。排长队和拖延可能引起紧张和埋怨,甚至可能引起重大改革或调整。"①司法资源同其他社会资源一样,都具有稀缺性。当前,我国经济社会发展中大量的社会矛盾以诉讼纠纷的形式不断涌入司法领域。第三人滥用诉权会使法院本就存在案多人少的矛盾更加突出,极大地浪费司法资源。同时,滥用诉权者在其滥用诉权时存有损人利己之恶意,往往通过虚假或伪造事实证据的方式来欺骗裁判者,一旦裁判者上当受骗,此时司法权的行使不仅没有体现公平和正义,反而成为诉权滥用者获取非法利益的工具,那么司法的公正和权威必将受损。

最后,第三人撤销之诉的不当行使,会给生效裁判的安定性和原诉当事人生活常态的安全感造成影响。由于第三人撤销之诉是对原生效法律关系的重新裁判,必然涉及既判力的稳定性和原诉当事人利益的保护。而第三人提起撤销之诉是基于一定的利益追求,如果法院准予其所提起的请求进入实体的审理程序,作为被告的原诉当事人基于应诉的强制性,须为此付出大量的劳力、财力和时间,其生活常态从而受到影响。

因此,为了防止因第三人的不当行使尤其是滥用诉权而给生效裁判造成不安定,给原诉当事人造成不应有的损失,有必要对第三人撤销之诉加以规制。

二、第三人撤销之诉滥用行为的界定

第三人撤销之诉属于诉的一种,具有诉的共性,但其成为一种有别于其他

---

①[美]劳伦斯·M.弗里德曼.法律制度:从社会科学角度[M].李琼英,等,译.北京:中国政法大学出版社,2004:270.

诉的独立之诉,又有其自身的特性。因此,对于第三人撤销之诉的滥用有着滥用诉权的同质性,又有其特质性。对于是否滥用诉权问题,既要考虑维护原诉当事人的权益,也应当关注和保障第三人的诉权行使,不能只强调对第三人诉权滥用的惩戒而忽视对第三人诉权的保障。为此,对于第三人行使撤销之诉是否属于滥用应当正确地进行甄别、判断和界定。

（一）第三人撤销之诉滥用的性质界定

从本质上而言,民事诉权是一项程序权利,在现代法治社会,民事诉权也是一项基本人权、宪法权利,体现出权利救济权的特性。任何权利的行使都有一定的边界,民事诉权的行使也不例外。第三人恶意行使民事诉权的行为超越了权利行使的边界,就超越了法律保护的界限和范围,为法所不容。基于以上的分析,第三人撤销之诉滥用行为的定性可以从以下几个方面考察。

1.第三人撤销之诉的滥用是违背我国民事诉讼目的的行为

就诉权理论而言,国家有义务保障当事人在其权利受到侵害,或者与他人发生争议时,享有向国家请求并获得司法救济的权利。当事人行使民事诉权的目的在于保护自身合法权利、解决与他人之间的纠纷。

就民事诉讼目的理论而言,国家设立民事诉讼的目的是保护权利、解决民事纠纷、维护和谐社会秩序。其可以分为两个层面,从外部层面而言,民事诉讼解决纠纷的目的主要表现为消除或化解冲突主体之间的纠纷和对立状态,稳定社会秩序,而滥用诉权的目的是制造纠纷而非化解纠纷,旨在引发主体之间的冲突而非消除主体之间的对立状态;从内部层面而言,民事诉讼解决纠纷的目的则表现为确认冲突主体之间的民事权利义务关系,使不确定的民事法律事实能够得到确认,使非正常的民事法律关系能够得以恢复正常。同时,国家设立民事诉讼制度的目的,并非仅仅在于保护权利、解决纠纷,也在于最大限度地发挥民事诉讼的各项功能,维护和实现正常的社会秩序,促进社会的和谐稳定,这其实也是设立民事诉讼制度的终极目的。

但当事人滥用民事诉权却意在破坏正常的法律关系使之非正常化,使原本可以确定的法律事实非确定化,在一定程度上破坏了原本稳定、有序、和谐的社会秩序,使正常的社会秩序非正常化,甚至会导致一定范围社会秩序的失序与混乱。因此,第三人滥用民事诉权的过程中,第三人行使诉权的目的与民事诉讼保护权利、解决纠纷和维护社会秩序的目的是相背离的。

2.第三人撤销之诉的滥用是具有社会危害性的行为

法律把具有社会危害性的行为规定为违法行为,把具有严重社会危害性的行为规定为犯罪行为,因此在制定和裁量对违法行为、犯罪行为适用的制裁时,社会危害性的大小无疑是核心标尺。在司法实践中,虽然民事诉权滥用行为较为隐蔽、不易察觉,但其对社会的危害却不能被忽视。

第三人撤销之诉滥用的危害性表现为:一是有损原诉当事人的合法权益。这种滥用诉权的行为一旦得到法院判决的合法化,原诉当事人的利益就会受到损害。二是扰乱了正常的司法秩序。第三人以合法形式掩盖非法目的的行为,不仅背离了民事诉讼设立的初衷,而且妨碍了诉讼功能的发挥,干扰了法庭秩序和诉讼秩序。三是造成司法资源的严重浪费和危及司法的公正与权威。

这种滥用诉权的行为对本就稀缺的司法资源造成浪费,使得那些真正需要救济的当事人无法及时得到司法保护。同时,法院作为维护和保障社会公平正义的最后一道屏障,如果司法权的行使没有体现公平和正义,那么司法的公正和权威也必将受损。

3. 第三人撤销之诉的滥用是应当承担法律责任的行为

法律责任是指由特定法律事实所引起的对损害予以补偿、强制履行或接受惩罚的特殊义务。由于第三人滥用诉权的行为违反了遵守法律秩序和诉讼秩序的义务,则第三人就应当承担由此而产生的法律责任。

基于以上分析,笔者认为,第三人撤销之诉滥用是指第三人以侵犯原诉当事人合法权益为目的,恶意行使诉讼权利,从而实现其不法利益或者追求不正当结果的行为。

(二)第三人撤销之诉滥用的认定标准

第三人撤销之诉滥用标准的判定,将对第三人民事诉权的保护和规制具有重大影响。因此,科学合理又切合我国实际地设定其标准,才能使保障诉权和规制两者之间得以平衡,实现两者之间的统一。

1. 主观方面的界定——应当具有滥用撤销之诉的主观故意

第三人撤销之诉滥用的主观故意是指,滥用诉权人明知不具备诉权行使条件或者明知没有事实证据而行使"诉权"以达到非法目的的心理状态。无论从诚实信用原则、侵权行为的角度,还是从妨碍民事诉讼活动行为的角度,第三人的主观过错只能是故意,否则不能构成滥用第三人撤销之诉。对此,域外的立法或判例也可见一斑。例如,法国法院判例就认为"只有存在恶意,才能构成民事滥诉行为"[①]。

在判定第三人主观上是否存在恶意时,应将第三人意识到滥用诉权的非法后果作为主观恶意的内容,同时,对于当事人是否能够意识到滥用诉权的后果,

①法国新民事诉讼法典[M].罗结珍,译.北京:法律出版社,2008:81.

又应当以普通人的认知水平为标准,这样才能在保护民事诉权和惩戒诉权滥用之间达成合理的平衡点。

主观过错是行为人的一种可归责的心理状态,其通常表现为故意和过失。学界一致将当事人故意为之的情形定性为滥用诉权的主观要件。但对于过失的情形,学界有不同的看法:有学者称其既包括故意又包括重大过失;有的学者则主张只包括故意。故意是指行为人预见到损害后果的发生并希望或者放任该结果发生的心理状态,其采用的是主观认定标准,即每个人都只对其意志支配下的行为负责①,法律只惩罚在行为人意志支配下发生的行为。过失则是指行为人因疏忽或轻信而未达到应有注意程度的一种不正常或者不良的心理状态,其采用的是客观认定标准,即合理注意义务。行为人未尽合理注意义务则被认定为存在过失。

基于以上的分析,在讨论民事诉权滥用及其规制时应考虑普通大众对法律的认知和对事物的判断。如果是因为对法律或者争议事实的重大误解而提起诉讼,这是由于当事人自身认知的局限而引起,并非是为了达到某种非法目的,这种情形应属于过失。若把此类行为认定为诉权滥用,在主观构成要件的认定上过于宽泛,将会抑制对诉权的保障,从而将致诉权丧失其应有的功能。

至于为何要将"普通人的认知水平"作为第三人撤销之诉滥用主观恶意的判断标准,关键在于第三人的个体具有差异性、法律制度的健全状况及第三人对法律规定的认识与理解程度的差异性。至于将主观过失排除在外,过失不应成为第三人撤销之诉滥用的主观判断标准,主要理由是第三人对法律认知的水平、事实和证据的认定、诉讼能力的强弱等方面存在很大的差异,即使受过专业训练的法官在同一案件中对于如何适用法律、认定事实等都存在截然不同的看法,何况作为绝大多数没有受过法律和诉讼训练的普通民众! 同时,民事诉权作为一项基本权利,其行使应当受到全面的保障,如若将主观过失作为第三人滥用诉权的主观过错的判断标准,不仅会极大地阻碍第三人合法行使诉权,而且可能出现混淆滥用诉权与合法行使诉权的界限,惩戒出现偏差的危险。因此,过失不应成为诉权滥用的主观要件。

2.客观方面的界定——应当实施了滥用撤销之诉的行为

对于诉权滥用行为可界定为:滥用诉权人伪造事实证据或者在毫无根据时实施了提起撤销之诉的行为,至于损害后果、滥用诉权行为与损害后果之间存在因果关系不作为其构成要件。

---

①李玉玲.民事诉权滥用实证研究[D].哈尔滨:黑龙江大学,2014.

从客观方面认定诉权滥用时,是依据行为人故意实施的具体诉讼行为来判断的。第三人撤销之诉滥用在客观方面的表现形态主要是恶意诉讼行为。所谓恶意诉讼指第三人在无事实法律依据的情形下,虚构事实或伪造证据而提起诉讼,以期获取不正当利益或者损害原诉当事人利益的诉讼行为。第三人明知其诉讼行为不具有正当性,却利用诉讼来实现其不正当的目的。其形式上满足了法律赋予的权利和诉讼程序要件,将恶意表现为合法的外观,并具有很强的隐蔽性。

三、第三人撤销之诉滥用的规制

第三人撤销之诉制度就其本质而言,是对判决既判力的突破,是立法者在追求司法权威性以及法律秩序的稳定性和追求实质正义这两种冲突的价值理念下权衡抉择的产物。只有完善相应的配套制度和措施,才能促进第三人撤销之诉这一制度合理运行,防止出现当事人滥用诉权等异化现象。

第三人撤销之诉行使的不当行为,损害了原诉当事人的合法权益,背离了民事诉讼制度的设立目的,浪费了司法资源,损害了司法公信力。如果缺乏对其有效规制,法律和司法将遭遇信任危机。对于第三人撤销之诉的规制,应根据第三人撤销之诉的具体情形和社会危害程度,综合运用多层次的限制和惩戒相结合的机制,从而有效地减少和消除司法实践中的滥用现象,维护原诉当事人的合法权益,实现民事诉讼秩序和法律秩序的良性运行。

(一)第三人撤销之诉滥用的预防性规制

1. 严格限制第三人撤销之诉适格的原告

自第三人撤销之诉条款入法以来,由于条文规定过于简单,对于第三人提起撤销之诉的原告资格判断并不明确,导致法院在适用第三人撤销之诉时存在诸多困惑。我国现行《民事诉讼法》第 56 条规定,提起案外第三人撤销之诉的主体应包括有独立请求权的第三人以及无独立请求的第三人,但并非所有的第三人都是案外第三人撤销之诉讼的适格主体。在当前复杂的现代司法环境背景下,任何判决、裁定、调解书都有可能对当事人双方以外的第三人利益产生影响。但是根据第三人撤销之诉的性质和功能之定位,有资格提起撤销之诉的第三人只能是民事诉讼法上的第三人,即(1)必须是前诉当事人以外的案外第三人;(2)具有撤销之诉的诉的利益;(3)因不能归责于自己的事由而未获得适当的程序保障。即使是原诉遗漏的必要共同诉讼人也不具有提起撤销之诉的原告资格,也不能提起第三人撤销之诉。

2.建立第三人撤销之诉立案的复式审查制度

第三人撤销之诉作为特殊的救济程序,对其立案审查应更为严格。鉴于第三人撤销之诉对生效裁判既判力的冲击,避免不符合撤销之诉起诉条件的进入诉讼程序,在立案阶段应当加以严格规制,建立严格立案复式审查制度,通过细化对案外第三人起诉时的形式和实质要件的立案审查,以及严格案外第三人作为原告主张时的举证责任等方式实现对第三人撤销之诉的限制性适用。

首先,第三人提交的起诉材料由法院立案庭先行登记,并进行形式审查。审查主要原告是否以第三人撤销之诉案由提起诉讼,被告是否是前诉案件当事人,诉状中是否有具体的诉讼请求和事实理由(诉讼请求至少包括撤销前诉裁判或调解书或进一步提出确认其民事权益的主张),是否提交符合起诉条件的相应证据。其次,对于符合形式要求的,移交审判监督庭(前述第五章对为何将第三人撤销之诉立案受理阶段的第二次审查设置在审判监督庭进行过阐述,此处不再赘述)进行复审。其主要审核的内容包括:案外人的起诉是否符合《民事诉讼法》第 119 条的规定;[1]依据《民事诉讼法》第 56 条规定,是否符合第三人的条件,未参与原案审理是否是基于不可归责于其本人的事由,原案判决、裁定、调解书是否损害了案外人的民事权益,案外人提起诉讼的期间是否在其自知道或应当知道民事权益受到涉诉生效裁判侵害之日起六个月内,是否属于本院管辖等。[2] 经过复式审查后,对于符合起诉条件的,法院予以立案;对于不符合起诉条件的,法院作出裁定不予受理。

3.严格限制第三人撤销之诉的适用范围

第三人撤销之诉的适用范围,应当以法律关系作为标准,依据第三人撤销之诉提起的条件以及相关法律原则的精神,限制对某些特殊类型的生效裁判提起第三人撤销之诉。其主要情形包括:

(1)物权纠纷类案件,应当限于恶意处分第三人财产等案件的裁判,才能提

---

[1]我国《民事诉讼法》第 119 条规定:"起诉必须符合下列条件:(一)原告是与本案有直接利害关系的公民、法人和其他组织;(二)有明确的被告;(三)有具体的诉讼请求和事实、理由;(四)属于人民法院受理民事诉讼的范围和受诉人民法院管辖。"

[2]我国《民事诉讼法》第 56 条规定:"对当事人双方的诉讼标的,第三人认为有独立请求权的,有权提起诉讼。对当事人双方的诉讼标的,第三人虽然没有独立请求权,但案件处理结果同他有法律上的利害关系的,可以申请参加诉讼,或者由人民法院通知他参加诉讼。人民法院判决承担民事责任的第三人,有当事人的诉讼权利义务。前两款规定的第三人,因不能归责于本人的事由未参加诉讼,但有证据证明发生法律效力的判决、裁定、调解书的部分或者全部内容错误,损害其民事权益的,可以自知道或者应当知道其民事权益受到损害之日起六个月内,向作出该判决、裁定、调解书的人民法院提起诉讼。人民法院经审理,诉讼请求成立的,应当改变或者撤销原判决、裁定、调解书;诉讼请求不成立的,驳回诉讼请求。"

起第三人撤销之诉。而在善意第三人依据善意取得制度取得物权的情形下,原物权人不得提起第三人撤销之诉。

根据民法理论和原则,善意取得又称为即时取得,即无权处分人将其受托占有的他人的财物(动产或者不动产)转让给第三人,如受让人在取得该动产时系出于善意,则受让人取得该物的所有权,原权利人丧失所有权,原所有人不得要求受让人返还财产,而只能请求转让人(占有人)赔偿损失。善意取得制度是均衡所有权人和善意受让人利益的一项制度。首先它在一定程度上维护所有权人的利益,保证所有权安全;其次它侧重维护善意受让人的利益,促进交易安全。当所有权人与善意受让人发生权利冲突时,应当侧重保护善意受让人。这样有利于维护交易的安全和商品交换秩序的稳定。

对于设立第三人撤销之诉制度,其目的在于通过撤销他人之间错误的判决、裁定、调解书,以维护案外第三人的民事权益。撤销之诉的一个前提是他人之间已经生效的错误判决、裁定和调解书侵害了案外第三人的利益。从程序正义上讲,案外第三人之所以可以以诉的方式撤销他人之间已经生效的判决、裁定和调解书,是基于维护第三人的程序权利,第三人通过行使相应的诉讼权利维护自己的民事权益。第三人撤销之诉是在程序上给予第三人事后保障的机会和权利,具有程序保障的目的。然而,就立法目的而言,其背景是由于司法实践中,当事人之间恶意串通,企图通过诉讼、调解等方式逃避债务、侵占第三方财产,或者通过诉讼、仲裁等方式逃避法律文书确定的义务等现象时有发生。正如全国人大法律委员会副主任李适时所说的"有的常委委员、部门和专家提出,对恶意诉讼,除应当适用妨害民事诉讼的强制措施给予拘留、罚款或者依法追究刑事责任外,还应当在民事诉讼法中增加对案外被侵害人的救济渠道",故而全国人大法律委员会经研究,建议在我国《民事诉讼法》关于第三人规定中增加了第三人撤销之诉。[①] 由此可见,设立第三人撤销之诉是为了通过遏制当事人之间恶意诉讼进而保障案外第三人的权益。据此,对于善意取得的第三人,其主观上不存在恶意,不属于第三人撤销之诉的理由,因此原物权人不能提起撤销之诉。

(2)人事诉讼类案件,主要限于假离婚真逃债现象的婚姻关系、亲子关系、收养关系等案件的裁判可以提起第三人撤销之诉。但对于涉及身份关系内容的情形,不应适用第三人撤销之诉。

---

①侯燕,肖志涛.民诉法修正草案拟增加恶意诉讼受害人救济制度[EB/OL].(2012-08-27)[2013-6-10].http://www.npc.gov.cn/huiyi/cwh/1128/2012—08/27/content_1734251.htm.

由于身份关系的特殊性,有关身份关系内容的裁判,不应属于第三人撤销之诉的范畴。身份法律关系的稳定会影响社会的安定和谐,为此,我国《民事诉讼法司法解释》第 297 条规定,对于婚姻无效、撤销或者解除婚姻关系等判决、裁定、调解书中涉及身份关系的内容,法院不予受理。

但也有观点认为,以身份关系为标的的诉讼(人事诉讼)通常为具有对世效力的确认之诉,这种判决在效力上往往可以突破一般民事判决效力的相对性原则。典型者如确认婚姻无效的诉讼,法院对无效婚姻的判决效力无论在财产权还是在人身权方面,都有可能扩张到案外的第三人。论者以财产权益为例,认为法院宣告无效婚姻判决中对财产的处理可能侵害到了合法婚姻当事人的财产权益;又以人身权为例,法院判决宣告了婚姻无效,此种确认便具有了溯及既往的效力,即从他们结婚那一天起婚姻就是无效的。但两人共同生育的子女并非私生子,对子女而言他们仍为其父母,父母与子女间的关系与合法婚姻中的父母与子女的关系相同。因此,对父母无效婚姻的宣告可能影响子女的权益,如果子女没有参加诉讼则也可针对无效婚姻的宣告判决提起撤销诉讼。①

笔者不赞同此观点。因为宣告婚姻无效后,即使涉及第三人的财产利益问题,或者第三人的人身权问题,都可以通过其他途径解决,并不存在提起第三人撤销之诉的事由。其一,宣告婚姻无效是由于原婚姻违反了法律规定条件或者禁止性规定,是否有合法有效的婚姻关系只是该婚姻关系中双方当事人之间的事情,与第三人没有法律上的关系,如涉及财产纠纷问题也可以在确认婚姻无效的诉讼中,通过和解、调解、普通诉讼等方式解决。即使涉及子女的财产权益被侵害,应提起的诉讼也并非是撤销宣告婚姻无效的裁判。其二,宣告婚姻无效并不影响其父母与子女之间的身份关系,也不符合提起第三人撤销之诉的条件。

此外,有观点从域外有关比较分析认为,尽管《法国民事诉讼法》第 585 条对可以提起第三人撤销之诉的"判决"并无限制,只要法律没有特别规定,任何判决都可以提起第三人撤销之诉,但是某些特定类型的案件性质本身决定了这些案件的判决不宜被第三人申请撤销。这类特定案件主要集中在身份关系诉讼,例如婚姻关系、亲子关系、亲属关系诉讼等。身份关系诉讼具有十分强烈的专属性特征,这里涉及的具体情况较为复杂,司法判例没有形成完全一致的看法,类似案件也往往有不同的处理结果。主要表现在:一是身份权诉讼。无论是身份权诉讼的确认判决还是形成判决,因身份判决的主观效力范围仅及于当

---

①王福华.第三人撤销之诉适用研究[J].清华法学,2013(4):49.

事人,原则上,第三人不得对身份权判决提起撤销之诉。身份权有强烈的专属性特征,提起此类诉讼的主体应当有特定的诉的资格。例如,在父子关系否认之诉中,原告只能是丈夫,被告只能是子女和妻子,绝无可能出现第三人(包括祖父母、外祖父母等)。在竞业禁止条款无效之诉中,员工的新雇主也不得提起撤销之诉,因为离职协议的签订是基于该员工与前雇主之间的特定身份关系。然而,《法国民法典》有限地允许第三人针对亲嗣关系诉讼判决提起第三人撤销之诉。例如根据 2005 年新修订的《法国民法典》第 324 条之规定,未能在亲嗣关系诉讼中作为当事人参加诉讼的第三人,有权对该判决提起撤销之诉。如,父亲起诉要求确认与女儿的亲嗣关系,但被法院驳回,未作为当事人参加诉讼的亲兄弟姐妹都有权对该判决提起撤销之诉。为了尽可能避免第三人撤销之诉,法院的审理策略是,"法官应当在审理亲嗣关系诉讼时尽可能追加当事人(原告的配偶、他的所有子女、他的现任情人以及前任情人们等)",以此尽可能减少第三人提起撤销之诉。二是离婚诉讼。立法没有允许但也没有禁止第三人对离婚诉讼提起撤销之诉,在司法实践中,这是一个相当棘手的问题。从 20世纪 30 年代开始,法国司法判例认为,原则上,第三人不得提起第三人撤销之诉,因为离婚诉讼有严格的身份专属性。但是,离婚判决会对夫妻双方以外的人产生影响,法国判例称之为"离婚判决的次生效应"。正是因为存在这种次生效应,某些第三人对离婚判决提起撤销之诉仍是可能的。一种常见情形是离婚判决不合理地限制了祖父母对孙子女的探视权,祖父母因自己权利受损可以提起第三人撤销之诉。另一种常见情形是夫妻双方的债权人提起第三人撤销之诉,或者是因为离婚判决的共同财产分割安排妨碍其债权的实现,或者是因为离婚诉讼存在欺诈,故意逃避债务。普罗旺斯·埃克斯上诉法院甚至允许女儿对母亲与继父的离婚诉讼提起撤销之诉,因为该离婚判决侵害了她的财产继承权。

(3)债权纠纷类案件,主要限于"当事人恶意串通,转移资产,逃避债务,增大第三人(债务)债权受偿风险"现象的撤销股东大会决议等涉及法人社员利益诉讼、财产转让纠纷等案件的裁判,可以提起第三人撤销之诉。但对于普通债权,原则上不适用第三人撤销之诉保护。

对于法律明确规定给予特别保护的债权,可以适用撤销之诉。主要包括:一是法律规定的享有法定优先权的债权,如我国《合同法》第 286 条规定的建设工程价款优先权,我国《海商法》第 21、22 条规定的船舶优先权;二是法律明确规定享有法定撤销权的债权,如我国《合同法》第 75 条规定的债权人的撤销权,我国《企业破产法》第 31、32 条规定的破产债权撤销权。

(4)其他不适用撤销之诉的案件。根据我国《民事诉讼法》第297条之规定①,其他不适用第三人撤销之诉的裁判类型包括:一是适用特别程序、督促程序、公示催告程序、破产程序等非讼程序处理的案件;二是《民事诉讼法》第54条规定的未参加登记的权利人对代表人诉讼案件的生效裁判;②三是《民事诉讼法》第55条规定的损害社会公共利益行为的受害人对公益诉讼案件的生效裁判。③

(二)第三人撤销之诉滥用的惩戒性规制

第三人撤销之诉旨在保护第三人的合法权益,从而以牺牲生效裁判的稳定性和权威性为代价。因此,在保护当事人诉权正当行使的同时,对滥用诉权的行为进行适当的规制是非常必要的。具体到第三人撤销之诉,由于其对确定判决既判力具有巨大的冲击作用,因而对第三人滥用撤销权的行为进行规制的必要性尤为突出。为防止第三人滥用诉讼权利,遏制不合理地提起撤销之诉,法国和我国台湾地区对于滥用第三人撤销之诉的行为,都明确规定了惩戒措施。如《法国民事诉讼法》第581条"滥诉禁止条款"作为特别救济程序的一般条款,适用于第三人撤销之诉的情形。该条规定:"当事人以拖延诉讼为目的或滥用诉权,法官可以对该当事人处以3000欧元以下的罚款。该罚款不影响对方当事人向第三人提出利益损害赔偿。"因此,第三人为了达到拖延诉讼的目的或滥用救济权利提起第三人撤销之诉,将被法官处以3000欧元以下的罚金,并且可能被判令赔偿对方当事人的损失。我国台湾地区"民事诉讼法"第449条之一第1款规定,如果上诉人所提起的上诉被认定为"显无理由或者仅系延滞诉讼之终结为目的者,得处上诉人新台币六万元以下之罚锾"。④ 我国对于具体惩罚

---

①我国《民事诉讼法》第297条规定:对下列情形提起第三人撤销之诉的,人民法院不予受理:(一)适用特别程序、督促程序、公示催告程序、破产程序等非讼程序处理的案件;(二)婚姻无效、撤销或者解除婚姻关系等判决、裁定、调解书中涉及身份关系的内容;(三)《民事诉讼法》第54条规定的未参加登记的权利人对代表人诉讼案件的生效裁判;(四)《民事诉讼法》第55条规定的损害社会公共利益行为的受害人对公益诉讼案件的生效裁判。

②我国《民事诉讼法》第54条规定:"诉讼标的是同一种类、当事人一方人数众多,在起诉时人数尚未确定的,人民法院可以发出公告,说明案件情况和诉讼请求,通知权利人在一定期间向人民法院登记。向人民法院登记的权利人可以推选代表人进行诉讼;推选不出代表人的,人民法院可以与参加登记的权利人商定代表人。代表人的诉讼行为对其所代表的当事人发生效力,但代表人变更、放弃诉讼请求或者承认对方当事人的诉讼请求,进行和解,必须经被代表的当事人同意。人民法院作出的判决、裁定,对参加登记的全体权利人发生效力。未参加登记的权利人在诉讼时效期间提起诉讼的,适用该判决、裁定。"

③我国《民事诉讼法》第55条:"对污染环境、侵害众多消费者合法权益等损害社会公共利益的行为,法律规定的机关和有关组织可以向人民法院提起诉讼。"

④胡建辉.案外第三人撤销之诉的程序建构:以法国和我国台湾地区的经验为参照[J].政治与法律,2009(1):151.

措施的设置,应当充分考虑我国的现实情况。依据现有的法律之规定,对于实施滥用第三人撤销之诉的行为,根据其危害的程度和情节的轻重,可以采取多途径的惩戒措施。

1.以妨碍民事诉讼强制措施予以惩戒

当事人滥用民事诉权,往往是想要通过诉讼的手段获取非法利益或对他人造成损害。如果通过法律规制提高民事诉权滥用的风险,滥用民事诉权会招致罚款或拘留等处罚时,那么当事人就很有可能放弃实施滥用民事诉权。

对此,有学者认为,虚假诉讼行为既不是违反诉讼法义务的行为,也不是违反诉讼秩序的行为,从本质上讲应属于民事侵权行为,将其作为科处罚款、拘留的妨害民事诉讼的行为予以规制显然欠缺合理性。[1]

我们认为,虚假诉讼行为不仅违反了诉讼法上的诚实信用义务,而且也违反了保障正常诉讼秩序的要求,对这种行为给予罚款、拘留的处罚不仅是合法的也是合理的,可以按照我国现行《民事诉讼法》第212条所规定的给予惩处,即"当事人之间恶意串通,企图通过诉讼、调解等方式侵害他人合法权益的,人民法院应当驳回其请求,并根据情节轻重予以罚款、拘留"。

对于如何理解"情节轻重",可以考虑以下几个方面的因素:主观恶意程度、追求不法利益的大小、弄虚作假的严重程度、对司法活动产生的危害大小、对原诉当事人和社会产生的影响程度等。如果法院在审理过程中发现当事人恶意提起诉讼,危害性较小、情节轻微的,可以根据有关规定[2]给予当事人相应的罚款;如果法院在审理过程中发现当事人恶意提起诉讼,危害性大、情节严重的,则可以根据有关处罚程序规定的要求给予司法拘留的惩戒。

2.以承担民事赔偿责任的方式予以惩戒

当事人滥用民事诉权必然会损害他人的合法权益,必然会造成财产或精神上的损害。根据"有损害就有救济"的原则,受害人应当享有由于第三人滥用诉权造成损害,要求其承担相应的民事赔偿责任的权利。目前我国现行法律没有明确规定民事诉权滥用的受害者可得请求侵权人赔偿其损失。这使得民事诉权滥用的受害者提起侵权损害赔偿之诉缺乏法律依据,受害人实际受到损失而无法得到有效赔偿。

鉴于目前立法上的不足,可以参照我国现行的有关法律规定加以规制。如依据我国《侵权责任法》的有关规定承担民事侵权责任。我国《侵权责任法》第2

---

[1]占善刚.民事诉讼中罚款之检讨[J].法商研究,2013(6):85—92.
[2]我国《民事诉讼法》第115条规定:对个人的罚款金额,为人民币十万元以下。对单位的罚款金额,为人民币五万元以上一百万元以下。拘留的期限,为十五日以下。

条规定："侵害民事权益,应当依照本法承担侵权责任。本法所称民事权益,包括生命权、健康权、姓名权、名誉权、荣誉权、肖像权、隐私权、婚姻自主权、监护权、所有权、用益物权、担保物权、著作权、专利权、商标专用权、发现权、股权、继承权等人身、财产权益。"第 3 条规定："被侵权人有权请求侵权人承担侵权责任。"第 6 条规定："行为人因过错侵害他人民事权益,应当承担侵权责任。"第 7 条规定："行为人损害他人民事权益,不论行为人有无过错,法律规定应当承担侵权责任的,依照其规定。"

3.以追究刑事责任的方式给予惩戒

民事诉权滥用中的虚假诉讼行为人通过虚构法律关系、捏造事实,欺骗当事人和法院,其行为不仅侵害了公私财物所有权,而且侵害了人民法院的正常司法秩序,社会危害性是不容忽视的。虚假诉讼情节严重,应当进行刑事法律制裁。我国的刑事法律立法中,也对社会危害性严重的虚假诉讼行为以虚假诉讼罪论处,依法追究刑事责任。

我国《民事诉讼法》第 112 条规定,对于民事诉权滥用中的虚假诉讼行为可以追究刑事责任。① 为了惩治民事诉权滥用的犯罪行为,根据罪刑法定的刑法原则,我国现有刑事立法中规定了虚假诉讼罪,对严重的民事诉权滥用者科以刑事责任。这体现了我国《民事诉讼法》与《刑法》关于民事诉权滥用的有效衔接。由此,对于第三人撤销之诉滥用符合法律规定,应当追究刑事责任的,可以按照相关罪名给予刑事处罚。

第一,依照妨碍作证罪追究刑事责任。根据我国《刑法》第 307 条之规定:"以暴力、威胁、贿买等方法阻止证人作证或者指使他人作伪证的,处三年以下有期徒刑或者拘役;情节严重的,处三年以上七年以下有期徒刑。帮助当事人毁灭、伪造证据,情节严重的,处三年以下有期徒刑或者拘役。司法工作人员犯前两款罪的,从重处罚。"第三人构成妨碍作证罪的认定可从以下几方面考虑:一是,侵害了国家司法机关的正常诉讼活动和公民依法作证的权利;二是,实施了采用暴力、威胁、贿买等方法指使他人作伪证的妨碍作证行为;三是,主观方面表现为故意,且为直接故意,即明知自己妨碍证人作证的行为会妨碍国家司法机关正常的诉讼活动和他人的作证权利或人身权利,仍决意实施妨碍作证行为,希望这种社会危害性的发生,行为人往往出于个人利益或他人利益之动机。据此规定,第三人滥用撤销之诉时,如有以暴力、威胁、贿买等方法指使他人作

---

① 我国《民事诉讼法》第112条:当事人之间恶意串通,企图通过诉讼、调解等方式侵害他人合法权益的,人民法院应当驳回其请求,并根据情节轻重予以罚款、拘留;构成犯罪的,依法追究刑事责任。

伪证的,可以妨碍作证罪追究刑事责任。

第二,依照虚假诉讼罪追究刑事责任。我国《刑法》第307条之一规定:"以捏造的事实提起民事诉讼,妨害司法秩序或者严重侵害他人合法权益的,处三年以下有期徒刑、拘役或者管制,并处或者单处罚金;情节严重的,处三年以上七年以下有期徒刑,并处罚金。单位犯前款罪的,对单位判处罚金,并对其直接负责的主管人员和其他直接责任人员,依照前款的规定处罚。有第一款行为,非法占有他人财产或者逃避合法债务,又构成其他犯罪的,依照处罚较重的规定定罪从重处罚。司法工作人员利用职权,与他人共同实施前三款行为的,从重处罚;同时构成其他犯罪的,依照处罚较重的规定定罪从重处罚。"

虚假诉讼是法律名词,是指当事人出于非法的动机和目的,利用法律赋予的诉讼权利,采取虚假的诉讼主体、事实及证据的方法提起民事诉讼,使法院作出错误的判决、裁定、调解的行为。虚假诉讼罪,是指以捏造的事实提起民事诉讼,妨害司法秩序或者严重侵害他人合法权益的行为。虚假诉讼罪的具体表现为:首先,行为人必须捏造事实,主观上是故意的;其次,行为人提起的必须是民事诉讼;最后,行为人捏造事实提起民事诉讼的行为,应妨害司法秩序或者严重侵害他人合法权益。对于第三人滥用撤销之诉是否构成虚假诉讼罪,应当从以下几方面来考察:一是,构成虚假诉讼罪需要具备妨害司法秩序或者严重侵犯他人合法权益的后果。虚假诉讼罪是结果犯,不是行为犯。不仅要有捏造事实提起民事诉讼的行为,还要有"妨害司法秩序或者严重侵犯他人合法权益"的后果。"妨害司法秩序",主要是指无端挑起诉讼,导致司法机关多次进行审理,或者调查取证,耗费大量司法资源,甚至导致人民法院作出错误裁判;"严重侵害他人合法权益",一般是指造成对方当事人为了应诉而花费巨额诉讼费、律师费、鉴定费等,或者对方当事人因错误判决而造成生产经营困难、破产等。① 二是,以侵犯他人财产权益为目的的虚假诉讼行为同时构成其他犯罪的,应从一重罪从重处断。根据我国《刑法》第307条第3款、第4款的规定,有虚假诉

---

① 相关立法观点:妨害司法秩序或者严重侵害他人合法权益是虚假诉讼罪的结果要件,这是构成本罪的结果条件。妨害司法秩序是指对国家司法机关进行审判活动、履行法定职责的正常秩序造成妨害,包括导致司法机关作出错误判决造成司法权威和司法公信力的损害,也包括提起虚假诉讼占用了司法资源,影响了司法机关的正常司法活动等。严重侵害他人合法权益,是指虚假诉讼活动给被害人的财产权等合法权益造成严重损害。如司法机关执行错误判决或者因行为人提起诉讼采取保全措施造成被害人财产的严重损失,被害人一定数额的合法债权得不到及时清偿等。从这一规定看,只要虚假诉讼行为妨害司法秩序或者严重侵害他人合法权益,就可以构成本条规定的犯罪,并不一定要求诉讼程序已经完结,司法机关已经实际完成了裁判文书制作、送达,裁判文书完全符合行为人的意愿等。参见:雷建斌.《中华人民共和国刑法修正案(九)》释解与适用[M].北京:人民法院出版社,2015.

行为,非法占有他人财产或者逃避合法债务,又构成其他犯罪的,依照处罚较重的规定定罪从重处罚。①

(三)第三人撤销之诉规制的配套协同制度

现行《民事诉讼法》除了第 56 条第 3 款建立第三人撤销之诉制度外,事实上还有其他相关条文涉及相关内容。作为新《民事诉讼法》整体的有机组成部分,第三人撤销之诉制度的有效运行,必然离不开相关制度的配套协调实施。

在民事诉权的滥用已经成为当下一个不可忽视问题的前提下,尽管我国《宪法》、《民事诉讼法》等法律规定了相应的制裁措施,但是由于法律的滞后性,难以同步跟进社会的需求。因此,为有效防止诉权滥用,我们需要根据实际情况来建立规制民事诉权滥用的法律体系。

1.建立职权告知制度

第三人撤销之诉的意义,既在于向第三人提供事后的程序保障,也在于倒逼事前保障制度的形成。它更像能照出程序瑕疵的镜子,其存在的一个重要价值就是不断地提醒法官在诉讼中要尽可能地履行诉讼告知的义务,通知第三人参加到已经开始的诉讼中,在前诉中强化事前的程序保障,在程序保障上防患于未然。对于诉讼已经系属于法院的双方当事人而言,他们也要尽可能请求法院通知第三人参加到诉讼之中,防止生效的判决再被第三人提起的事后的撤销之诉撤销,从而造成当事人自己程序上的不利益。

---

①相关立法观点:以骗取财物为目的的虚假诉讼犯罪同时构成其他侵财类犯罪的,应从一重罪从重处罚。《刑法》第 307 条第 3 款是关于犯虚假诉讼罪同时构成其他犯罪时如何处理的规定。从实践中的情况看,以骗取财物为目的的虚假诉讼行为,在构成本条规定的犯罪的同时,往往还构成刑法规定的其他侵财类犯罪。针对这种同一行为构成刑法多个条文规定的犯罪的情况,有必要明确如何适用法律。本款对这一问题作了明确规定,即从一重罪从重处罚。本款的规定也有一个修改完善的过程。刑法修正案(九)草案曾经规定,有虚假诉讼行为,侵占他人财产或者逃避合法债务的,依照《刑法》第 266 条的规定从重处罚,即认定为诈骗罪并从重处罚。在草案审议中,有的意见提出,这种情况通常会同时构成诈骗罪,但也有可能构成其他犯罪。如国家工作人员利用职务便利,与他人串通通过虚假诉讼侵占公共财产的,可能构成贪污罪。公司、企业或者其他单位的工作人员利用职务便利,与他人串通通过虚假诉讼侵占单位财产的,可能构成职务侵占罪。一律规定按诈骗罪处理不尽合理。为此,草案二审稿对有关规定作了修改,形成了本款规定。本款规定的适用范围是"有第一款行为,非法占有他人财产或者逃避合法债务,又构成其他犯罪的",如果虚假诉讼的目的不是非法占有他人财产或者逃避合法债务,则不适用本款规定。对于本款规定的同一行为构成数个犯罪的情形,本款规定"依照处罚较重的规定定罪从重处罚"。首先,要比较本条规定的刑罚和刑法其他条文规定的刑罚,适用处刑较重的条文。本条和刑法有关诈骗罪、贪污罪、职务侵占罪等犯罪的条文,规定了多个量刑幅度,对此,在适用时要根据案件事实和各条的规定,确定适用于某一犯罪的具体量刑幅度,再进行比较选择处罚较重的规定定罪。同时,还要根据确定适用的规定和量刑幅度从重处罚。这样规定体现了对虚假诉讼行为从严惩处的立法精神。参见:雷建斌.《中华人民共和国刑法修正案(九)》释解与适用[M].北京:人民法院出版社,2015.

因此,与其说第三人撤销之诉的目的在于为案外第三人提供事后的权利救济,毋宁说更在于促使法院认真对待第三人的事前程序保障。具体而言,第三人撤销之诉在事后救济的角度让诉讼告知制度变得重要,[①]让法院及当事人更加重视它在程序保障中的作用,这也是第三人撤销之诉的客观上的积极作用。

(1)法官职权通知制度的法理基础。我国台湾地区 2003 年修订的"民事诉讼法"第 67 条第 1 款规定:诉讼之结果,于第三人有利害关系者,法院得于第一审或第二审言词辩论终结前相当时期,将诉讼事件及进行程度以书面通知该第三人。此即为民事法官职权通知制度的具体描述。此项制度形成的法理基础在于:

第一,程序保障。程序保障被视为民事诉讼目的的一种,民事诉讼程序并不只是为了达到正确判断的某种手段,其过程本身也是民事诉讼的一项目的,国家通过民事诉讼向权利人提供公平、平等的保护,以保障当事人自由平等且实质性地参与到民事诉讼程序之中,为解决当事人之间的纷争提供程序上的保障。确立法官职权通知制度所体现出的程序保障性在于:首先,法官依职权的通知行为,使得与诉讼结果有利害关系之第三者能够知晓诉讼,确保其参与诉讼的机会,以维护其正当权益;其次,法官依职权通知制度的实施,第三人可利用其地位与机会表达其的意志,如若第三人怠于行使而遭受判决结果上的不利,根据责任自负原则,第三人应承受该后果,也就失去了因不可归责于己的事由而提起第三人撤销之诉的机会。

第二,"一次性解决纠纷"。民事诉讼作为一个通过查明事实,适用法律从而解决纠纷的过程,其所涉及的利害关系人亦可能不仅仅限于当事人双方,若此时仍依靠两造对簿就可能出现无法将问题予以彻底解决的情况。法官职权通知制度将利害关系人引入诉讼,将原被告及第三人的纷争置于同一程序下,此举使得法官更容易查明案件事实,获得法律真相。多方主体在诉讼中进行举证质证,法官从中判断提取有用之信息,从而明确各方主体间的权利义务关系,作出合理合法之判决,以此来促进纠纷的彻底解决。如若纠纷不能一次性解决,事后因第三人另行起诉造成当事人间的生效裁判处于一种不安稳的状态,当事人必然会对诉讼解决纠纷的这一手段有所怀疑,对司法的信心必将动摇,不得不寻求法外的救济途径。法官职权通知制度致力于多方纠纷的统一解决,避免诉后裁判的不安稳以及可能发生的矛盾判决,能够有效地防止当事人对法

---

①诉讼告知制度,是指法院将诉讼进行的事实告知可以参加诉讼的第三人的制度,是否参加诉讼由第三人自由决定。

的安定性和司法的权威性产生不理解和不信赖,在一定程度上缓和上述可能的尴尬境地。

(2)法官职权通知制度设置的基本架构。一项司法制度的设立,最终必将落实到司法实践中去。对于法官职权通知这一制度的设置,应当关注其在实践中的操作与运行。

第一,主体范围的设定问题。通知的主体应当是审理案件的法官,既是其的一项职权,也是其一项公权力的行使,具有权利和义务的双重性质,以及较强的严肃性和强制性。作为通知主体的法官依据法定的职权进行通知行为,引领第三人加入诉讼,赋予其以事前的程序保障,给予第三人保护自身实体利益的有效途径,以便其能够参与诉讼维护其实体利益;被通知的对象是与诉讼结果有法律上利害关系的第三人。让其知悉诉讼而及时参与诉讼,避免第三人事后再提起第三人撤销之诉,以维持确定裁判之安定性,并实现一次性解决纷争之原则。

第二,通知范围设定问题。应当包括案件的诉讼理由和诉讼程度两个方面。故而,通知的范围应当向第三人说明案件诉讼与其有何种法律上的利害关系,以及案件的诉讼过程已进行到何种程度。前者是让当事人知晓案件诉讼的大致事由,以及案件诉讼与其存在着什么样的法律上的利害关系,以便第三人自行决定对所影响的利益进行取舍;后者是让第三人知晓案件诉讼所处的状态和进行的程度,以便第三人经过利益衡量而决定是否加入该诉讼,以及据此做好参诉的相应准备。

第三,通知的方式及法律后果提示问题。首先应当采用书面通知,并应当送达被通知的第三人,故而应排除口头通知。这是该制度将会对第三人产生法律上的效果所决定的,即如若因第三人懈怠而未参加到案件的诉讼之中,将会因归责于本人的原因而丧失提起第三人撤销之诉之权利。就法官职权通知的制度而言,要认定法官是否已通知到第三人,也应当有证据加以佐证,故而口头通知方式既缺乏严肃性和规范性也存在佐证上的漏洞。其次,不宜采取公告送达的方式。从送达方式而言,该通知与其他法律文书的送达有着很大的差异,尽管都具有法律上的效果,但按该制度的设置来说是为了实现程序保障和"一次性解决纠纷"的目的,让第三人参与到案件的诉讼之中,如第三人以未知晓公告送达之内容为由提出异议,由于程序上存在瑕疵就难以排斥其提起撤销之诉的权利,同时也容易使该制度又陷于不当限制或侵害第三人程序权利进而损害第三人实体利益之境,甚至有可能演变成变相剥夺第三人诉权之手段。再次,通知的时间界定。就案件事实的认定和当事人参与诉讼运用防御措施及充分发表自己的意见而言,是在案件审理的法庭辩论终结之前。在法庭辩论终结之后,案件审理的诉讼过程即进入裁判和宣判,因此法官职权通知的时间应于第一审法庭辩论终结之前,至迟应在第二审的法庭辩论终结之前。① 最后,通知的内容。除了案件的诉讼理由和诉讼程度之外,应当明确且着重强调收到告知后,在规定的时间里,若第三人选择不参加诉讼或怠于参加诉讼的,作出的生效裁判也对其发生效力,其不得提起第三人撤销之诉。

2.完善法官释明制度

诉权是宪法赋予公民的一项基本权利,但这一权利必须基于法律范围之内,假如权利的行使没有界限,每一位公民都任意而为之,滥用民事诉权的行为也就可能频繁地出现,以致社会秩序和司法秩序混乱。民事诉讼是当事人行使诉权,法院行使审判权,围绕案件事实的查明及法律的适用而交互作用的纠纷解决过程。在诉讼的过程中,当事人基于其利益驱动或限于其认识能力和诉讼能力,对案件事实的陈述可能不充分、不明确或者其陈述毫无意义甚至带有欺诈,就需要法官提示当事人加以补充或予以消除,于是便产生了在民事诉讼中的法官释明的制度。所谓释明,一般认为是指在民事诉讼中,当事人的主张或陈述的意思不明确、不充分或有矛盾,或者有不当的诉讼主张和陈述,或者当事人所举的证据材料不够而误以为足够的时候,法官对当事人进行发问、提醒,启发当事人把不明确的予以澄清,把不充足的予以补充,把不当的予以排除、修正,提示当事人提出证据,以便查明案件事实的行为。

一般认为,我国民事诉讼法关于释明最初规定是 1991 年颁布施行的《民事诉讼法》第 111 条关于法院向起诉的当事人告知案件主管、管辖等情况的规定。② 自 1993 年以来,最高法院关于民事经济审判方式改革发布的一系列规定中,主要涉及关于审判长引导当事人辩论的规定。2001 年最高法院颁布的《关于民事诉讼证据的若干规定》中首次明确了法官释明的内容,该《若干规定》的

---

① 张旭东,叶菁.台湾地区法官职权通知制度及启示[J].海峡法学,2015(3):3-8.
② 我国 1991 年《民事诉讼法》第 111 条:"人民法院对符合本法第 108 条的起诉,必须受理;对下列起诉,分别情形,予以处理:(一)依照行政诉讼法的规定,属于行政诉讼受案范围的,告知原告提起行政诉讼;(二)依照法律规定,双方当事人对合同纠纷自愿达成书面仲裁协议向仲裁机构申请仲裁,不得向人民法院起诉的,告知原告向仲裁机构申请仲裁;(三)依照法律规定,应当由其他机关处理的争议,告知原告向有关机关申请解决;(四)对不属于本院管辖的案件,告知原告向有管辖权的人民法院起诉;(五)对判决、裁定已经发生法律效力的案件,当事人又起诉的,告知原告按照申诉处理,但人民法院准许撤诉的裁定除外;(六)依照法律规定,在一定期限内不得起诉的案件,在不得起诉的期限内起诉的,不予受理;(七)判决不准离婚和调解和好的离婚案件,判决、调解维持收养关系的案件,没有新情况、新理由,原告在六个月内又起诉的,不予受理。"

第 3 条规定了法院向当事人说明举证的要求及法律后果;①第 33 条规定了法院送达举证通知书告知当事人举证责任、举证期限等内容;②第 35 条规定了法院告知当事人可以变更诉讼请求。③ 2003 年最高法院《关于适用简易程序审理民事案件的若干规定》第 20 条进一步明确规定了"对没有委托律师代理诉讼的当事人,审判人员应当对回避、自认、举证责任等相关内容向其作必要的解释或者说明,并在庭审过程中适当提示当事人正确行使诉讼权利、履行诉讼义务,指导当事人进行正常的诉讼活动"。我国 2012 年修订的《民事诉讼法》涉及法官释明制度的规定主要有:第 65 条第 2 款规定:"人民法院根据当事人的主张和案件审理情况,确定当事人应当提交的证据及其期限。"第 124 条的第 1 至 5 项规定,要求人民法院在五种情形下,要履行依法"告知"当事人有关法律规定的义务,其中包括提起行政诉讼、向仲裁机关申请仲裁、向主管机关申请解决、向有管辖权的法院起诉、申请再审等。第 152 条规定:判决书应当写明"判决认定的事实和理由、适用的法律和理由"。

　　然而,在我国的司法实践中,对法官释明的掌握较为混乱。主要存在两种倾向:一方面,由于原先超职权主义的诉讼模式的影响,对哪些问题释明、是否释明、如何释明、到何种程度,法官拥有很大的自由裁量权,加之法官个人素质的影响,运用不当就易于出现纠问式的庭审、职权的探知或诉讼辅导等有悖于法官中立的情况;另一方面,随着民事审判方式改革的推进,民事诉讼模式向当事人主义的转变,一些法官又易于转向另一个极端。在诉讼中处于消极地位,对诉讼缺乏管理,导致诉讼效率低下,也存在当事人的权利不能得到有效保护的状况。因此,正确引导当事人树立良好的权利行使观念,使其在行使权利时对自己的行为进行衡量,从而合理、合法地行使诉权,对维护正常的诉讼秩序和化解纠纷,以及预防当事人滥用民事诉权等方面都具有积极的作用。

---

　　①《关于民事诉讼证据的若干规定》第 3 条:"人民法院应当向当事人说明举证的要求及法律后果,促使当事人在合理期限内积极、全面、正确、诚实地完成举证。当事人因客观原因不能自行收集的证据,可申请人民法院调查收集。"

　　②《关于民事诉讼证据的若干规定》第 33 条:"人民法院应当在送达案件受理通知书和应诉通知书的同时向当事人送达举证通知书。举证通知书应当载明举证责任的分配原则与要求、可以向人民法院申请调查取证的情形、人民法院根据案件情况指定的举证期限以及逾期提供证据的法律后果。举证期限可以由当事人协商一致,并经人民法院认可。"

　　③《关于民事诉讼证据的若干规定》第 35 条:"诉讼过程中,当事人主张的法律关系的性质或者民事行为的效力与人民法院根据案件事实作出的认定不一致的,不受本规定第 34 条规定的限制,人民法院应当告知当事人可以变更诉讼请求。当事人变更诉讼请求的,人民法院应当重新指定举证期限。"

（1）法官释明的适用基础

释明权，又称阐释权，是大陆法系民事诉讼制度中的概念。它是指法院为了救济当事人因辩论能力上的不足或缺陷，通过告知、提示、发问当事人等方式以澄清当事人所主张的某些事实，引导和协助当事人就案件事实和相关的证据问题进行充分的辩论。由此可见，释明权是一种救济方式，其设置的基础是辩论主义。所谓辩论主义，一般是指法院应严格以当事人的事实主张为裁判对象，证据资料只能来源于当事人，法官的裁判受当事人辩论结果的约束。而辩论主义的前提条件应当是当事人辩论能力的平等性。由于司法实践中缺乏这种平等性，为此释明权作为"辩论主义的辅助手段"而产生，其目的就是平衡双方在辩论能力上的差异，进而能较好地实现程序正义和实体正义兼顾的愿望。应当说，释明权的产生与存在，对于促进司法公正与效率既是必要的，也是较为重要的。

当事人主义诉讼模式的核心是辩论主义，即认定案件事实的诉讼证据资料只能由当事人提出，否则不能作为法官裁判的依据。就法官释明而言，不容否认它带有法官职权干预的色彩，使当事人辩论主义和处分权主义受到了一定程度上的限制。然而，任何法律制度的背后都蕴藏着这一制度所追求的特定价值，而这一价值构成了法律制度的精神及存在依据，满足人们对该项制度的价值追求。法官释明制度的价值在于以公正和效率为价值取向。

司法是通过正当的程序，恢复正义，使争议的民事法律关系恢复到争议前的状态。这就要求当事人提出的诉讼请求明确完整、法院据以裁判的证据确实充分。但是现代民事诉讼已日益发展成为一项专业性很强的工作，有些法律规定高于当事人的认知和诉讼运用能力。由于当事人缺乏相应的法律知识和诉讼经验，对其有利的事实不知主张、提出主张或证明事实模糊不清等情况时有发生，此时倘若法官严格按照辩论主义的要求进行裁判，使当事人不是因为客观事实，仅仅因为法律知识和经验的缺乏而承担败诉的风险，并不利于实体公正的实现。同时由于当事人在法律知识和诉讼经验上的差异，可能也无法保证当事人平等地行使诉讼权利和履行诉讼义务，程序公正也难以得到应有的保障。因此，倡导法官在公平合理的范围内，对当事人参与诉讼活动加以引导和协助，不仅能使当事人得到程序保障，促使当事人明确具体的诉讼主张、提供充分的证据，使案件的裁判更接近客观真实，而且也能通过公正的诉讼活动化解当事人的不满，减少当事人上诉和申请再审等情形，既可以节约当事人的诉讼成本和国家的司法资源，又可以提高司法效率。

法官对民事诉讼当事人的诉讼请求、事实主张、证据提供等进行释明，有利于杜绝民事诉讼当事人在诉讼地位上的实质不平等,缓解当事人之间的对立情绪,促进法院与当事人之间的充分沟通,使民事纠纷得以合理迅速地解决,树立司法威信,实现最大限度的实体公正。可见,民事诉讼法官释明制度的确立有助于缓解我国日益增长的诉讼压力,并完善我国民事诉讼制度的整体结构,有助于保障民事诉讼当事人诉权,维护社会稳定。正因如此,法官释明制度已成为民事诉讼中对当事人主义诉讼模式的有益补充和修正。

(2)法官释明的适用范围

释明范围是指一般情况下,法官应履行释明职责的各种情形的总和。法官应针对案件的具体情况,以书面或口头方式将必要的释明运用于审判的全过程。然而,释明范围过于宽泛,又易陷入职权主义;释明范围过于狭窄,则又不能起到弥补当事人主义缺陷的作用。

就可能涉及第三人行使撤销之诉情形下,法官释明的适用范围问题,笔者认为应当从两个层面加以考察:第一个层面是,事前在原诉审理过程中的释明。主要是针对原诉当事人关于是否追加被告及第三人的释明。民事诉讼中当事人的地位是当事人行使处分权的结果,向谁主张权利、是否要引入第三人参加诉讼,均由当事人自行决定,法院一般不依职权追加。但从另一角度看,由于有些当事人的权利意识和诉讼意识薄弱之故,有时不能恰当地列举当事人、遗漏或者出于某种目的有意隐瞒应当参加诉讼的第三人等。在此情况下,为了让当事人明了申请追加第三人的法律效果,法官应在立案受理、审前准备、开庭审理等诉讼阶段都给予适当的释明,这也是诉讼经济原则的要求所在。第二个层面是,事后主要是针对第三人提起撤销之诉过程中的释明。释明的范围主要包括第三人不明确的诉请、事实、理由,除却不当事项,诉讼主体是否适格,以及滥用诉权的法律后果等。既有助于弥补第三人的诉讼能力不足,又能在一定程度上预防第三人不当行使诉权和滥用诉权。

(3)法官释明的适用方式

依据我国现有的法律规定,我国立法中出现的释明方式主要有三:一是说明,二是告知,三是询问。前两者合一为法官以说明、告知的形式向当事人释明;后者则是法官通过询问、发问的方式使当事人明了等释明。说明和告知是指通过提醒、引导的方式与当事人沟通;询问或发问是指当法官无法理解当事人本意时,或者当事人的表达不清楚、不明了时,法官通过提问的方式引导并帮助其表达清楚。在第三人撤销之诉中,如果第三人的陈述不正确的,法官应该告知其修改或者除去;如果第三人的陈述不充分的,法官应该提示引导其进行补充。法官行使释明权应该秉持中立的原则,不应该偏袒某一方而成为某一方的潜在的代言人。因此,法官释明权的行使方式还应该采用直接言词原则,这样既有利于法官平等地维护双方当事人的权利,也有利于其他人对法官行使释明权进行监督。

法官释明权的行使是通过法官这一司法者向当事人释明与案件有关的法律问题和事实问题以及证据问题。这一过程不仅能起到与当事人沟通使其对法官的审判理解、接受的目的,还能在一定程度上使当事人感受到公平正义,使当事人对于案件的审理过程及结果形成内心的信服。由于我国是人口众多的大国,民众素质之间的差异及地区经济发展之间的差异决定了实质正义实现的重要性。我国目前还没有建立较为完善的法官释明权制度,虽然《最高人民法院关于民事诉讼证据的若干规定》等法律条文中已经明确规定了法官释明权的相关内容,但是法官释明权的行使是一项非常复杂的内容,法官释明权的行使范围及界限、法官释明权的行使尺度、法官释明权制度的初步构建等内容还需要进一步完善。因此,从我国国情出发,法官释明权的行使,对维护案件的实体公正,促使案件最终得到公正的判决,缩小双方当事人客观存在的差距,真正实现双方当事人平等的目标具有重要的意义。

"一个人的权利是一个人得到法律认可的可能行为的界限。"这是一个充分享有权利的时代,也是一个权利被滥用的时代。诉权的滥用是权利享有者对法律地位的欺骗行为,是欺骗性诉讼行为,是对司法救济的阻碍,是对实体权利和诉权的共同滥用。滥用民事诉权行为既违背了权利创制者的本意,也超越了法律为之设定的边界。[①] 因此我们在强调第三人诉权保护的同时,必须对滥用诉权的行为予以有效规制,这其实也恰恰从另一侧面保护了第三人撤销权的行使。

---

①转引自:杨卫国.案外第三人撤销之诉研究[M].北京:中国法制出版社,2015:79.

参考文献

一、中文著作

[1]最高人民法院民事诉讼法修改研究小组.《中华人民共和国民事诉讼法》修改条文理解与适用[M].北京:人民法院出版社,2012.

[2]江必新.最高人民法院民事诉讼法司法解释专题讲座[M].北京:中国法制出版社,2015.

[3]李祖军.民事诉讼目的论[M].北京:法律出版社,2000:99—100.

[4]蔡肖文.诉权理论的中国阐释[M].北京:中国政法大学出版社,2016:44—46.

[5]常怡.比较民事诉讼法[M].北京:中国政法大学出版社,2002:136.

[6]田平安.民事诉讼法学[M].北京:中国政法大学出版社,1999:133.

[7]常怡.民事诉讼法学[M].北京:中国政法大学出版社,1999:57.

[8]谭兵,李浩.民事诉讼法学[M].北京:法律出版社,2009:60.

[9]谭兵,肖建华.民事诉讼法学[M].北京:法律出版社,2004:57.

[10]江伟.民事诉讼法学[M].上海:复旦大学出版社,2002:52.

[11]江伟,肖建国.民事诉讼法[M].4版.北京:中国人民大学出版社,2008:45.

[12]莫纪宏.现代宪法的逻辑基础[M].北京:法律出版社,2001:304.

[13]高鸿钧.现代法治的出路[M].北京:清华大学出版社,2003:128.

[14]唐丰鹤.在经验与规范之间:正当性的范式转换[M].北京:法律出版社,2014:151.

[15]孙万胜.司法权的法理之维[M].北京:法律出版社,2002:134.

[16]江伟.中国民事诉讼法专论[M].北京:中国政法大学出版社,1998:132—143.

[17]张卫平.民事诉讼法学:分析的力量[M].北京:法律出版社,2017:73.

[18]肖建华.民事诉讼当事人研究[M].北京:中国政法大学出版社,2002:

168－169.

[19]张丽丽.第三人撤销之诉研究[M].北京:知识产权出版社,2016:77.

[20]吕太郎.民事诉讼之基本理论(一)[M].北京:中国政法大学出版社,
    2003:363.

[21]张卫平.民事诉讼的逻辑:第三人撤销之诉研究[M].北京:法律出版
    社,2015:147.

[22]张卫平.诉讼构架与程式:民事诉讼的法理分析[M].北京:清华大学
    出版社,2000:154.

[23]韩艳,唐长国.民事诉讼法原理与实务[M].北京:中国政法大学出版
    社,2015:13－14.

[24]张卫平.民事诉讼:关键词展开[M].北京:中国人民大学出版社,
    2004:157.

[25]杨卫国.案外第三人撤销之诉研究[M].北京:中国法制出版社,
    2015:102.

[26]吴明轩.中国民事诉讼法(下)[M].台北:三民书局股份有限公司,
    2006:1584.

[27]全国人大常委会法制工作委员会民法室.《中华人民共和国民事诉讼
    法》条文说明、立法理由及相关规定[M].北京:北京大学出版社,
    2012:84.

[28]张卫平.民事诉讼法[M].2版.北京:法律出版社,2009:165－166.

[29]张卫平,陈刚.法国民事诉讼法导论[M].北京:中国政法大学出版社,
    1997:138.

[30]陈计男.民事诉讼法论(下)[M].5版.台北:三民书局股份有限公司,
    2010:428－431.

[31]姜世明.民事诉讼法判解导读[M].台北:新学林出版股份有限公司,
    2011:893.

[32]邵明.现代民事诉讼基础理论:以现代正当程序和现代诉讼观为研究
    视角[M].北京:法律出版社,2011:172.

[33]王福华.民事诉讼法学[M].北京:清华大学出版社,2012:334.

[34]沈德咏.民事诉讼司法解释理解与适用[M].北京:法律出版社,
    2009:456.

[35]雷建斌.《中华人民共和国刑法修正案(九)》释解与适用[M].北京:人
    民法院出版社,2015.

[36]肖建国.民事诉讼程序价值论[M].北京:中国人民大学出版社,2000.

[37]江伟,肖建国.民事诉讼法[M].北京:中国人民大学出版社,2013:373.

[38]崔峰.敞开司法之门:民事起诉制度研究[M].北京:中国政法大学出版社,2005:12.

[39]刘敏.裁判请求权研究:民事诉讼的宪法理念[M].北京:中国人民大学出版社,2003:25.

[40]景汉朝.民事案件案由新释新解与适用指南[M].北京:人民法院出版社,2013:751.

二、中文译著

[1][古罗马]优士丁尼.法学阶梯[M].2版.徐国栋,译.北京:中国政法大学出版社,2000:455.

[2][法]让·文森,塞尔日·金沙尔.法国民事诉讼法要义(上)[M].罗结珍,译.北京:中国法制出版社,2001:20.

[3][美]彼得·G.伦斯特洛姆.美国法律辞典[M].贺卫方,译.北京:中国政法大学出版社,1999:226.

[4][日]兼子一,竹下守夫.日本民事诉讼法[M].白绿铉,译.北京:法律出版社,1995:3—4.

[5][苏联]M.A.顾尔维奇.诉权[M].康宝田,沈其昌,译.北京:中国人民大学出版社,1958:223—224.

[6][意]莫诺·卡佩莱蒂.当事人基本程序保障权与未来的民事诉讼[M].徐昕,译.北京:法律出版社,2000:97.

[7][英]伯林.自由论[M].胡传胜,译.南京:译林出版社,2011:56.

[8][美]E.博登海默.法理学法律哲学与法律方法[M].邓正来,译.北京:中国政法大学出版社,2004:262—263、277.

[9][日]高桥宏志.民事诉讼法制度与理论的深层分析[M].林剑锋,译.北京:法律出版社,2003:477.

[10][日]新堂幸司.民事诉讼法[M].林剑锋,译.北京:法律出版社,2008:490.

[11][日]高桥宏志.重点讲义民事诉讼法[M].张卫平,许可,译.北京:法律出版社,2007:334.

[12][德]汉斯-约阿希姆·穆泽拉克.德国民事诉讼法基础教程[M].周翠,

译.北京:中国政法大学出版社,2005:331.

[13][日]中村英郎.新民事诉讼法讲义[M].陈刚,林剑锋,郭美松,译.北京:法律出版社,2001:152－157.

[14][美]劳伦斯·M.弗里德曼.法律制度——从社会科学角度观察[M].李琼英,等,译.北京:中国政法大学出版社,2004:270.

[15][美]理查德·A.波斯纳.法理学问题[M].苏力,译.北京:中国政法大学出版社,2002.

[16][日]三月章.日本民事诉讼法[M].江一凡,译.台北:五南图书出版公司,1997:128.

[17][日]谷口安平.程序的正义与诉讼[M].增补本.王亚新,刘荣军,译.北京:中国政法大学出版社,2002:11.

[18]日本新民事诉讼法[M].白绿铉,编译.北京:中国法制出版社,2000:45－47.

[19]法国新民事诉讼法典[M].罗结珍,译.北京:中国法制出版社,1999:6(中译本导言).

[20]法国民法典[M].罗结珍,译.北京:北京大学出版社,2010.

[21]法国新民事诉讼法典[M].罗结珍,译.北京:法律出版社,2008:641.

三、中文论文

[1]陈刚.第三人撤销判决诉讼的适用范围:兼论虚假诉讼的责任追究途径[N].人民法院报,2012-10-31(007).

[2]张卫平.第三人撤销判决制度的分析与评估[J].比较法研究,2012(5).

[3]张卫平.中国第三人撤销之诉的制度构成与适用[J].中外法学,2013(1).

[4]任重.回归法的立场:第三人撤销之诉的体系思考[J].中外法学,2016(1):140.

[5]许育典.司法独立作为权利救济请求权在法治国的落实检讨[J].澳门法学,2011(2).

[6]吴英姿.判决效力相对性及其对外效力[J].学海,2000(4):123.

[7]黄国昌.诉讼参与及代表诉讼:新民事诉讼法下"程序保障"与"纷争解决一次性"之平衡点[J].月旦法学杂志,2003(6):8－9.

[8]蔡国芹.民事诉讼当事人主体地位的程序保障[J].嘉应大学学报(哲学社会科学版),2001(10):20.

[9]王福华.第三人撤销之诉适用研究[J].清华法学,2013(4):46.

[10]汪振林.程序保障第三波探析[J].云南大学学报(法学版),2002(3):73.

[11]张卫平.民事诉讼基本模式:转换与选择的根据[J].现代法学,1996(6):7.

[12]陈利红.第三人撤销之诉提起事由剖析[J].贵州社会科学,2015(4):94—95.

[13]王亚新.第三人撤销之诉的解释适用[N].人民法院报,2012-09-26(007).

[14]刘君博.第三人撤销之诉原告适格问题研究现行规范真的无法适用吗[J].中外法学,2014(1).

[15]吴兆祥,沈莉.民事诉讼法修改后的第三人撤销之诉与诉讼代理制度[J].人民司法,2012(23).

[16]高民智.关于案外人撤销之诉制度的理解与适用[N].人民法院报,2012-12-11(004).

[17]巢志雄.法国第三人撤销之诉研究:兼与我国新《民事诉讼法》第56条第3款比较[J].现代法学,2013(3).

[18]陈荣宗.第三人撤销诉讼之原告当事人适格[J].月旦法学杂志,2004(115号).

[19]黄国昌.第三人撤销诉讼之原告适格:评最近出现之二个裁判实例[J].月旦法学杂志,2006(139号).

[20]胡军辉.案外第三人撤销之诉的程序建构:以法国和我国台湾地区的经验为参照[J].政治与法律,2009(1):147—148.

[21]邱星美,唐玉富.民事上诉审程序中的利益变动[J].法学研究,2006(6).

[22]杨立新.民事行政诉讼检察监督与司法公正[J].法学研究,2000(4):53—54.

[23]郝振江.法国法中的非讼程序及对我国的启示[J].河南财经政法大学学报,2012(2):132—133.

[24]姜世明,李其融.第三人撤销诉讼之适用范围在实务上之发展[J].台湾法学杂志,2012(5):53.

[25]刘君博.第三人撤销之诉撤销对象研究:以《民事诉讼法解释》第296、297条为中心[J].北方法学,2016(3):109—110.

[26]沈冠伶,等.民事判决之既判力客观范围与争点效:从新民事诉讼法架构下之争点集中审理模式重新省思[J].法学丛刊,2009(2).

[27]邱联恭.民事诉讼法修正后的程序法学(一)[J].月旦法学杂志,2003(9).

[28]蔡虹.民事再审程序立法的完善:以《中华人民共和国民事诉讼法修正

案(草案)》为中心的考察[J].法商研究,2012(2):22—31.

[29]吕太郎.第三人撤销之诉:所谓由法律上利害关系之第三人[J].月旦法学杂志,2003(8):36.

[30]董少谋.第三人撤销之诉的具体运用[N].人民法院报,2013-07-10(007).

[31]许尚豪.程序审查与实体审理:第三人撤销之诉的二阶程序结构研究[J].政治与法律,2015(12):139.

[32]吴明轩.第三人撤销之诉程序[J].法官协会,2004(1):6.

[33]刘干.第三人撤销之诉之实践分析[N].人民法院报,2013-11-13(008).

[34]王亚新.第三人撤销之诉原告适格的再考察[J].法学研究,2014(6).

[35]任重.论虚假诉讼:兼评我国第三人撤销诉讼实践[J].中国法学,2014(6).

[36]胡军辉.论第三人撤销之诉与周边程序的协调[J].政治与法律,2015(8):148.

[37]杨永清,赵晋山.新《民事诉讼法》之法院应对[J].法律适用,2012(11).

[38]袁巍,孙付.第三人撤销之诉的法律适用与程序构建[J].山东审判,2013(1).

[39]李瑜.对第三人撤销之诉制度的若干思考[J].中国审判,2013(9).

[40]许少波.第三人撤销之诉与申请再审的选择[J].河南大学学报(社会科学版),2015(1).

[41]吴泽勇.第三人撤销之诉的原告适格[J].法学研究,2014(3):155.

[42]崔萌萌,易萍.论第三人撤销之诉:以第三人撤销之诉的构建为中心[J].法制博览,2013(2).

[43]韩艳.民事执行检察监督的范围[J].浙江工商大学学报,2016(1).

[44]李玉玲.民事诉权滥用实证研究[D].哈尔滨:黑龙江大学,2014.

[45]占善刚.民事诉讼中罚款之检讨[J].法商研究,2013(6):85—92.

[46]张旭东,叶菁.台湾地区法官职权通知制度及启示[J].海峡法学,2015(3):3—8.

[47]郑金玉.我国第三人撤销之诉的实践运行研究[J].中国法学,2015(6).

[48]崔玲玲.民事诉讼中第三人利益保护系统论:以诉为中心[J].河北法学,2012(4).

[49]张兴美.第三人撤销之诉原告适格问题研究[J].法学杂志,2016(6).

[50]杨兵.第三人撤销之诉研究[D].北京:中国政法大学,2005.

[51]潘剑锋,韩静茹.第三人撤销之诉的性质定位与关系探究[J].山东社会科学,2015(7).

[52]田平安,张妮.论第三人撤销之诉的完善[C]//中国民事诉讼学研究会
2013年年会论文集:新民事诉讼法的理解与适用(上册),2013.

[53]李潇潇.调解在第三人撤销之诉中的适用[J].烟台大学学报(哲学社
会科学版),2015(2).

[54]丁宝同.案外人撤销诉讼程序之立法方案透析:品新《民事诉讼法》第
56条第3款[J].时代法学,2013(2).

[55]王晓利,张娇东.第三人撤销之诉的构建[N].人民法院报,2013-07-3(007).

[56]徐一楠.论第三人撤销之诉[J].澳门法学,2014(11).

[57]姜世明.概介法国第三人撤销诉讼[J].台湾本土法学,2005(11).

[58]肖建华,杨兵.论第三人撤销之诉:兼论民事诉讼再审制度的改造[J].
云南大学学报(法学版),2006(4).

[59]蔡涛.论第三人撤销之诉[D].哈尔滨:黑龙江大学,2015.

[60]张妮.第三人撤销之诉研究[D].重庆:西南政法大学,2012:10—12.

[61]许可.论第三人撤销诉讼制度[J].当代法学,2013(1).

[62]常怡,黄娟.司法裁判供给中的利益衡量:一种诉的利益观[J].中国法
学,2003(4).

[63]崔玲玲.第三人撤销之诉的事由:与再审之诉的事由比较[J].社科纵
横,2011(9):78.

[64]翟品品.第三人撤销之诉研究[D].成都:西南交通大学,2015.

[65]李世奇.我国第三人撤销之诉制度研究[D].呼和浩特:内蒙古大
学,2015.

[66]胡爽.论第三人撤销之诉[D].大连:大连海事大学硕士学位论
文,2015.

[67]胡洁.第三人撤销之诉的功能与程序保障[D].兰州:西北师范大
学,2015.

[68]顾娟丽.第三人撤销之诉研究[D].扬州:扬州大学,2015.

[69]肖建国,黄忠顺.论第三人撤销之诉的法理基础[C]//中国民事诉讼法
研究会2013年年会论文集:新民事诉讼法的理解与适用,2013.

索　引